spot

context is all

SPOT 40

東海岸十六夜

作　　者：瀟湘神
責任編輯：李清瑞
美術設計：曾微雅
內頁插畫：曾微雅
校　　對：Sage
內頁排版：宸遠彩藝
印務統籌：大製造股份有限公司

出　　版：英屬蓋曼群島商網路與書股份有限公司臺灣分公司
發　　行：大塊文化出版股份有限公司
105022 台北市松山區南京東路四段 25 號 11 樓
www.locuspublishing.com
locus@locuspublishing.com
讀者服務專線：0800-006-689
電話：02-87123898
傳真：02-87123897
郵政劃撥帳號：18955675
戶名：大塊文化出版股份有限公司
法律顧問：董安丹律師、顧慕堯律師

總 經 銷：大和書報圖書股份有限公司
新北市新莊區五工五路 2 號
電話：02-89902588
傳真：02-22901658

初版一刷：2024 年 12 月
定　　價：560 元
I S B N：978-626-7063-85-9

國|藝|會 NCAF 本作品由 財團法人國家文化藝術基金會贊助 創作

國家圖書館出版品預行編目 (CIP) 資料

東海岸十六夜 / 瀟湘神著 . -- 初版 . -- 臺北市 : 英屬蓋曼群島商網路與書股份有限公司臺灣分公司出版 : 大塊文化出版股份有限公司發行 , 2024.12
456 面 ; 14.8×21 公分 . -- (Spot ; 40)
ISBN 978-626-7063-85-9（平裝）

1. 旅遊文學　2. 臺灣遊記

733.69　　113015584

東海岸十六夜
瀟湘神

感謝家母、妻子以及其餘夜貓子的支持。
特別感謝我的童年友人，臺大人類學系專任助理教授盧柔君對本書的寶貴建議。

目次

序
十六夜幻想紀行

夜晚隱藏著魔力。

同樣的閒聊，隨日月配置空中的位置變化，往往有不同韻味。或許夜本醉人，原本清清楚楚的事物，在月的微光下晦暗模糊，於是魔法與妖怪，追憶與夢，就從清晰的「邊界」釋放出來，隨螢蟲而舞。這時點一盞銀燈，準備一壺小酒，慵懶斜倚，低訴著真假難辨、又帶著幻想感的故事……

那就是「夜話」。

《東海岸十六夜》紀錄了我旅行東海岸十六處的「夜話」。儘管有遊記性質，卻圍繞著神話、祕史、妖怪傳說、犯罪實錄，也就是那些瑣碎不全、無關緊要、被遺忘甚至輕視的故事。它們隱藏在黑暗中，只在被訴說時短暫放出微光，我想用這樣的逆光去重繪事物輪廓，挖掘地方幽微而浪漫的側臉。

不過，既是細瑣無謂之事，何必書寫？不妨把世界想像成拼圖，即使構圖中心最為醒目，但只完成那部分，沒了這些黯淡、退居幕後的形狀，就不算完整；光顧著眾所皆知的主流說法，只會荒廢全貌，反而看似缺乏根據的故事，它們緣著土地生長，在岩石的隙縫中如流水般變形，或能填補缺失的空白。

本書標題借鑑日本的浮世繪系列作品《東海道五十三對》——衍生自「東海道五十三次」。「東海道」是江戶到京都的主要幹道，途中五十三個宿場，即「五十三次」，既是傳遞公文的驛站，也供旅人過夜。浮世繪畫家歌川國芳等人以五十三個宿場為題，將包含江戶、京都在內，總共五十五處的傳說、異聞、戲曲主題繪成浮世繪，即「五十三對」。[1]

將「夜話」與「驛站」融合，讓傳說落腳，這與我在《殖民地之旅》提出的「後外地文學」相符；所以我借用「宿場」的過夜印象，從臺北出發，抵達屏東，沿途在東海岸過夜，講述如夢似幻的夜話——

當然，實際度過的夜晚遠超過十六。但故事圍繞的宿場或主題，僅有十六處，還請容我堅持「十六夜」之說。畢竟「十六夜」還有別的典故：陰曆十六日的夜晚。

據說十六夜的月色比十五夜更光輝圓潤。明明十五是滿月，十六竟比滿月更滿嗎？若是如此，十六夜便是圓滿的數字。此外，日本將十六夜唸作「いざよい」，古語寫作「猶予」——何故？因為十六夜的月比十五夜更晚升起，彷彿為著什麼事躊躇一般。這種「時差」，也讓我聯想到了東海岸。

許多人對東海岸的想像有著「時差」。

當然，我沒立場代言東海岸。我在大臺北地區成長，是貨真價實的「西部人」；但正是西部人，才深知西部人的傲慢。譬如，我們可能覺得東部更晚開發，雖然東海岸很美，但那不是用落後換來的？某種意義上沒錯，畢竟鐵路電氣化也是東部最晚實現——

但，這是頗為粗鄙的想法。

說到文化的厚度與深度，東部毫不遜色。覺得東部落後，只是對文明的想像太過單一；譬如臺灣最悠久的史前遺跡就在東部，進入歷史時代前，東臺灣就已在世界舞臺活躍。有學者透過科學證據，發現新石器時代流傳於東南亞的玉器，有些竟來自花蓮豐田。東部也曾發現大量材料來自西亞、南亞的玻璃珠，透過與東南亞的貿易流傳到先民手中。東臺灣早就是海洋貿易的一環，只是不被主流描述，進而被想像成不存在。

明明有古老深厚的歷史，西部人卻擅自將東部視為有待開發的蠻荒之地，這不正是「時差」？彷彿時間被囤積，猶豫踟躕，十六夜之月姍姍來遲，等待有心之人見證——

老實說，全是穿鑿附會。

那又如何？就算虛幻，只要能有須臾轉瞬之美，就有存在的價值。雖然像我這樣的西部人，區區旅人過客，要說能轉述東海岸的美好，簡直荒天下之大謬。不過，也有旅人才能看見的事物

1　由於歌川廣重所繪的《東海道五十三次》更加知名，即使已加以說明，請容我再次澄清：《東海道五十三對》和《東海道五十三次》是兩個不同的系列作，前者主題是圍繞著故事的人物畫，後者的主題是地景與日常生活。

吧！夜的朦朧曖昧模糊了邊界，旅人跟那些遠離常理的妖怪與神明，沒什麼太大區別——剩下的問題，就只是我作為旅人夠不夠認真罷了。

《東海岸十六夜》雖是一篇篇遊記，但我不按照客觀時序，而是擅自鎔鑄多次考察經驗，畢竟歷史也是如此；即使化約成看似客觀的語言，在印成鉛字前，也已千錘百鍊，被鍛造成薄薄一層。將經驗與歷史敘事的框架重疊，也是在追求解壓縮的可能，透過同樣的格式進行對質或對峙，頑固的邊界或許也能鬆動吧！

接下來，讓我們搭上列車，前往東海岸的「第一夜」。您可以選個新月的日子，每晚讀一篇，在比滿月更圓滿的月相結束旅程。雖然環島鐵路並未完全沿著東海岸，無法讓我們一站站如數家珍，不過，這輛幻想列車就像宮澤賢治的銀河鐵道，虛構出星空裡的車站；請看，窗外不是有遊動的妖魔、閃著光輝的神祇、雲霧繚繞的迷離幻境嗎？還請容我為您介紹，娓娓道來吧……

第一夜

金包里

——火山，墓地，溫泉花

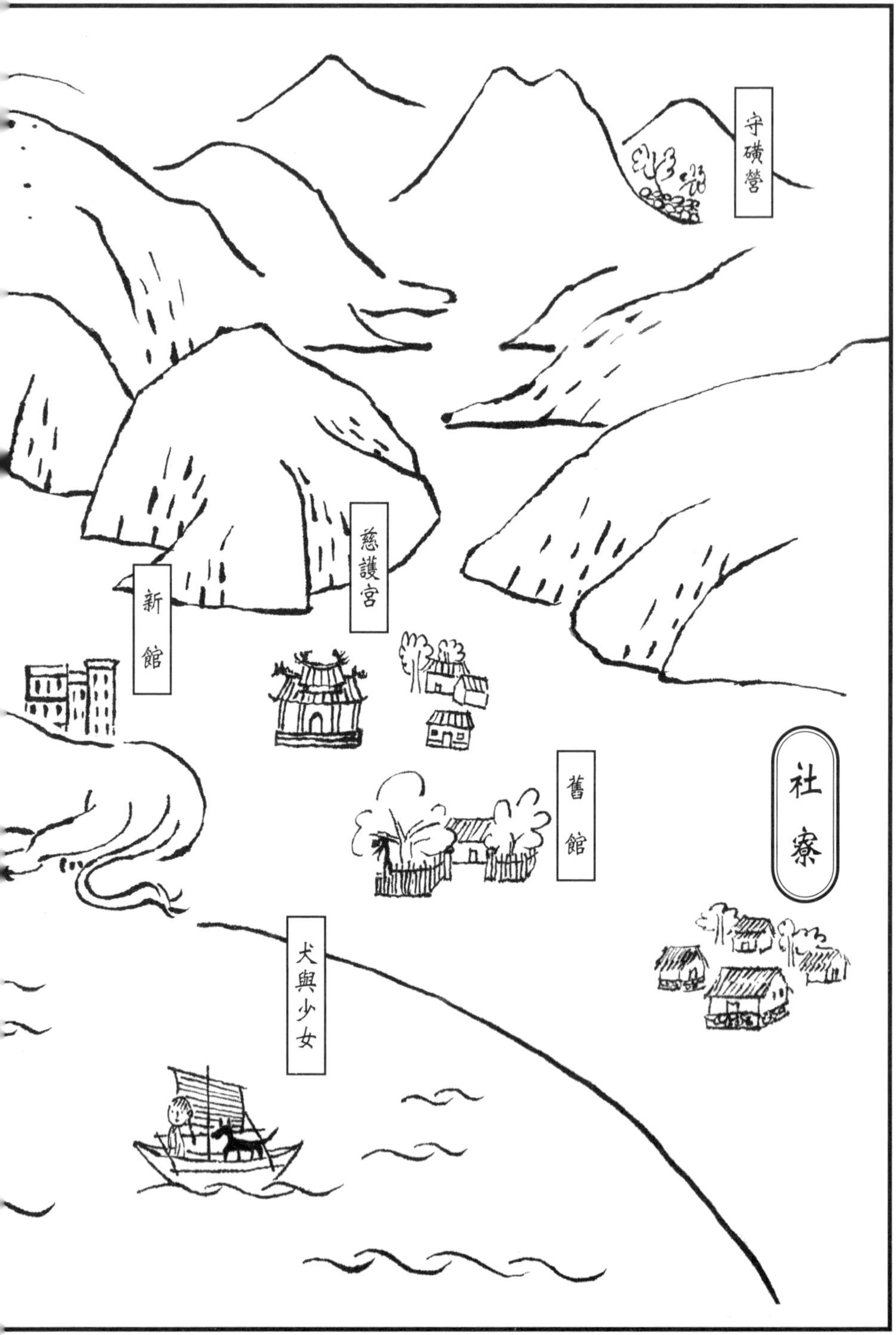
守磺營
慈護宮
新館
舊館
社寮
犬與少女

金包里
野柳龜
鄭女墓
核二廠
鄭氏軍艦
獅頭山
燭臺雙嶼

有個無解的謎團——這座島最初的人類是怎麼來的？

有人說，是天神哈莫搖動大樹，果實落到地上，成為不同人種。有人說深山裡的巨石某天迸裂，人類從裡頭誕生。也有人說太陽生下了卵，卵孵化出人類的始祖。此外還有種種說法，像這座島最初沒有人類，是海外漂流而來……

以下這則金包里傳說，正是人類始祖漂流到這座島的緣起。

許久以前，在被稱為「山西」的地方，有個大臣頗有權勢；他有個女兒，貌美如花，名聲遠播，任誰都想一親芳澤。

某天，這位少女不幸生了病，她的美貌轉為醜惡，原本健康光滑的皮膚乾燥、腫脹，甚至長出一顆顆硬塊，宛如岩石。見此情況，大臣心焦如焚，他暗自發誓：「神啊，要是您能喚來神醫治好我的女兒，我就將女兒嫁給他。」

老實說，這賭誓既沒誠意又不尊重。為何把女兒的未來當成自己願望的供物？跟女兒商量過了嗎？誰知道神醫是否值得託付終生？不過有時故事就是如此，不仰賴某人的愚蠢，就無法展開。總之，彷彿在呼應大臣的絕望與希望，有條狗出現了。

這隻狗長什麼樣子，龐大還是小巧玲瓏？不得而知。只知道這條狗舔舐少女的肌膚，來回幾遍，竟軟化她岩塊般的軀殼。[1]如此神蹟當然震驚了大臣，然而他的欣慰很快消散，因為他不得不面對自己的許諾——誰若治好他的女兒，就要把女兒嫁給他。

別開玩笑了，那可是隻狗，是畜牲！但違反與神的誓約，必將面臨神的怒氣，難逃厄運；於是在親情與自身的懦弱間，他艱難地做出抉擇。某個沒有月色的夜晚，大臣下令將狗與美麗的女兒放上一艘小船，推進波濤洶湧的大海，以求永遠不再見到他們。

這與謀殺相去無幾。

少女與狗在大海流浪了多久，這也不得而知。我不禁想像，當海風與烈陽蒸烤少女，折磨她時，她會不會在瀕死的絕望中產生「自我」？畢竟，這是幾乎被一切背叛的故事。

「自我」——

難道少女過去沒有自我嗎？理應有。但您不覺得奇怪嗎？在這類故事中，少女明明是要角，讀者卻不曉得她的想法，只知做出決定的父親怎麼想。

為何要隱藏她的內心？是不是知曉內心後，將震驚於她小小的胸膛裡，竟有這麼多不甘與憤怒？就算為了治好她，剝奪她選擇未來的權利，也太過分了。更別說事情不如己意就將她放逐，那是多殘酷的事？

當然，未必就是如此。或許少女有著世間罕見的胸襟，並不憤懣。如果她接受自己的命運，也無可責難。

傳說中，載著少女與狗的船漂流到一片金色耀眼的沙灘。漲潮的濤聲中，草原聚集了幾匹梅

1　有時我會想這是不是轉化自「把口水塗在傷口上能好得快一點」的民俗療法，小時候我奶奶就是這麼說的。不過，雖是民俗療法，現代科學證明這確實有效，唾液不但能加速癒合，還能殺菌。

花鹿，牠們以濕漉漉的深色眼睛注視外來者。更遠的地方，則是散發神之怒氣，被雲霧包覆的黑暗峰嶺。

千年前沒什麼人造物，萬物暴露在原始之下，想必更能感到神的憤怒。從海上看，那是座凶惡可怖的活火山，濃濃白煙從硫氣孔噴出，像是永遠不缺煤炭的蒸汽機，發出永恆的咆哮。西方航海人稱其為「Vulcan 峰」——源自羅馬神話的火神——蘊藏地底的無限能源，是火神鍛造神兵的奇蹟之火，而呼嘯震天的連峰，則是火神的鍛造場。百年多前，馬偕牧師（George Leslie Mackay）曾走在那座山嶺的崎嶇小徑，說硫磺泉的聲響宛如「數噸的油在沸騰的大鍋中燃燒」，[2]那是現今難以想像的生命力。

如果上岸的少女真懷著憎恨，那形似震怒的山嶺，可說是象徵性的。依照傳說，她與那條狗產下眾多子嗣，後代將狗稱為「天犬公」。直到二十世紀，他們仍在屋裡右側的牆上掛竹籠，插香祝禱，祭拜那位遙遠的犬祖。[3]這事被日本人記下，而流傳此事的聚落，位於金包里獅頭山西邊；打開地圖，離沙灘不遠的荒原名為「社寮」，[4]而「社」正是指原住民聚落；沒錯，這是發生在遙遠過去，遠在漢人到來前，島上最早住民的故事……

故鄉之島的謎團

海，或說海與人間的交界，此即幻想列車的第一站。

初次見到傳說中少女上岸的沙灘，是疫情的高峰期；那時政府不許人們進入登山步道、海灘等遊憩場所，黃色隔離帶封住通往沙灘的入口，我因此見到罕見的景色——沒有腳印的沙灘。彷彿人類從未造訪，還保留著遠古氣息。

風將金色沙子吹成平行的沙峽，就像用耙子耕出等距條紋的枯山水。真不可思議，明明自然充滿變化與混沌，為何能在沙灘上刻出如此精準的機械性圖案？還是說，正因沒有人類介入，大

---

2 「……（前略）但目前最大的硫磺泉區是在五千六百五十呎的Vulcan山峰的面海方向，往金包里的途中。在那裡，可以聽到咆哮、怒吼的噓噓聲，猶如數噸的油在沸騰的大鍋中燃燒的情景。海上的船長們，常以為Vulcan山峰是一座活火山。」出自《福爾摩沙紀事》第六章〈地質〉。馬偕著，林晚生譯，《福爾摩沙紀事》（臺北：前衛，二〇〇七）。

3 由於添加了許多個人意見，這故事有些面目全非，因此這裡提供原文翻譯：「金包里的平埔族將狗稱為『天犬公』祭祀著，大半會在房子右側吊著竹籠，立著香禮拜，因為這些番人相信自己的祖先是狗。據說其由來，原本番人的祖先住在山西時，大臣的女兒罹患了癩病，用盡所有手段都無法治療，身為父親的大臣就向天祈禱，要是有人能治好女兒的病，就將女兒嫁給那個人當妻子，請務必令她痊癒，如此拼命地祈禱著。某天，一匹狗晃悠悠地來到大臣女兒身邊，舔舐她的皮膚，如此連續幾天反覆舔舐，腫瘤居然慢慢消散，最後奇蹟般地痊癒了。大臣雖然覺得女兒很可憐，但也無法反悔誓言，只好將女兒嫁給狗，用船讓他們在海上漂流，最後船飄到了臺灣，經過好幾年，子孫繁榮，成為金包里部落。番人們如此相信著，因此將『天犬公』當成他們的祖先崇敬著。」出自一九三五年九月，石坂莊作，〈金包里の傳說二つ三つ〉，《南方土俗》，三：四（一九三五），頁三九－四二。作者石坂莊作是基隆知名的實業家，也有人稱他是臺灣的「圖書館之父」。

4 雖無確證，但我猜這個部落應是日本文獻提到的「Kisivingawan」。

自然才得以展現神祕的秩序？

關於剛剛那則傳說，有個謎團。

據日本人說，流傳天犬公的部落是平埔族。既然如此，為何他們認為祖先來自中國——也就是「山西」？不只如此，這傳說還跟《搜神記》的「盤瓠傳說」類似；該文獻稱遠古中國曾與西方部族作戰，皇帝說，誰能帶回敵將首級，就封爵、賞銀，還把公主嫁給他，那時宮廷養了隻神奇的狗「盤瓠」，竟神不知鬼不覺地潛入敵營，咬下敵將首級。這下皇帝不知所措，臣下也不以為然，說區區畜牲，即使有功，如何能封爵？反而是公主勸諫「要是失信於天下，恐有災禍」，皇帝聽了也害怕災禍，便讓公主與狗成親。其後，公主隨「盤瓠」前往南方，成了「蠻夷」的祖先。

因父親誓言而與狗成婚的少女——相信您也意識到相似之處。為何金包里流傳這麼像「盤瓠」的故事？或許有人認為是原住民被漢化，但我認為「漢化」一詞並不妥當，彷彿原住民是白紙，只能單方面複製漢人面貌，但不同族群共同生活，理應彼此影響。其次，影響他們的當真是「漢」族嗎？

《搜神記》說盤瓠是「蠻夷」先祖，乍看來有些漢族中心，竟說異民族的祖先是狗；但事實上，這類傳承確實存在。至今，畲族、瑤族等少數族群仍雕刻「盤王像」，部分保留狗頭人身，肯定那位超自然先祖有「狗」的特徵。

或許臺灣的漢人會疑惑，中國少數民族與我們何干？但畲族主要分布在福建、廣東，甚至被當成客家人分支；清代時，就有畲族來臺開墾的紀錄。[5] 我是說，覺得中國移民就是漢族，不過是霧裡看花的空想。至少在「天犬公」傳說一例，與金包里部落文化交流的，很可能是畲族或瑤族，或繼承其傳說的漢族。6

況且，「山西」這地名非常可疑。

身為推理小說家，這地點讓我腦中警鈴大作。為何在「山西」？或許有人覺得不就是文化交流後，原住民將中國地名當故鄉了嗎？但這說不過去。畲族和瑤族的聖地離山西很遠，且山西離海至少四、五百公里，為何要大費周章到海邊放逐女兒？這更像是近海地方流傳的故事。

下結論很容易，但要支持結論，得有更多證據；事實上，我認為「山西之謎」的深處，隱藏了某個古老的臺灣神話——

5 清國時代平定朱一貴之亂的藍廷珍、藍鼎元，即是畲族人。畲族四大姓鍾、藍、盤、雷，其中「盤」這個姓氏，多少讓人聯想到盤瓠。藍廷珍、藍鼎元皆有後代到臺灣開墾。

6 一九三六年，中國民俗學家鍾敬文在日本的《同仁》發表了〈槃瓠神話の考察〉，轉錄現代於廣東採集的版本，整理簡述如下：從前有個皇帝腳部潰爛，醫生怎麼治療都無效，當時皇帝養了隻大黃狗，他跟黃狗說：「你能醫好我腳嗎？可以的話，我就把公主嫁給你，並賜你土地。」黃狗點了點頭，便用舌頭舔舐皇帝的腳，沒幾天就好了。最初皇帝不願實現承諾，只同意給黃狗金錢與土地，但黃狗沮喪到不吃東西，於是皇帝妥協，同意將公主嫁給牠，並賜予封地。在這個版本中，皇帝更過分了，若是公主的疾病還勉強說得過去，結果整件事根本與公主無關，公主只是被當成獎勵。但這傳說比《搜神記》更接近「天犬公」，增加了「天犬公」原型來自盤瓠傳說圈的可能。

據說從前東方小島上有位皇帝，皇帝頭上長腫瘤，因此昭告天下，誰能醫好腫瘤，就把公主嫁給他。沒多久，有隻狗來舔舐腫瘤，腫瘤也真的痊癒了，皇帝遵守諾言，將公主下嫁，並命令部下到「得其黎」——也就是立霧溪口看土地。他們對那裡很滿意，許多人隨公主乘竹筏移居到得其黎，公主與狗成親，並在十日間生下四名子女……[7]

日本時代，人類學家採集了另一則故事，[8]請看，不是跟「天犬公」很像？但這版本帶來新的謎團，因為採集地是花蓮秀姑巒溪中游的阿美族部落，[9]而那裡跟金包里，就算直線距離也要兩百公里！中間群山隔阻，怎會流傳同一則傳說？

事實擺在眼前，必有緣由。十七世紀，西班牙神父發現臺灣北岸到東海岸間使用某種通用語：巴賽語。說這種語言的人遠至哆囉滿行省，[10]差不多就到秀姑巒溪。這還是已知的範圍。巴賽語是巴賽人的母語，他們以淡水、金山、基隆、貢寮等地為據點，用卓越的航海技術橫行東海岸，就像大航海時代的商隊，又掠奪、又行商。[11]他們多會做生意？巴賽語都能成為通用語了，答案不言自明。

謎團稍微解開了。既然語言相通，「傳說」被攜帶到數百公里外，在那裡生根發芽，也沒什麼不可思議。有趣的是，這版本的「皇帝」發音為「Hong-te」，是臺語，很可能是原住民與中國南方沿海移民文化交流後的混合版本。會說混合，是因為它跟「盤瓠傳說」不完全一致；變化不是無中生有，肯定有什麼屬於原住民的敘事潛藏其中。問題是，有可能像外科手術一樣，剝除犬祖傳說，還原給那則故事的原始面貌嗎？

老實說，這是至難之業。因為傳說的融合重重疊疊，紋理彼此交織，幾乎是不可逆的化學效應；幸運的是，阿美族版本提及神祕的東方小島，這是個重大線索，直指真相。

✤ ✤ ✤

東海岸有個知名的跨族群傳說。

說來神奇，這些部落明明說不同語言，過不同生活，卻認為彼此來自同樣的故鄉——薩那賽（Sanasai）。它們被統稱為「薩那賽傳說」。

7 移川子之藏、馬淵東一、宮本延人，《臺灣高砂族系統所屬の研究》（臺北：臺北帝國大學土俗人類學研究，一九三五）。為行文方便，原故事略有刪減。得其黎原文是 Takilis。

8 移川子之藏、馬淵東一、宮本延人，《臺灣高砂族系統所屬の研究》。例言中，移川子之藏教授提到馬淵東一在一九三一、一九三二年間考察了布農、魯凱、南排灣、東排灣、卑南、阿美等部落，因此這位人類學家很可能是馬淵東一。

9 猛仔蘭部落，位於現在的花蓮玉里。

10 歐陽泰著，鄭維中譯，《福爾摩沙如何成為臺灣府？》（臺北：遠流，二〇〇七），頁一六七。

11 吳佳芸，《從 Basay 到金雞貂：臺灣原住民社群關係之性質與變遷》（新北：國史館，二〇一一），頁六三－六五。

由於流傳的部落太多，版本也不同，這裡無法盡述。總歸來說，就是其先祖曾住在東方島嶼「薩那賽」，但那座島發生難以負荷的災變，迫於無奈，只好離開故鄉，漂流到臺灣。[12]除了巴賽族，噶瑪蘭族、撒奇萊雅族、阿美族間也流傳此類傳說。

然而這座島在哪？真的存在嗎？為何遍布整個東海岸？全是不解之謎。薩那賽可說是夢幻之島。不過，既然遍布東海岸，那金包里和立霧溪口[13]有同一故事便不足為奇，如果薩那賽就是猛仔蘭傳說裡的東方小島，「山西」的真面目可能呼之欲出。

對。山西（Suann-Sai），就是薩那賽（Sanasai）。

那不是中國，而是起源之島的漢字音譯；天犬公傳說其實是巴賽族起源故事與犬祖傳說混合而成。想想也不意外，因為功能上，它們都在解釋「族群的起源」。

東方大海有著神祕莫測的故鄉之島，這讓我心蕩神馳。當來自故鄉之島薩那賽的子民在臺灣遇上另一群人，與他們交流物資、語言、故事，傳說便被織成全新的圖騰。據說金山以北的石門，還留存「籃仔神」信仰，以籠子、籃子為祭祀對象，與天犬公相似。但他們不把「籃仔神」當祖先，而是無嗣的孤魂，學者認為這可能是天犬公信仰的衰退。[14]我不禁想到日本民俗學家柳田國男的假說——妖怪是神的零落。

幾乎只留跡文獻的記憶，即使尚未全滅，至少也零落了。

流傳天犬公傳說的金包里平埔族，就是在數百年間橫行東海岸的海上商旅——巴賽。可惜，當我抵達這座傳說登陸的沙灘，地圖上的「社寮」卻偏僻冷清，房屋稀疏，到處是大片的荒原與田地，小丘上則是灰濛濛的墓場，幾乎沒留下巴賽族蹤跡……

不，我在說什麼？區區旅人，有什麼資格說巴賽族的蹤跡該是什麼樣子？假使巴賽族沒離開，也可能施展「現代」這種魔法，將自己隱藏起來——這種魔法能將迥異事物偽裝成相似的存在，就像當代不同國家的大城市，猛一看根本沒有區別，彷彿是同文化的產物。

假使真有那樣的魔法，我不認為自己有識破咒術的能耐。[15]

巴賽族與硫磺

說起來，這海之一角是自何時進入「歷史」的呢？

在大航海時代前，我們只能在世界的畫卷看到吉光片羽。譬如十四世紀，蒙古帝國治下的華商汪大淵從泉州出發，遊歷南洋、中東等地，並將這些見聞整理為《島夷誌略》。關於臺灣，他

12　也有並非災變，而是捕魚時迷航的版本。

13　雖然猛仔蘭社不在立霧溪口，但紀錄時的部落位置並非關鍵，關鍵是傳說提到的地點。

14　溫振華，〈清朝小雞籠社初探〉，《臺北縣立文化中心季刊》，五五（一九九八年一月），頁十八。

15　作為這個章節的補充，我想說的是，即使日本時代確實有「天犬公」傳說，這也是相當罕見的紀錄，因為也有其他人在金包里採集到普通的薩那賽傳說。文化交流確實存在，但不是壓倒性的。其實這樣的「不均勻」才是文化的常態。由於現代人太習慣穩固一致的版本，特此澄清。

留下短短幾行字，但從字裡行間，我們已能瞥見六百多年前的島嶼風光。

其峙山極高峻，自彭湖望之甚近……地產沙金、黃荳、黍子、硫黃、黃蠟、鹿、豹、麂皮。貿易之貨，用土珠、瑪瑙、金珠、粗碗、處州磁器之屬。海外諸國蓋由此始。16

當時未有「臺灣」之名，中國將澎湖以東諸島合稱琉球；既然能從澎湖看見，顯然是臺灣。有趣的是，汪大淵說島民「煮海水為鹽，釀蔗漿為酒。知番主酋長之尊，有父子骨肉之義。他國之人倘有所犯，則生割其肉以啖之，取其頭懸木竿」，且不論這樣的紀錄是否正確，作為一位商人，他是怎麼知道的？

很難想像這是區區旅行者能知道的。就算運氣好，親眼見到島民將侵犯主權者獵首割肉，光看都嚇死了，哪還能做出理性的記述？在我看來，如果不是汪大淵通曉島民語言，能詢問文化、儀式背後的意義，要不就是從其他熟稔島民習俗的人那裡聽聞，換言之，就是跟島民往來的貿易商。

這條線索或許能帶我們穿越時空。

請想像那時港口的樣貌。各地的貿易商往來這熾熱之地，無論他們是哪個族群、講什麼語言，要從島民手中購買沙金、鹿、雲豹、硫磺，至少要熟悉島民的基本語言吧！要是有貿易商長期與島民往來，又跟汪大淵講相同語言，自然能將島民風俗介紹給他。換言之，島俗被記載，本身就是島民活躍於貿易舞臺的證明。

在這麼多貿易商品中，與金包里關係最密切的就是「硫磺」。臺灣的硫磺產地主要圍繞大屯火山群，而產量最大的金包里與北投，都是巴賽族地盤，十四世紀的巴賽人肯定參與了硫磺交易。根據十七世紀西班牙人的紀錄，漢人曾深入硫磺產區與巴賽人交易，以廉價物品交換，回國後再高價賣出。幾十年後，臺灣落入清國統治，某次福州火藥庫失火，庫存硫磺付之一炬，郁永河來臺採硫，也得到北投社巴賽人幫助。

即使是吉光片羽，也夠我們想像品味。巴賽人在數百年間，一直都是臺灣北部最重要的勢力，採集硫磺不可能繞過他們。

✣ ✣ ✣

直到十九世紀，世界對臺灣的印象也離不開硫磺礦區。一八四八年，船隻「凱爾派號」（Kelpie）在臺灣附近遇難。凱爾派是賽爾特傳說的水妖精，常以駿馬形象出現，要是騎上馬背，就會跳進水中將人溺死。這樣的水妖竟在異國遇難，也算諷刺吧！據說有兩位水手被臺灣原住民生擒，關在硫磺礦區做奴工，有這種傳聞，是因為一枚戒指出現在香港市場，上面的家徽，正屬

16　（元）汪大淵，〈琉球〉，《島夷誌略》，維基文庫：https://zh.wikisource.org/zh-hant/ 島夷誌略 # 琉球。

於其中一位水手史密斯；經打聽，帶來戒指的船隻正是來自臺灣……

那已是船難後八年的事。

無論兩位水手真正的遭遇如何，這番流言反映了西方人對臺灣的刻板印象：原住民會將遭船難者當奴工，逼他們開採硫磺。

為拯救遇難水手，「凱爾派號」的船東出了懸賞金，隔年，英方派出兩艘船艦調查此事，當時船上的翻譯，是二十歲出頭的斯文豪，這位青年將在幾年後成為英國在臺第一任領事。[17] 這群人經恆春，沿東海岸北上，抵達基隆後，由陸路前往傳說中的硫磺礦區：金包里。

然而這次冒險並無成果。

直到快九點才抵達金包里，準備在那裡過夜。在慈護宮落腳，想跟那裡的首長談談。我們獲准入廟，不久就有一位管轄那村子的總理，即把總來訪，帶來一些蛋和粥做為禮物。他說從未聽說海岸有過船難，亦無白人被拘禁在硫磺坑區內。他本人以前從未見過白人，很樂意公布我們交給他的告示。[18]

要是把總[19]沒說謊，關於兩位水手的下落，或許只是西方對臺灣的幻想。

說起來，硫磺雖是重要物資，但清廷早在十八世紀末就禁止在臺採硫。為什麼？原來林爽文事件時，漢人曾向原住民採買硫磺，製作火藥，對清廷來說，這種三年一小亂、五年一大亂的地方，還是把火藥源頭給封禁比較乾脆。

即使如此，私採者絡繹不絕。斯文豪來臺前兩年，才有人偷製硫礦，販賣給各國被抓；這些人極其凶狠，當時巴賽人多半在清國控制下，清國命他們看守硫礦產區，但盜採者仗著人多勢眾，拿械鬥武器威脅，守礦者無可奈何，只能任他們掠奪。[20]直到清法戰爭，法國人對硫礦礦有興趣，清廷才設立腦礦總局，將硫礦納入官營，減少私採。

現在陽明山上有守礦營遺跡，即當年巴賽族受清廷命令看管硫礦處。

✤ ✤ ✤

如今，這些都只剩遺址。自帝國獨占硫礦，巴賽人就淡出硫礦史，像走進陽明山的迷霧。還記得馬偕牧師曾在陽明山看過好幾噸油在鍋爐裡燃燒的震撼景象嗎？那或許是大油坑。憑藉現代

17　羅伯特・斯文豪（Robert Swinhoe），又被譯為史溫侯、郇和等。偏好斯文豪這個譯名，是因為我更喜歡他博物學家的身分；他在臺灣發現了許多物種，這些物種被冠以「斯文豪」之名。

18　費德廉、羅效德，〈福爾摩沙島訪問記〉，《看見十九世紀台灣：十四位西方旅行者的福爾摩沙故事》（臺北：如果出版，二〇〇六），頁二八。原文有英文補充，為行文順暢刪除。

19　「把總」是清國低階軍官的官名。

20　其實這件事不是發生在金包里，而是士林附近的毛少翁社；在此列出，只是說明盜採者與巴賽人間的緊張關係。

工業技術，上世紀七〇年代，大油坑曾月產八十噸的硫磺，數量驚人；但在政府進口價格更低廉的硫磺後，大油坑便失去價值。

現在，大油坑已停採，重回自然造化，恢復本貌——成為寸草不生，毒氣繚繞，流洩著奶黃色的死之魔境。不是我信口開河，當年斯文豪曾在陽明山見證這樣的妖異景色：

有一灘硫磺淤積在我下邊不到十五英尺，臭味令人難忍。腳下的土地在碎裂、呻吟，似乎就要塌陷。到處都是覆有硫磺結晶的石灰岩碎塊。滿地散落著缺了翅膀或腳的甲蟲與蝴蝶，這些都是硫磺素氣的不幸受害者。

或許是無人管理，太危險了，大油坑已禁止進入，我也無從驗證當年斯文豪目睹的景色。守磺營遺址也在通往礦區的小路上，我試著前往，但同樣被封鎖；就這樣，即使知道歷史仍保留著殘骸，像死去的巨人，我們卻沒被賦予瞻仰遺容的機會。

守磺營位於「金包里大路」延伸出的小徑。這條「大路」修築過好幾次，曾是橫越大屯山，往返金山、士林的重要通道；當年馬偕、斯文豪走的，很可能也是這段路。現在交通方便，這條古道只殘存部分登山步道，休閒意義大於實際功能。

但這本是巴賽人走出來的。大屯山對面的北投、士林、大龍峒等地，過去也是巴賽族聚落；透過這條路，東北岸與臺北盆地的巴賽族能貿易、往來、通婚。如果那條古老的道路至今仍在，最後會抵達巴賽族少女與天犬公上岸的金色沙灘，以及旁邊的「磺港」——

那是個小巧可愛的港口。

我曾在獅頭山西側的觀景臺俯瞰。當時正好有艘漁船駛進港內，在海面留下S形的軌跡，像飛機雲；防波堤盡頭是小小的港口燈杆，供出入的船隻判別方向。這景色實在悠閒，悠閒到像日本動畫裡，鄉村的夏日港口。

重點不是鄉村，而是遠離喧囂，從繁瑣中釋放的夏日。蟬鳴、鳥語、一望無際的海，讓獨自出港的漁船宛如翱翔藍天的紙飛機；磺港就是這種漁港，帶著點不真實的質地。

幾百年前，巴賽人也曾以這海灣為港口嗎？他們開採硫磺礦，是從這裡出海，送到更大的貿易港，譬如基隆嗎？我眺望著，希望能發現證實這些想像的蛛絲馬跡，然而一切都已泯滅海上，隱遁於深山祕霧，只有遙遠的磺煙，還能與過往重疊。

六十公尺高的墓地

磺港東側是海岬地形。從港口看，就像棲息海邊的野獸，茂密樹林宛如綠色毛皮，斷崖部分則被斧頭削斷，底部奇岩怪石。這附近的房子都依偎在海岬延伸出來的陡坡上，形成依山而建的濱海村落，有些房子三、四層樓高，甚至像被埋進山裡，從港邊只能看到較高樓層，底部則被樹頂掩蓋，帶著遺世獨立的神祕感。

這座海岬，即是能俯瞰磺港的「獅頭山」。為何叫「獅頭」？這點不得而知。不過大航海時代，荷蘭人將同一處岬角稱為「駱駝岬」（Cameels Hoeck），[21]命名的情趣與獅頭山相仿；考慮到漢人與荷蘭人都從海上來，或許從外來的視角更能引起共鳴吧。

獅頭山公園是許多遊客必經之地，因為登山步道的終點，是觀賞「燭臺雙嶼」的絕佳位置。「燭臺雙嶼」是金山的象徵，在探訪傳說故事的旅程中，也是不可錯過的幻想驛站。

燭臺嶼是距岬角四百多公尺處的海上礁石。據地質學家研究，那本是岬角的一部分，後因種種自然作用，獨立於外，遭海浪侵蝕成石拱門的形狀。又不知過了多久，拱頂崩塌，僅剩兩旁門柱，遠看，就像是並列的燭臺。

要看這海上燭臺，可從金包里的信仰中心慈護宮往海的方向走。沒多久，地勢持續攀高，就像從尾巴爬上獅子的背脊，那就是步道的起點；獅頭山曾是軍事用地，即使公園化，仍能發現不少遺跡，譬如某條祕徑埋藏著軍事廢墟，窗孔外就是大海，繁盛卻枯黃的草枝從掩體頂部垂下，如原始民族搭起的草棚屋頂，彷彿能瞥見不存在的南洋戰爭幻夢。

進入步道，走二、三十分鐘，就能來到岬角頂。暢快溫暖的海風襲來，亭子佇立懸崖，旁邊鋪滿工整的地磚，是很舒適的平臺。不過，人造物帶來的秩序，壓不住被擠到一旁的野草之張狂，風裡瀰漫著難抑的野性，或許是從高處俯瞰大海的恐懼，此處給人與猛獸對峙的印象。

崖邊眺望，是名聞天下的燭臺雙嶼。

然而——我不得不抱怨——在這個能將海天風光飽覽無遺的地方，官方卻立了座巨大不鏽鋼環，像在強調這是最佳拍照點；旅人與不鏽鋼環合照，可將後方的燭臺嶼置於視覺中央。然而，這只是荒廢感性吧！將視野交給官方定制的膚淺樣板，所有往來燭臺嶼的旅人，就這樣照著安排，複製官方定制的風景，我對此不以為然。

或許不鏽鋼環是用來代替圍欄的，有安全考量。但煞風景也是事實。從這個岬角觀看燭臺嶼的妙處，就在其位置與大海的「無限」相得益彰；原本尋常的礁石，竟成為某種支點，撐起由「無限」帶來的強悍魄力。而且懸崖底下的海岸極其美麗，近乎透明的海水，能清楚看到金色沙灘與水裡礁石、綠藻交錯而成的複雜圖紋，最終被湛藍所吞沒。

在這樣的景色前，人不得不承認自身渺小，或震撼於畫布之無垠。為了觀覽超越視野極限的風景，人不得不意識到自然是「他者」，而自己正處於客觀自然中的絕對位置——這有違直覺，我們習慣將自己視為自然的中心。

但不銹鋼環輕易地破壞了一切，將人與觀賞燭臺嶼產生的崇高感隔絕開來，縮限在有限的圓環中。或許官方有如此設置的理由，我難以揣想，但其結果，只能說與風雅無緣。

✤ ✤ ✤

21　翁佳音，《大臺北古地圖考釋》（新北市：臺北縣立文化中心，一九九八）。

燭臺嶼又稱「夫妻石」。我在網路找到一則傳說，有對夫妻極為恩愛，某次丈夫離家，妻子每日在海邊等待，久而久之竟化為石頭；丈夫回來發現妻子的模樣，傷心欲絕，也在悲痛中化為石頭，就成了成對的燭臺嶼。[22]

聽來，像「望夫石」的變體。然而遍覽文獻，只在網路上見過這版本，或許是近代演變出來的。無論如何，這肯定不是百年前燭臺嶼最為人熟知的傳說；因為日本時代，人們津津樂道，幾乎任何一篇寫燭臺嶼的文章都會提到的故事是——那座礁石上，有屍體。

為何有這種傳說？現已無人知曉。根據百年前的報紙，燭臺嶼曾棲息三、四百隻鵁鶄，[23]我原本推測是眾多黑鳥棲息礁石，讓人想到烏鴉，進而聯想到死亡——但這太單薄了。就算遠看難以辨識，鵁鶄和烏鴉的叫聲也差太多，沒道理弄錯。那麼，為何人們認為那裡有屍體？

不同文獻中，有人說是西班牙人的墓，有人說是荷蘭人的墓，還有個版本是清法戰爭時，法國船艦曾砲轟燭臺嶼，後來村人便將戰死者埋葬其上；紀錄這則故事的人[24]親自乘船前往燭臺嶼調查，當然什麼都沒發現。這些版本中，最離奇的是李寶同在《金山萬里誌》裡的記載：

> 有位婦女產了蛇，某天，她對蛇說：「你到山裡去吧，如果要對我盡孝，等我死後再來。」於是蛇不知所蹤。數年後，婦人病死，在她的棺材送往墓地途中，一條大蛇出現，以尾巴卷走棺材，游到燭臺嶼，將棺木葬在那裡。

乍看沒頭沒尾，但民間故事大抵如此。我在某個場合提到這故事，有朋友大感認同，表示這位母親很開明，沒有逼那條蛇活得像個人，彼此都得到了自由。確實，從當代觀點看，意外地頗為美好。但比起這點，我更在意這些傳說的共通元素——墳墓。

為何是墳墓？雖說是四百公尺外的礁石，在沒有海禁的時代，登上燭臺嶼調查應該不難，為何如此荒唐的傳說會持續流傳？

另一個讓人在意的是身分。

西班牙人、荷蘭人、法國人，都是相對於漢人的外族，為什麼？只有李寶同的版本例外——不，真的例外嗎？前面說過，獅頭山附近有巴賽人聚落，這有沒有可能是巴賽人的故事，在文化交流中被漢族吸收？

先聲明，這只是胡亂揣測。

就像佐藤春夫推測媽祖與聖母瑪利亞有關，是經不起考驗的荒誕聯想；不過，在原住民族間，將特殊海岸地形賦予傳說的情況並不罕見。若那是神話裡的墓地，沒有物質遺物也不奇怪。如果燭臺嶼的墓地真來自巴賽族——無論是對「物」的聯想，或對歷史事件的詮釋——這類故事

22 出自「北海岸及觀音山國家風景區管理處」。
23 即八哥。
24 紀錄者是石坂莊作，也就是前面紀錄「天犬公」故事的人。

被漢人聽到，也可能只剩結論：那裡有「番人」的墳墓。

這裡用「番人」，並無貶義，只是時代用語。雖然現在聽到「番人」想到的是原住民，但民國以前，西方人也是「番」；「番」不是特定族群，而是漢人對非我族類的蔑稱。我不禁想像，當巴賽族排斥漢族的蔑稱，不甘居於「番」的身分時，新的「番」出現在海面上，船堅砲利——在那種時代，「燭臺嶼上有番人墳墓」，會不會出現語意變化？

這應該不算毫無根據。西班牙與荷蘭明明水火不容，在燭臺嶼傳說中，卻能任意置換，因為對講述傳說的群體而言，他們並無區別。

若假說成立，這其實頗令人感傷。因為，這表示巴賽族傳說被漢族奪走，最終連自己的落腳處都失去，被海外殖民者取而代之；想到這，我不禁希望自己大錯特錯，這全是捕風捉影，與事實沒半點關係。

✤ ✤ ✤

無論如何，礁上之墓已隨時代消散，反留下夫妻化為石頭的傳說。「望夫石」傳說流傳於中國、韓國、日本、越南、澎湖等地，若問金包里可不可能流傳，當然可能。

——但我有些難以釋懷。

或許是因為「夫妻石」之稱別有出處吧！日治時代，有燭臺嶼像「二見浦」之說。二見浦是日本靈地，據說波濤從仙鄉「常世之國」湧出，最先抵達的，即是二見浦。由於岸邊能看到相鄰巨石，大的稱「男岩」，小的稱「女岩」，便用帶著咒術意義的連注繩綁在一起，形成概念上的鳥居——

那就是「夫婦岩」。夫妻岩的彼方，即神域。

岸邊神社有座小型的鳥居，正對著夫婦岩的方向敬拜太陽神。因為在特定月分，從小鳥居的位置看，天照大神的真身——太陽——神聖化的日出，會從夫婦岩中央升起。提起這些，是因為「夫妻石」很可能來自殖民者的挪移；對峙的「男岩」與「女岩」，不正與燭臺雙嶼相似？金包里留下的「夫妻石」之名，很可能是殖民者以母國眼光觀看殖民地的結果。

然而離別夫妻——望夫石傳說的世俗性，顯然與二見浦的聖域性質背道而馳。如今傳說變異，或許是對「夫妻石」三字望文生義吧！當記得「夫妻石」意義的人們凋零，後人只知道這三字，便以自己熟悉的敘事取而代之，就像殖民的歷史，地景的詮釋權不斷被新的政權掠奪，雖然，這不過是極其自然、常見之事。

野柳龜精

獅頭山能瞥見的幻想記憶，不只燭臺嶼。

涼亭東側有段階梯，下方的觀景臺能遙望基隆嶼，右側則是城牆般橫出的海岬，前端像擱淺巨鯨——即野柳岬。

您知道「野柳」地名的由來嗎？學者提出了有趣的理論：西班牙人把野柳岬稱為「Punto Diablos」，即「惡魔岬」，如果您是遊戲玩家，想必知道著名奇幻遊戲《暗黑破壞神》，原文就是Diablo。「野柳」之名，很可能是Diablos在漫長的時間裡字音脫落，最後D與B消失，只剩「la」跟「Lo」的音。

換言之，那是西班牙語。野柳並非柳樹之雅稱，而是惡魔。

為何有此惡名？原來西班牙人航行在基隆、淡水間，船隻時常在野柳岬一帶觸礁擱淺，並被當地巴賽族掠奪。[25]事實上，容易觸礁這件事還改變了地方習俗，這與金包里信仰中心慈護宮有關。

✤ ✤ ✤

兩百年前，有尊媽祖神像漂流到野柳的海蝕洞，被漁民發現。

那想必是神聖又戰慄的體驗。

海潮聲在洞窟內迴響，天光照進洞內，八寸大的神像隨著潮水浮浮沉沉。雕刻的表情清晰可見，彷彿神靈自載體中浮出，栩栩如生。

虔誠的漁民拾起神像，蓋了草蘆祭拜，但媽祖託夢要在金包里建廟，幾經周折，就成了現在慈護宮裡的「野柳二媽」；要是您到慈護宮，是無法親眼見到二媽的，因為二媽被藏在更大的媽祖像內。媽祖腹內有媽祖，而且神像封起後就再也沒打開，這位野柳二媽沒留下任何科學式的紀錄，譬如材質、尺寸、形制，只有傳說。如此被神祕所籠罩的神祇，每年結束農曆四月十五日的遶境後，隔日會被信眾迎回野柳海蝕洞，稱為「回娘家」。

但百年前，遶境日期並非四月十五、十六，而是七、八日；原來日本時代，有往來於金山、基隆間的航班「金包里丸」，某次從基隆返航，在野柳翻覆，眾多乘客身亡，那正好在熱鬧的遶境期。此後，信眾便將四月七、八日視為不祥之日，遶境日期也改成四月十五。簡萬火曾在《基隆誌》提及：

> 若以現在科學家所言。係潮流關係。双方海流。到其山灣充擊而滾流。如前年金包里丸。到其處而沉沒。船員及客、計死約百人。亦因船到其處。而被潮流所卷沒也。

別說十七世紀，直到現代，野柳仍是凶險海域，甚至改變了神明的遶境日！在紀錄這段歷史前，簡萬火還提及另一則傳說：

25　翁佳音、曹銘宗，《大灣大員福爾摩沙》（臺北：貓頭鷹出版社，二〇一六）。

然此野柳半島。俗曰野柳龜。相傳為昔時此龜之鼻。常現煙霧濛々。船舶過之。必被吞沒。聞遭其災者。不可勝數。後因鄭成功渡臺。聞其怪異。即以大砲擊之。故現在該龜之嘴下。尚崩陷為據。

此處竟流傳著鄭成功斬妖除魔的傳說。

初讀這份文獻，我只覺得鄭成功太多事，龜精礙著你了嗎？然而若詳考歷史，就知道鄭成功占領臺灣，不到半年就過世，砲打龜精只是無稽之談。但再深思下去，所謂龜精，不就是險惡海相的化身？

我曾在野柳岬西側平臺看海。那天吹著北風，烏雲密布，波濤還沒靠岸就被亂石切得粉碎，彷彿海面下有無數刀鋒洄游。對漢人來說，野柳岬形狀似龜，附近的船難，當然也是龜精所為，這不跟西班牙人的「惡魔」如出一轍？這麼想著，我不禁讚嘆自然的威力。那些惡浪擊出的振動，竟能穿透文化、族群的質膜，以不同語言烙下類似的魔怪，徘徊於同一塊土地上。

✤ ✤ ✤

鄭成功還在野柳留下別的印記。

野柳岬連接西側海灣處，名為「國聖埔」。據說鄭成功攻打荷蘭人時，曾埋大量軍費於國聖埔十三處；為隱藏祕密，藏金的伙夫全被殺了，其女說不喜歡跟著軍隊，太辛苦，也被殺了。[26]最後鄭成功在藏金處立了一座「鄭女墓」，或許是作為日後取回軍費的指標，之後，不知過了多少歲月……

有農夫在國聖埔附近的田裡工作。

回過神，他發現田邊出現一位神祕美女。美女請農夫修繕茅屋，但農夫忙於工作，沒理會，隔天美女再出現，才與其同行。然而走著走著，美女神祕消失，農夫連忙尋找，意外發現堆成小山的金銀財寶，原來美女就是鄭女的鬼魂，為感念農夫幫忙，才指引他到其中一個藏金處。[27]

這只是一個版本，還有別的說法。像鄭成功之妹因故逝世後埋葬於此，其後，有農夫拂曉處理農事，見到一匹白馬，好奇跟隨其後，白馬領著他到鄭女墓前便消失，連續好幾天。

不過，無論哪個說法都不通。如前所說，鄭成功根本沒到過北臺灣，遑論藏金，況且，此傳說顯然是大雜燴！鄭女墓傳說流傳在臺灣南部，《恆春縣志》說鄭延平女娣墓在楓港山上，海上遠遠望見，但到山上怎麼都找不著，有如幻境；《海音詩》說鄭成功之女葬在瑯嶠山腳，每年清

26　如此殘暴的形象，或許受史實的鄭成功影響。成功之子鄭經與乳母私通，他氣到下令將鄭經斬首，屬下三番兩次抗命，但他心意已決，無論誰來勸都說服不了他。如果不是鄭成功奄然病逝，鄭經恐怕難逃一死。這是個狠起心來連親生兒子都能殺的男人，民間說不定也留下這種印象。

27　石坂莊作，〈金包里の傳說二つ三つ〉。為了行文方便，內容經過改寫。這傳說看來少了部分情節，是因為石坂莊作紀錄不全，或採訪者沒說清楚，這已難以考察。後面蘇澳之夜另有版本，比較能看出這則傳說的全貌。

明節有數百群白雁自烏山飛出，到鄭女墓前悲鳴。[28]且不論「鄭女」是鄭成功的妹妹或女兒，到底鄭女墓實際在哪？根據民間傳聞，很可能是屏東的獅子頭山——[29]

這麼說，金包里也有獅頭山，這跟鄭女墓傳說有關嗎？

藏金部分，則化用自海盜林道乾的傳說。據說林道乾在高雄打鼓山埋了十八籃金子，問其妹說：「妳愛錢還是愛命？」妹妹說當然愛錢，林道乾就將她殺死，說這麼愛錢就留下來看守財寶吧！[30]

老實說，如此蠻不講理的作風，實在難以苟同。譴責妹妹貪財是一回事，有必要殺害嗎？這故事在臺灣相當盛行，後續情節版本眾多，多半圍繞著妹妹顯靈與揭露部分藏金。更有趣的是，除了主角變鄭成功的版本，還有林爽文的異文；明明是同樣傳說，為何會以不同人物的名字四處流傳？

或許對民眾來說，他們有某種同質性吧。

✤ ✤ ✤

國聖埔流傳鄭成功的故事，其實不算無中生有，因為東寧王國確實曾在此地留下痕跡。

一六六五年，鄭成功已去世，荷蘭人卻還沒完全退出臺灣；他們在基隆和平島重建西班牙人的城堡，即北荷蘭城，試圖延續其勢力。為徹底驅逐荷蘭人，鄭氏揮軍北上，他們在哪上岸？有說法就是國聖埔。請看，國聖埔音同國姓埔，不就是為了紀念在此登陸？

其實是不是真的在此登陸，並不重要，只要後人覺得是即可。東寧王國統治期間，曾在臺灣各處屯墾，其中也包括國聖埔，或許那時就已埋下鄭成功傳說的種子。日治初期，金包里仍有祭祀國姓爺的神明會，即使沒廟宇，信徒也輪流主持國姓爺祭典，年年盛大。那些洄游於鄭成功旗下的夢境會擱淺於此，便是源於這些被遺忘的淵源吧。

奢靡的溫泉鄉

循岬角東邊觀景臺的階梯而下，是廣大的岩石海岸。若您來到此處，請小心。這些海潮切割出的地形有不小高低差，得攀爬跳躍才能前進，要是沒穿防滑的鞋子，就危險了。

不過，若懷著冒險的浪漫情懷，這裡或許能帶來些許滿足。冬天的東北海岸有種歌德式的黑暗，陰鬱又危險，有時不遠處的島嶼、海岬隱入海霧之中，沾染神祕色彩。雖也算是觀光區，但這段岩岸有著封閉孤絕的氣質，隨當時的天氣不同，能呈現出不同的魔幻之感。

---

28 《海音詩》一百首之七，「魁斗山頭弔五妃，鄭娘芳塚是耶非。年年瑯嶠清明節，無數東來白雁飛。」劉家謀，《海音詩》，國立臺灣文學館：https://db.nmtl.gov.tw/site5/poem?id=00000142。

29 有諺語說「尖山大哥洞，獅子頭小姐墓」，是以為據。

30 有學者指出，林道乾沒來過臺灣，這只是傳說故事。

沿岸往東南方走，穿越一個海水鑿出來的洞窟，就是水尾碼頭。附近有聚落，還有間二樓能看海的小咖啡館。朝慈護宮漫步，沒多久，會看見一座幽深隱密的古典洋樓。

洋樓有好幾層高，被綠葉築成的高牆隔絕，彷彿埋在時間深處——

這就是金包里最負盛名的溫泉館，「舊金山總督溫泉」。

我在附近的便宜旅館過夜時，曾問老闆有沒有推薦的溫泉，她立刻說「舊金山總督溫泉」。由於這回答太理所當然，我問有沒有別的？她說她也不熟，只聽說免費的公共浴室晚上有流浪漢，但她不敢去，沒親眼看過。

在地人這麼說，卻未必真有其事，畢竟本人也承認只是傳聞。然而，為何沒根據的事會到處流傳？這或許跟在地人對待溫泉的方式有關。該說不愧是火神的鍛造場嗎？金包里或許是全臺公共浴室密度最高的地方，光獅頭山周邊，磺港就有兩、三間，水尾有，老街附近也有，即使外觀不豪華，光是免費供應溫泉，就已稱得上「奢靡」。

然而，免費也給人難以管制的印象，帶來恐懼。

這與事實無關，只是「標價」本就能區隔階級罷了。高級餐廳的一道菜幾千元，有時不見得多美味，但價格能排除閒雜人等，將消費能力轉為階級窄門的通行證。平價餐館已經沒有守衛，若是還取消價格，不等於連牆都拆了？免費給人「不安全」的直觀印象，由此而生的畏懼，確實可能化身流浪漢的幻影，徘徊在看不見的門後。

回到舊金山總督溫泉。這裡在日本時代是總督招待所，稱為「新館」；既然有「新館」，當然也有「舊館」，我們稍後就會見到。二戰後，新館被國軍徵用，也不知是怎麼用的，竟讓溫泉源頭被堵死，長期荒廢，直到二〇〇〇年才整修為現貌。這裡的溫泉有海水滲透，硫磺芬芳中帶著海風的鹹味，泉水泛著菊花茶般的色澤，泡湯體驗異於其他泉質，有某種後味——

要比喻的話，就像單寧讓舌根發澀，那種唐突、異質的感官迴盪，確實能召喚出近乎「雅」的情趣。

大眾湯位於三樓，男湯是半露天的，風景甚佳，圍欄大約到成人腰部。走到池子邊蹲坐，能在溫泉的氤氳熱氣間憑欄遙望野柳與大海，黃昏後，黑暗中泛著點點漁火，燦爛奪目。

但據與我同行，泡了女湯的友人R所言，女湯面對獅子山，景觀相對封閉許多。考慮到世人對性別的刻板印象，也不是無法理解。雖然心中有種種想法，但說到底，不是我能置喙的。只能說，女性朋友沒機會享受泡湯看海的樂趣，我深感扼腕。

舊金山總督溫泉與海水混合的泉質，已屬罕見，但這恐怕還不是金包里最特殊的泉質。日本的「有馬溫泉」有三大古泉之稱，該處所謂的「金泉」，是因泉水的鐵離子達一定濃度，剛湧出時透明無色，接觸到空氣，即轉為紅褐。而這種罕見的泉質，竟也見於金包里！

繼續往慈護宮方向，在中山溫泉公園裡，有個金包里公共浴室——那就是「舊館」。公園內有條蜿蜒小溪，像景觀工程的成果，但旁邊幾棵樹稀疏低矮，單薄寒酸，遠稱不上雅緻。相形之下，公共浴室則有時光囤積的厚重感，連旁邊的民宅都像留在過往，被枯藤老樹圍繞。這些不加造作的景色，比起一廂情願的景觀工程，反而風味獨具。

公共浴室前新築的泡腳池就是「金泉」——坦白說，這兩字風雅好聽，實際顏色更接近秋天的枯葉，要說像混濁的泥水，也不會有人反對。若不知道有這種溫泉，初見的旅人恐怕會嚇一跳吧！

然而在此泡腳的人都率直享受，怡然自得。我不禁想，金山或許是最不負「溫泉鄉」這稱號的地方。

✤ ✤ ✤

接下來的故事，或許有點掃興。

不，對某些人來說，或許是增添風雅吧。日本時代有則傳說——許久以前，曾有人在此自殺。那是名叫「黃錄」的老人，就住在公共浴室附近。某天，他不知受到什麼感召，在溫泉湧出處旁的大樹上吊自殺。在那之後，出現了怪談。據說在這裡種的稻子，隔天一定全部顛倒過來，這種怪現象讓人不敢接近，直到日本人發現有溫泉，開闢浴場，才緩解了人們的恐懼。

這則「逆稻」故事，坦白說有些沒頭沒尾。不過，或許日本人並未紀錄故事的全貌；在臺灣，「栽種秧苗全部顛倒」，是金蠶蠱敘事的常見主題，因此這可能暗示老者養了金蠶蠱，或成為金蠶蠱的受害者。

臺灣流傳的金蠶蠱傳說，普遍將金蠶當成超自然妖物，被害死者無法超生，靈魂受養蠱者驅使，為其工作；它們只能做簡單工作，養蠱者得親自指導，譬如插秧，要先插一株秧苗當示範，亡魂才會照辦，一夜之間將秧苗插滿。[31]

因此，民間才流傳著這樣的故事：有些人知道誰養蠱，不敢明說，卻偷偷將養蠱者用來示範的秧苗倒過來，這樣亡魂也會依樣畫葫蘆，將所有秧苗倒著插，造成養蠱者損失。養蠱者不能明講養蠱，只能接受悶虧──請看，這不是能填補「逆稻」的一些前因後果嗎？當然，要知道整個故事是緣木求魚，但老者自殺於此，說不定真有其事，只是人們忌諱不吉利的金蠶，不肯講出全貌，才讓日本人的記載沒頭沒尾。

公園裡有棵巨大榕樹，不知多古老，卻奇形怪狀，像巨大的手掌向外張開，氣根密集到宛如鬍鬚，連光都照不進去，滲著陰森鬼魅之氣。看著這棵樹，我心想，難不成當年老者上吊自殺的樹，至今猶在──

不，這都是妄想。但在這遺留著日治風情的地方，說著百物語般的故事，確實有種納涼會的情懷。

慈護宮對面，有棵幾層樓高的巨大榕樹，某次傍晚經過，樹上好幾十隻鵁鴒爭鳴，此起彼落。這事還上了新聞，說當地居民不堪其擾，還有人用鞭炮嚇牠們。但我不禁想，牠們會不會是原本

31　跟妻子講到這故事時，妻子認為金蠶蠱受害者只做一些簡單工作很合理，因為那就是個爛缺，都被害了憑什麼還要認真幫忙，當然只會做最低限度的工作。雖不合民俗邏輯，但我認為這種觀點符合人性。

住在燭臺嶼上的鵁鶄？百年之間，牠們不知遷徙到哪去，現在總算回到金包里，只是沒回海外礁石，而是老廟前的巨木之上……

當然，這也不過是妄想。畢竟現在最常見的鵁鶄都是外來種，原生鵁鶄已很難見。

第二夜

基隆

——繁花盛開的異國

林開郡洋樓
KEELUNG
仙洞
基隆
教堂
聖救主城
雞籠國

七號房
二二八紀念碑
陋園
慶安宮
韓國村
渡船頭
八尺門
看守堡

第一次來基隆，是十幾年前的事。

記得那時還是舊車站，站前不遠處有個圓環，裡頭的蔣公銅像戴著軍帽、穿斗篷，基座寫著「民族救星」。其實那個基座是殖民時代遺物，原本擺在上面的是日本總督樺山資紀，政權轉移後，新人上座。以紀念像性質來說，權威沒有改變，只是誰站在上面的區別。這兩年到基隆，銅像不知所蹤，該處被拓寬為國門廣場，擋住港口的建築群也消失了，視野開闊，港口風光一覽無遺，以旅人的心情來說，相當舒坦。

雖不是基隆人，但這些年為考察來過幾次，確實感到某種變化。當年我印象最深的，是廟口夜市的跑馬燈；明明在人來人往處，卻閃過「可嘆基隆人，常被邊緣化」的抱怨——跑馬燈可以這樣拿來抒發感慨嗎！但轉念一想，或許那是遏抑已久的嗟怨，不公諸於世就不痛快吧。

近幾年來，確實有某種清新活潑的力量在改變基隆。年輕人投入公共事務，也以這座城市為榮。不是說都煥然一新，如果只有嶄新事物，反而無聊；為陳舊衰敗的事物找出價值，清出它們在這個時代的容身處，才是了不起的偉業。

新冠疫情嚴重時，我是在基隆打疫苗的。那時實在排不到新北市、臺北市診所，又正好到基隆考察，上網查，竟有醫院可以預約，便連忙安排了。到醫院前，我在附近閒晃，偶然發現一間簡約舒適的小咖啡店；品項不多，但肉桂捲和蜂蜜拿鐵都是我喜歡的。最初注意到這間店，是因為「TUMAN」這個店名……

我有些驚訝，實在是很美的選擇。

「TUMAN」是巴賽語，指的是距市區幾公里遠的和平島；[1]那裡是基隆歷史的起點，作為港都店名無可挑剔。而且用巴賽語，也貼合我對基隆這幾年的印象：即使是那些舊事物，也能在新的生命裡綻放光輝。

二〇二二年六月初，基隆城市博覽會盛大開幕，整個市區都是博物館，展覽、表演百花齊放，原本封鎖的古蹟也供人參觀。這段期間，作為導覽的一環，加開了往返基隆港與正濱漁港的船班；我大為振奮，再怎麼容易暈船都不想錯過，因為正濱漁港就在和平島入口，從市區航向那座島，就像從「當代」航向「歷史」，對這座無法跟海洋分割的城市來說，本身就有意義。至於其他理由——

請容我賣個關子。雖然對您來說，那或許是窮極無聊的理由。

歡迎光臨雞籠國

剛剛我說和平島是基隆史的起點，可不是信口雌黃。您知道《馬尼拉手稿》（*Códice Boxer*）嗎？那是十六世紀末完成於菲律賓，由西班牙語寫成的神祕手稿。裡頭像百科全書般，紀錄了東亞、東南亞眾多族群的文化與習俗，絢麗的彩繪醞釀著異國情調，現在觀之，更有種被時光隔絕

1 根據淺井惠倫一九三六年在三貂角巴賽部落採集到的語料，Tuman 是三貂角人對和平島的稱呼。

的幻想魅力。

這份手稿，或許是殖民者的參考指南。西班牙是海上強權，其遠東的根據地，就在菲律賓最大的島嶼呂宋島；[2]所謂知己知彼，他們肯定想知道自己會在海上遇到哪些人、哪些事，這就是手稿的作用。但對當代來說，手稿也極具價值，那是海權大國蒐集的經驗，揭露數百年前海島諸國的勢力關係——

譬如「雞籠國」。[3]

Cheylam是日本附近的王國。有自己的國王統治他們，並向國王納貢。這是一個硫磺礦非常豐富的地方，並且他們用魚叉戰鬥和捕魚。

顯然，雞籠國就是和平島與其周邊的巴賽人國度！[4]也許您會問，要怎麼知道「雞籠國」不在市區，而在和平島上？理由很多，但最重要的是基隆內港原本不算良港，港灣內有鱟公島、鱟母島兩塊礁石，妨礙大船進出，直到日本時代築港，將其鑿除、炸穿，才變成現在順暢無阻的模樣。光說礁石，您可能很難想像有多礙事，但看老照片，那根本是海上小山，鱟母島甚至有六、七層樓高！要是沒有二十世紀的技術與國家力量，我們熟悉的基隆港不會出現。

前夜說過，華商至少十四世紀就與臺灣島民交易硫磺，如果交易地在雞籠國，那可不意外。在悠遠的史前時代，雞籠國就已是國際貿易站，巴賽人跟島內其他族群交易，與菲律賓商人往來，由於明朝漫長的海禁，中國走私客要與諸國商人貿易，自然也會在臺灣找根據地；因此如同大員，[5]當時雞籠已有不少漢人，還有日本人。

十七世紀，荷蘭和西班牙的艦隊在海上朝彼此開砲，由於荷蘭正在打一場從西班牙王國獨立的戰爭，[6]更是殺紅了眼；前者占有大員後，幾乎壟斷所有對中國的絲綢貿易。西班牙為反制荷蘭，也要在艾爾摩沙島建立根據地，於是一六二六年，一支艦隊自呂宋島出發，他們順著黑潮，像被命運推動般掠過福爾摩沙東岸，抵達和平島，占領當地人的房舍……

殖民主義的手伸了進來。以和平島為起點，北臺灣的「歷史時代」來臨了。

---

2 或許讀者早已知曉，但我寫這本書時，才首次意識到西班牙殖民菲律賓與麥哲倫（Ferdinand Magellan）的偉大航行有關。麥哲倫率領了首次完成環球的探險隊，但航程是由他的手下完成，因為他途中亡故。為什麼？因為他插手菲律賓諸島的戰爭，幫助已臣服他的宿霧島領袖攻打麥克坦島，死於反擊。

3 值得一提的是，手稿中同時記載了西班牙文的「Cheylam」與中文的「雞籠」，讓我產生了一個疑問：「雞籠」到底是由漢族命名，還是漢族對當地自稱的音譯？這點似乎未有定論。

4 和平島過去被漢人稱為「社寮島」，顯示其與原住民的淵源，自然是雞籠國可能位置的首選。

5 這裡指臺南的安平港與臺江內海周邊。

6 荷蘭與西班牙占領臺灣期間，正在進行一場長達八十年的獨立戰爭；由於賦稅嚴苛，加上宗教改革等原因，荷蘭決定反抗西班牙哈布斯堡王朝的統治。戰爭以一六四八年《西發里亞和約》（*Peace of Westphalia*）的簽訂告終，荷蘭正式獨立，成為主權國家。

城市博覽會期間，和平島的考古遺址「西班牙諸聖教堂」也對外開放。保護遺址的遮雨棚下，當年教堂只剩石砌地基，但厚重的牆垣已帶來神聖與莊嚴。

✤ ✤ ✤

幾百年前，教堂不像現在被平房包圍，能隔著漢人跟巴賽人的聚落看見海。附近有供神職者淨身的人造池塘，[7]或許還種了玫瑰、芸香等怡情花草……[8]要是沒有教堂，那些遠離家園的士兵與冒險者或許難獲安寧吧。考古學家在教堂旁挖出十幾具歐洲人屍骸，顯示西班牙統治的短短十幾年間，這裡的確是宗教中心。[9]

由於殖民者影響，部分巴賽人學會西班牙語，皈依天主教，有的接受了西方名字，或許還讓孩子受洗；幾十年後，即使西、荷兩國都退出臺灣，還是有不少巴賽人保留聖像、十字架、玫瑰經念珠。[10]我不禁幻想，如果命運的齒輪稍有偏轉，現在的臺灣北岸會不會是講西班牙語的天主教國家。

西班牙人統治雞籠的重鎮，是離教堂四、五百公尺的「聖救主城」（Fort San Salvador）。進入歷史時代後，和平島發生的戰爭，幾乎都圍繞著它；西、荷在此二度決戰，前者投降後，堡壘改名「北荷蘭城」。接著鄭氏王朝率軍攻來，為前夜的鄭女墓、野柳龜等傳說埋下伏筆。荷蘭人放棄福爾摩沙時，士兵炸毀堡壘，永遠告別這座長滿臺灣海棗的寂寞小島。此後數百年，無主的城堡被海風吹蝕瓦解，英國領事斯文豪曾在此見證不堪回首的斷壁殘垣。

此島內部的一角仍可見到西班牙城堡的廢墟。一道很長但已傾頹的矮牆，上面布滿植物，圍住約三英畝的土地，面對內港的一角，在一隆起的地面上聳立著武裝騎士的殘餘。牆以內的空間都已經過開墾。同島的最高小山上，那曾一度居高臨下，對著入口，朝海的小城堡，現在留下的僅剩幾塊石頭。[11]

這是古堡最後的紀錄之一。

有意思的是，斯文豪提及一則當地人告訴他的故事：島上最高的城堡，也就是西班牙時代的看守堡（La Mira），三十多年前曾出現白馬的幽靈；根據傳說，挖掘白馬幽靈消失之處，會發現寶藏，因此大批移民擁向看守堡，將其拆毀，尋找寶藏——

但底下什麼也沒有。

7 鮑曉鷗著，Nakao Eki 譯，《西班牙人的台灣體驗》（臺北：南天書局，二〇〇八），頁一九一－一九二。
8 這只是我的想像，沒有根據。是依翁佳音在《大臺北古地圖考釋》裡引述荷蘭人基爾德辜（Simon Keerdekoe）的報告而有的聯想。
9 據專攻考古的友人說，其實這些屍骸尚未百分之百確定是歐洲人，但葬姿是天主教式的，故推測是歐洲人。
10 根據一六六二年聖道明會文書記載，神父李科羅（Victorio Ricci）停泊雞籠時，當地人仍說自己是天主教徒。
11 費德廉、羅效德，《看見十九世紀台灣：十四位西方旅行者的福爾摩沙故事》，頁五四－五五。

為何出現白馬幽靈？不得而知。但白馬消失處有寶藏的傳說，確實流傳於各地；日本時代的《臺灣民間文學集》，就有葫蘆墩商人跟隨白馬，最後挖到白銀的故事。身為推理小說家，我對白馬之謎有種種妄想，譬如，有沒有可能不是見到白馬才去挖，而是先懷疑有寶藏，才假託白馬呢？若是如此，問題就是為何假託。

以看守堡為例，雖然底下並無寶藏，但不難理解為何有這種想像。然而，懷疑有寶藏的人會自己去挖嗎？動員眾多人力才建成的堡壘，憑一人之力，恐怕無法翻遍所有地磚吧！因此就算發現的財寶必須平分，假藉白馬來動員尋寶者，也極其合理。或許謊稱白馬的人急著用錢，急到連獨占的餘力都沒有……當然，這都是妄想，而且白馬傳說因個案而異，或許有不同的緣由吧。[12]

無論如何，西班牙時代的風景已隨時間脆化，沒多少痕跡；看守堡被藏金的幻想挖開，只剩碎石，諸聖教堂則鋪上柏油，成為停車場。[13]那「聖救主城」呢？西方殖民者的重鎮，清國猶在的廢墟，數百年歷史的見證者，肯定被列為國家古蹟吧！如果您這樣想，恐怕要失望了。早在日治時代，城堡的遺址就成了造船廠。造船廠在戰後被台船繼承，別說考古，閒雜人等連靠近都不可得。

✤　✤　✤

這，就是我搭上往返正濱漁港航班的另一個理由。

或許是很荒唐的理由。既然無法進造船廠，那物理距離最接近「聖救主城」的方法，不就只有海路了嗎？您可能覺得不可理喻，畢竟再怎麼接近，古城都已埋在地下，無緣得見。這或許是對的。但對歷史的愛，不能以結果論。時間不可逆，歷史不可能重現，這是理所當然的。可難道就要放棄抵抗，任由歲月將我們淹沒嗎？如果只因徒勞就什麼都不做，那最後我們還能擁有多少眼界呢？

話說得很滿，但這段航行離古城終究有不小距離。事後對照地圖，即使是航線上最接近「聖救主城」的位置，中間也隔著不少房舍，至少直接看到遺跡地的算盤是落空了。然而要說遺憾嗎？也不盡然。

撇開一廂情願接近歷史的想法，光在遼闊的基隆港內破浪而行，就已是快事一件。波濤中，我曾見海鳥盤旋，倏地遁入海面，叼銀魚而躍起——這樣的景色，或許當年浩浩蕩蕩占領雞籠的異國士兵也見過吧！

最後遊艇抵達正濱漁港，旁邊就是基隆著名的景點——正濱漁港色彩屋。橙紅、天青、淺黃、米白、綠松，就像並排的積木，讓人聯想到美麗的歐洲城鎮。灰色的雲裡帶著天光，對基隆來說不算是壞天氣。

---

12 有趣的是，前夜金包里鄭女墓傳說，有個白馬帶領農夫來到鄭女墓前，連續好幾天的版本。雖然沒半個字提到藏金，卻已透過白馬暗示藏金存在——對此，我有個推理趣味頗高的推測，但這邊空間太小，無法寫下。

13 關於看守堡的近況，我曾想前往探訪，卻發現那裡已成為軍營，進不去。這也合理，看守堡本就位於和平島制高點，俯瞰一切動態，選該處為軍營，可說復活了四百多年前的堡壘功能。

和平島的入口，是碼頭對面的橋樑。

原本和平島與臺灣不相連，中間隔著跟河道差不多窄的海峽，[14]直到日本時代蓋了臺灣第一座跨海大橋，即今和平橋，才不再需要借助船隻往來。過橋來到島上，街道兩旁是小小的聚落，民房跟店鋪多半只有兩、三層樓，機車零零落落停在門前，瓷磚牆面則有些老舊。與其說沒精神，更像曬著太陽、懶得理毛的貓，有種慵懶與從容。

此處正是雞籠國遺址。

據學者研究，西班牙時代的巴賽族部落 Quimaurri 就在這附近。[15]經過數百年的文化鎔鑄，已難看出當年風貌。不過，緣橋邊的窄梯而下，是停滿現代漁船的碼頭，一旁的福德宮裡，尚有歷史證物。

據廟誌，清國咸豐年間有位巴賽族信眾自製了黑陶香爐，祭拜土地公，現仍保存在廟內；與漢人香爐不同，爐身繪製的是部落街景，而非龍形裝飾，兩邊捏出人耳形——雖是外行人觀點，但這「耳形」讓我聯想到十三行遺址的人面陶罐。

碼頭過去稱為「艋舺渡」，還沒跨海大橋時，就是搭船到此處登島。

如果光看到「艋舺」，便以為跟萬華有關，那誤會大了。「艋舺」就是船，來自古老的南島語；菲律賓也把傳統船隻稱為 Bangka，跟毛利語的 Waka 同源。數百年前，雞籠巴賽族會駕駛能容二十幾人的「艋舺」橫行海上，或商業貿易，或掠奪商船，甚至被西班牙人稱為「白色魔鬼海盜」——那些「艋舺」是不是曾停泊於此？由於欠缺物質證據，技術失傳，「艋舺」究竟是怎樣的構造、如何操作，如今只能憑空想像……

廟前燈籠搖曳，渡船頭外的千重浪，像囤積了無數歲月。天公爐香煙瀰漫，雞籠國的幻影已渺然難尋。

繁花之影

要說和平島多複雜，絕不止有個「雞籠古國」這麼簡單。讓我們繼續深入。來到島嶼盡頭的地質公園，那裡有個慰靈碑，碑文如下：

1905年前後，琉球人遷居至基隆，形成一處多達560人的聚落。台灣人提供琉球人居住的地方，琉球人也相對地將捕魚、造船和修理漁具等漁業技術，毫不吝惜地教導給基隆居民。台灣人曾經和琉球人互相合作，宛如兄弟姊妹般地生活在一起，這是一個光輝燦爛且令人驕傲的史實。

琉球聚落雖已消逝在戰火與重建的過程中，基隆居民費時勞心，收集起分散在社寮島（今

14 又稱「八尺」，故海峽旁被稱為「八尺門」。

15 雖有眾多說法，這裡是根據鮑曉鷗的《西班牙人的台灣體驗》。

和平島）附近的西班牙人、荷蘭人、原住民和許多琉球人的遺骸，連同對琉球人的記憶，祭祀在萬善公廟內。

琉球各界有志之士為感謝基隆市民祭祀其先祖，藉此機會表達感謝之意，並祈求兩國千秋萬世之和平，故立本座石像於此。

琉球，即當今沖繩，[16]是臺灣人出國旅行的熱門選項。慰靈碑上有琉球男子塑像，威風凜凜地踏在船尖，一手拿魚叉，另一手指著前方。最初看到時，我很驚訝和平島上曾有這麼多琉球人，但更讓我意外的是萬善公廟，竟容納了這麼多族群的骸骨——

簡直像臺灣史縮影，讓人戰慄。

老實說，真有歐洲人的骸骨嗎？我有所保留。畢竟沒經科學方法鑑定，便只是心證。但比起真相，人們為何如此想像，或許更加重要；傳說是繼承歷史的方式，認為此地有歐洲人骸骨，就是將殖民歷史收容進地方記憶的證明。

歐洲人在福爾摩沙踩下怎樣的足跡，眾所皆知，琉球人就不見得了。他們就像歷史劇的背景人物，只有最細心的觀眾才會注意；即使如此，百年前的和平島酒樓，曾有人以蛇味線演唱琉球古謠，那熾熱潮濕的記憶至今仍留下夢般殘跡，是無庸置疑的。[17]

多年前，我曾在和平島的解說牌看到當地傳說：某天，海上飄來一隻巨大草鞋，漁民想，那是巨人才穿得下的草鞋吧？海外肯定有可怕的巨人，這讓他們非常害怕。但有人靈機一動，既然他們是看草鞋來判斷巨人的高度，那何不編織更大的草鞋，營造「這裡有更大的巨人」的錯覺呢？於是和平島人做出更大的草鞋，投入海中，最後巨人果然沒來，或許是被欺騙了吧。[18]

那時我只覺得有趣，然而多年後，我發現琉球也流傳同樣故事；更具體說，是跟我們相隔僅僅一百多公里的與那國島。據說，該島島民曾飽受海盜騷擾，為嚇阻海盜，他們決定編織大草鞋，讓人以為島上有巨人。

這傳說有眾多異文，有的說針對海盜，也有說是要威嚇西方島上的食人族——顯然是臺灣。我想，和平島版本是與那國移民帶過去的吧！[19]因為傳說就像語言，沉澱時間越久，變化越豐富，相較之下，和平島的異文還不夠多。

有趣的是，和平島版本比起改作，更像書信往來。與那國人深知沒有巨人，是為了威嚇外敵

---

16 雖然指同一處，但「沖繩」跟「琉球」有不同脈絡，使用哪個詞彙比較妥當，是個問題。接下來，凡指稱遙遠時代，或說「第二次琉球處分」前的琉球群島，我用「琉球」。「第二次琉球處分」後，冠上沖繩之名的時代，我稱「沖繩」。我盡量以此準則使用詞彙，但視行文方便，也會稍作調整，譬如本章節已使用「琉球」，為了避免讀者混淆，便繼續使用「琉球」一詞。

17 佐藤春夫著，邱若山譯，〈社寮島旅情記〉，《殖民地之旅》（臺北：前衛，二〇一六）。

18 後來我再去和平島，不知為何沒再看到這個解說牌，這裡只是憑記憶寫下。

19 連橫在《臺灣通史》也記載了這個故事：「與那國者，沖繩之一島也。昔有長耳國人渡來，掠人為害。與那國人謀防禦，造巨屨，投之海；長耳國人見而驚去。是為臺灣番族侵掠外洋之始……（下略）」顯然在連橫的時代，很清楚這是與那國島的傳說。

才偽裝巨人，但和平島不同，他們是先發現大草鞋，誤以為有巨人，才製作偽裝的草鞋。這麼看來，與其說是同型傳說的不同版本，難道不能當成兩則傳說有先後之分，互補成一則完整的故事嗎？就像居住在同一塊土地上的不同族群——

這麼看來，碑文的紀錄確是美談，但話說回來，為何稱為「慰靈碑」？是誰的靈，又想要撫平什麼？

這個謎團，會在本夜的最後解答。

✤ ✤ ✤

不只琉球人，和平島附近還有阿美族聚落。基隆市原住民文化會館離和平島不遠，當初會注意到它，是因為在著名的阿根納造船廠遺構附近；那遺構也是有眾多因緣之地，日本時代是裝貨碼頭，金瓜石採得的礦物，會從水湳洞運來。[20]一九六五年的美國電影《聖保羅砲艇》（*The Sand Pebbles*）曾在此取景，但故事發生在中國上海——

沒錯，這裡只提供中國的想像，是假的中國。

原住民文化會館內，我看到令人震撼的特展，那無疑有轉成常設展的價值。那是個攝影展，展示一系列圍繞著「人」的照片；但我印象深刻的不是個別的人，而是照片斂聚了某種獨屬人類的特徵。根據解說，拍攝對象居住在八尺門社區，大部分是阿美族。

沒見過那樣的照片。

濃厚沉鬱的同時，人們看向鏡頭的眼神卻極具穿透力。不是生機勃勃，沒有那種積極迎向挑戰的能量，但也不絕望。他們更像在等，等那份必將存在的「希望」降臨。

這是群怎樣的人？二十世紀六〇年代，基隆漁業需求提高，不少原住民離開家鄉，到基隆從事近洋或遠洋漁業，其中一部分就住八尺門。有些人不是船員或漁民，就做家庭代工，或其他高勞力、低報酬工作；即使讀了報導，我也不敢說瞭解，但照片確實有種厚重的張力。日復一日的粗活，生命本身就是重擔，漁港陰鬱多雨到讓人踟躕，卻不得不前行。那些視線的穿透力，或許是因為不得不看向茫然的未來。

困難不限於工作環境。據國家規劃，八尺門本不能建房子，移民在新家園建起自己的屋舍，結果是不斷遭拆遷；後來政府轉變策略，蓋了國宅，問題看似解決，代價卻是漫長的貸款生涯。國宅光鮮亮麗，但只是將陰暗推到更難看見的地方。相比之下，和平島東側的「阿拉寶灣」雖同為阿美族，形象卻完全不同。也難怪，畢竟光看字面，這四個字就充滿光輝魔力。

「阿拉寶灣」這地名來自臺東，阿美族將其帶到了和平島。據官方資料，他們定居於此的時間跟八尺門居民差不多，但現在提到阿拉寶灣，說的都是魔幻祕境、世上最美的日出，只要花點

20　金瓜石也有眾多有趣的歷史，但本文篇幅有限，加上拙作《廢線彼端的人造神明》已採用許多金瓜石元素，是以割愛。

錢，遊客能在此體驗原住民文化、吃原民餐——

何等光鮮亮麗。

或許是我多管閒事，但看著阿拉寶灣的介紹網頁，我不禁想，這會不會成為人們對基隆阿美族的最終印象？其實我沒去過阿拉寶灣，沒資格談論，他們可能也不想這麼光鮮亮麗，不想販賣部落文化，即使想，販賣文化也沒有錯。但八尺門呢？以後人們提起基隆的阿美族，會不會只記得美食與部落體驗，卻避開那些被迫看向未來的眼神？

✤ ✤ ✤

從和平島回市區路上，有間韓國基督教會，前面掛著布條，用韓語寫著引自《聖經》的話：

「와 보라！你們來看。」

這裡韓語使用者多嗎？我不禁好奇。調查之下，才知道附近確有韓僑聚落。正濱漁港附近有個通往天德宮的小巷，過去稱為「勝利巷」，是有名的「韓國村」；那裡的韓僑是被時代遺棄、無法回到故鄉的人。

日本時代，臺灣也有不少韓國——朝鮮人——那時南、北韓還沒分裂。他們來臺灣，或許是同為殖民地吧？也有些女性是被賣到臺灣的。戰爭結束後，韓國人要遣返，但驚人的是，到韓國的船居然只有一艘。

一艘船能載所有韓國人嗎？要是沒搭上怎麼辦？但事實就是沒有第二艘了。或許是戰後資源匱乏，要處理的事太多，輪不到回不了家的人。接著韓戰開打，歸國遙遙無期，沒趕上船的那三百多人，不得不在基隆落地生根。

在我的想像中，「勝利巷」就像小小的異國，能讓人安心，可以自在地講韓語、做泡菜、懸掛韓國國旗。大家都是朝鮮人，就算身在異鄉，也不會有「不是自己」的分裂感——

不，果然還是會分裂吧。

據說很多韓僑至死都不願領中華民國身分證，覺得是「背叛」韓國。我不禁好奇，幾十年過去了，應該有飛往韓國的航班，為何不回去？但這麼多年的生活，或許也有了只存在於這塊土地、難以割捨的東西。生活於此，孩子成長於此，但「自己是誰」的問題，恐怕會幽靈般糾纏，迭代繼承吧！就像面對國際賽事該支持哪個隊伍？要幫韓國還是臺灣加油？要怎麼安放自己，才能讓自己滿意，又不會招來他人意見？我不禁想，對認同沒有絲毫疑問的人——

到底是多得天獨厚啊！

✤ ✤ ✤

比起光與影，海港的繁花更像有深淺的光譜，基隆或許就是如此，兼容並蓄，新舊並陳。在最熱鬧的廟口夜市與市政區旁，有遊民睡在瓦楞紙上，靠亭仔腳躲雨。在舒適優雅的文青餐飲店旁，骯髒狹窄的樓梯通往可疑的按摩店，連店名都有性暗示。或許有人覺得亂，但這是古老城市的特徵。任何城市都有光與影，但唯有足夠的時光累積，才能讓陰影浮到看得見的地方。

這眾多故事，像溪流，在巷弄間靜靜流淌，包容所有善惡。這麼說或許裝模作樣，但請您傾聽，是否能聽見遙遠的月琴聲？我看過一篇報導，臺灣國寶級藝術家楊秀卿老師年輕時，會跟義姊搭公車到和平島，以那裡為起點，邊走邊表演唸歌。她們穿梭在工寮茶樓間，等聽客叫住她們，聽她們表演——[21]

那是戰後沒幾年的事。

這不是讓人驚奇，甚至雀躍嗎？未來的傳奇也曾行走於匯聚故事的港都。即使資源匱乏，即使困苦，但她手中錚錚作響的月琴，無疑讓更多故事在巷弄間迴盪。

鬼影幢幢的雨都漫遊

基隆有「雨都」之稱——有個經驗或許能當佐證。

某次到基隆考察，陰雨綿綿，新聞說兩週的平均日照只有二十六秒，夠驚人了。入夜後，我頂著雨到酒吧喝酒，酒保問我是不是外地人？我說是，而且會在基隆住幾天，他說我去得正是時候，因為最近雨不大。

我不知該怎麼回應。

沒看到走進酒吧的鞋印都是濕的嗎？也罷，或許對基隆人來說，這種程度根本不算雨吧！

我在有點歷史的老旅館過夜，不知是不是空調不佳，房間相當陰冷。會住在那，除了便宜，也因為離日本時代的「天神町」不遠；為何去天神町？這關係到一則充滿怨恨與恐怖的故事——

您聽過《基隆七號房慘案》嗎？

這是唸歌的戲目，知名度高到曾改拍電影，楊秀卿老師在基隆街道討生活，或許也唱過幾段。這故事並非無中生有，而是改編自日本時代的真實刑案——臺灣最早的分屍謀殺。

但老實說，單就《基隆七號房慘案》的故事，實在古典到無趣。

故事中有軟弱無能的丈夫，受委屈的正妻，居心叵測的小妾。小妾勸誘男人謀害正妻，不堪誘惑的男人同意了，便殺死妻子，分屍裝進桶內，隔天雇人力車將桶子運到港邊棄屍。所謂七號房，是男人與小妾幽會的旅館房號，也是他們商討藏屍手段的地方；既然如此，人們難免會問：那間如此不祥的七號房，到底在基隆何處？

答案是：哪裡都不在。

雖然唸歌提到某間旅館，但原始案件跟旅館無關。網路上信誓旦旦說就是某某地方，由於靈異事件頻傳才讓房屋被拆，變成荒地——都只是傳言，不足為信。

---

21 呂苡榕，〈84歲台灣國寶楊秀卿：以前唸歌為生活現在為文化〉，《今周刊》，二〇一八年。https://www.businesstoday.com.tw/article/category/154769/post/201802120065/。

這也是常見的鬼屋類型吧！比起真有事件，只要某地讓人不舒服，像是荒涼、廢棄、光照不足，就會說那裡「陰陰的」，並解釋成鬧鬼；既然鬧鬼，過去肯定發生過什麼。至於是否符合實情，並不重要，有說服力就好，因此連唸歌虛構的情節都能用上。反過來說，就算是實際的殺人場所，只要沒讓人感到恐怖，就不會鬧鬼。從這點看，《基隆七號房慘案》無疑是個好例子，因為我們都知道被害者是在哪裡被殺的——

基隆市天神町九十七番地。

那是犯人吉村恆次郎與死者宮氏的居所。某天晚上，吉村趁妻熟睡，以手巾絞殺，之後將屍體運到小妾屋良靜的住所，由屋良砍下第一刀，開始分屍。

✤ ✤ ✤

若問天神町在哪，我建議別深究，那裡已是尋常住宅區，只需知道確實沒有轟轟烈烈的鬧鬼傳聞即可。

比起唸歌情節，報上的記載更戲劇性。小妾煽動丈夫殺害正妻，聽來好懂，但毫無必要；兩人要在一起，離婚或私奔都成，但男人選擇了謀殺，為什麼？而且就算有殺意，實際動手是有門檻的，妻子下落不明肯定引起懷疑，事情也確實這樣發展，殺人百害而無一利。既然如此，為何事情會走到這一步……？

坦白說，不知道。

怎麼不知道？報紙不是寫了調查結果，罪犯也自陳了嗎？雖說如此，肯定有什麼幽微情事沒被講出吧。加上死者無法告白、指控，她的視角將永遠缺席。閱讀審判資料可以拼湊出輪廓，但將其視為真相，或許太過粗暴。

話是這麼說——

如果硬要找出個殺人動機，大概是小妾屋良的女兒過世吧。這是重大轉折。

吉村外遇後，與屋良生下女兒春子。春子體弱多病，沒多久便過世。對兩人來說，這是重大打擊。然而，宮氏竟帶著吉村的長子出席喪禮；她不是來憑弔，而是像電視劇裡的惡人，專程大鬧靈堂。

宮氏或許覺得大快人心吧！狐狸精和負心漢的孩子死了，活該！不，光死還不夠，她要洩憤，要用天理昭彰解釋這場不幸！她的怨恨就像猛獸，終於逮到機會，用獠牙緊緊撕咬兩人。

屋良大概難以原諒。

據說她本已打算放棄吉村，跟一位與她同樣出身琉球的男人過從甚密。但經過此事，她若是退縮，人生就徹底敗北了。法庭上，她甚至主張春子是死於宮氏的詛咒，在心境上已退無可退。

吉村大概也嚇壞了，沒想到妻子會嘲笑女兒之死，對他來說，那人已不是妻子，是陌生人——卻沒想到正是自己將宮氏逼成那樣。於是，兩個攜手造就惡魔的人，決定向惡魔「復仇」。

如果寫成小說，這些登場人物的心境描寫，無一不令人毛骨悚然。揣測各自的痛苦與悖德，殺意被點燃的瞬間，所有人性的複雜幽微，肯定會帶來戰慄的興奮！

但《基隆七號房慘案》沒這麼做。

這部歌仔冊放棄所有張力，只圍繞著分屍的獵奇想像，將犯人貶低成無可饒恕的惡。唉，這也難怪，畢竟「勸世」是唸歌的常見主題；比起文學性，還是道德勸說更重要。唯有塑造出毫無人性，宛如妖怪的壞東西，才方便聽眾肆無忌憚地痛罵。

據報導，吉村被判死刑時，屋良在法庭上痛哭，不斷重申是自己的錯，希望減輕吉村刑責。看到這，我不禁想到坂口安吾的《不連續殺人事件》。在基隆分屍案裡，殺人無疑是墮落的結局，但即使是最庸俗的動機、最荒誕的人際關係，也有——可能有——真愛吧。

✤ ✤ ✤

七號房是幻想的鬼屋，但若問起「基隆鬼屋」，眾所皆知，誰都能指出來。那是棟沒落的洋樓，位於港邊，牆面髒到像被火燒過，最上方的穹頂塔樓長了棵巨大的樹，彷彿有魔力籠罩。

意外的是，那其實是繁華鬧區。附近有基隆最大的媽祖廟，距廟口夜市不到五分鐘，人來人往——這種地方怎麼會有鬼屋？

故事是這樣的。據說洋樓曾開了間「美琪酒吧」，六〇年代時，眾多美國大兵來到基隆，他們流連酒吧，排遣寂寞，發洩青春的慾望。酒吧裡，有位叫「娜娜」的吧女與美國大兵墜入愛河，雖不知對方多認真，但娜娜懷孕了。她滿心歡喜，打算跟士兵結婚，到美國去。

然而那位士兵裝傻不認，或許還說了「你確定孩子是我的嗎」之類的話。娜娜悲憤欲絕，終至發狂，在招待那位士兵時放火燒了酒吧，許多無辜的人被捲進來，最後酒吧倒閉，成為廢墟，沒人敢租用。

之後，傳出了不可思議之事。

有時基隆人經過，竟聽見洋樓廢墟響起音樂。明明無人使用，卻有微弱的光，甚至出現人影。這讓人毛骨悚然，難道酒吧還在營業？不，不可能，如果真在營業，那就是陰間的酒吧，招待的是被大火燒死的客人！而在那火焰般的綺想中，或許娜娜至今仍在洋樓跳舞，獻殷勤，做著生前未竟的夢……

✤

✤

✤

基隆城市博覽會期間，這棟已是廢墟的鬼屋對外開放，蔚為話題。雖然只開放一樓展覽，二樓以上尚未整修，不過有朝一日能恢復舊觀吧！多虧展覽，我知道了鬼屋真正的名字——林開郡洋樓——由實業家林開郡所建。

當地人口中的鬼屋，其實只是洋樓一角，就是有著穹頂塔樓的部分。實際上，整個洋樓更加龐大，包含面向港口那側連續五個門牌號。由於一樓還有商家經營，才沒被當鬼屋。

現在看不出來，但以前，這棟洋樓可是視野極佳。

洋樓西側的愛一路，過去是運河「旭川」；那是寬廣到能容納眾多帆船、汽船的河流，兩岸有眾多碼頭，前夜提到往返基隆與金包里的船班「金包里丸」也是在此搭乘。洋樓北瞰海港，頂樓是空中花園，穹頂塔樓洋溢著優雅古典的氛圍，登樓遠眺，能觀覽野柳到社寮島的遼闊海景。那時還沒高架橋，東邊山頭出來的第一道陽光會直射塔樓，平靜的內港波光粼粼，運河對面的城市景觀一覽無遺。

這座洋樓曾租給畫家倪蔣懷當畫室。作為臺灣最早的西畫家之一，他面對如何把「漢文化詮釋的風景」轉化為「摩登時代的色彩與構圖」的挑戰。這座洋樓是否也帶給他什麼靈感？

實業家建造的港邊洋樓，對推理小說家來說，無疑是絕佳的故事舞臺，就連成為鬼屋的命運也是。但從文化角度考量，林開郡洋樓的價值無須贅言，為何沒有好好保存，反成「鬼屋」？

原因很簡單：產權持有人未將房屋出租或維修。

為何沒這樣做，當然不是區區旅人能知曉的。某些報導指出，林家後代有時會故地重遊，回到這棟年久失修的老屋，點燈緬懷過往——

等等。在廢墟裡點燈，難道就是鬧鬼傳聞的源頭？本不該有人的地方出現人影，不明究理的人肯定被嚇到！這是流言散播，繪聲繪影，終於連酒吧音樂都出現的原因嗎？難道林開郡洋樓當真沒鬧鬼？

關於這點，至少有件事可以確定，那就是吧女縱火純屬空穴來風。

「美琪酒吧」是有的，也的確在洋樓裡，但不在被當成鬼屋的穹頂塔樓，而是隔兩號門牌的一樓。直到現在，仍能看見「MAJESTIC」（美琪）的字樣。而且沒有酒吧失火的紀錄，反而附近的「美琪藥局」曾遭祝融；或許是張冠李戴吧！這麼說來，吧女娜娜的故事，會不會也是張冠李戴？我不是說真有其人其事，但被美國大兵欺負，進而做出類似殉情的激烈行為，確實可能有故事的原型。

✤ ✤ ✤

話說回來，為何六〇年代有這麼多美國大兵到基隆？

答案是冷戰。

緊張的局勢促成臺美簽訂《中美共同防禦條約》。一九五五年起，長達二十年的越戰拉開序幕，大量兵力投入東南亞。當美國大兵必須在遙遠國度找地方度假，基隆港、高雄港就成了享樂的熱門選擇。

於是，港都充斥酒吧與舶來品，人人都會講幾句英文；水手與軍人帶來的二手商品流入黑市，吧女招呼客人，順手索要大兵身上的值錢東西，如皮鞋和外套。霓虹燈擾動了夜，無論街邊或暗巷，白人、黑人與東方女郎熱情擁吻已不稀罕。他們調情嬉笑，事實上，不少女性已有丈夫、小孩，但為了錢，她們努力演出對方期待的角色，這就是當時的基隆。當美軍不得不在遙遠國度燃燒生命的同時，這個港都也以不同形式燃燒著；濃濃的南方島嶼燥熱，有栗子花的味道。

這段期間，美國大兵在臺灣留下許多私生子、混血兒，讓我想到琉球——沖繩的命運。七〇年代前，沖繩被美軍管轄。比起基隆，直接駐軍沖繩群島的年輕士兵，更容易與當地人發生性關係，甚至強暴。直到現在，「美日混血兒」也在日本引起種種複雜問題，譬如歧視。比起來，臺灣不重視的程度就像被消磁，這段歷史彷彿根本不存在。

熾熱的異國夢，因臺美斷交戛然而止。少了美軍，許多酒吧倒閉，美琪酒吧或許也在其中吧！娜娜的故事雖然通俗，卻宛如時代縮影；我不禁想像，比起指控負心漢，她的憤怒，是否更像在抗議那些記憶被遺忘？因為不光彩，就想說那段歲月不存在嗎？就算有些變形，透過幢幢鬼影，被挪移的大火延燒至今，燈紅酒綠的時光被烙在鬼屋上，餘音繞梁。

邊緣之地的紀念碑

接下來要說的紀念碑，是在基隆東岸的山丘上看到的。老實說，最初我還以為是裝置藝術，因為比起紀念蔣中正、樺山資紀那種顯而易見的紀念像，紀念碑的造型十分抽象，就像巨大的漆黑螺絲釘破土而出。

會發現它，其實是偶然。原本我正在尋訪「陋園」遺跡——臺灣有五大家族，其中基隆顏家有「炭王金霸」之稱，陋園正是其家族所擁有的和洋折衷式庭園；顏家的影響力，這裡就不贅言，只稍微提一件事：前面提過的畫家倪蔣懷，正是顏家女婿。他透過顏家的人脈成為實業家，並出資贊助新興的臺灣美術界。

據說陋園有六萬坪之廣，風景優美，花季時會開放基隆民眾入園賞花，名列臺灣三大名園——另外兩處是板橋林家花園、霧峰林家花園。我不禁好奇，為何陋園不像那兩個林家花園保留下來？若非考察到基隆，我甚至沒聽過。

經調查，只知那塊土地大部分已非顏家所有，一部分成了眷村，一部分被顏家捐給學校。現在勉強稱得上遺跡的，只有半山腰的顏家奉安塔——或說顏家宗祠。閒雜人等懷著湊熱鬧的心情前往別人宗祠，多少有些不得體，但知道那是僅存的陋園遺跡，我還是按捺不住好奇心，騎機車跑了一趟。

奉安塔在半山腰，只有一條小路經過，周圍被森林包圍，相當清幽。旁邊有木造的遮陽棚，幾位老人家在下面乘涼。春風輕輕走過，有種時間停滯的印象。

階梯旁擺著石燈籠，題刻為臺陽鑛業株式會社、基隆炭礦株式會社的職員所贈——都是歷史悠久之物。刻痕清晰俐落，想不到保存得這麼好！只可惜建造年份遭塗抹，在眾多日本時代的遺物中，這是常見之事。[22]

22 解釋給不熟悉的讀者，國民政府致力於消除日本時代的痕跡，其中一個方法，就是將日本時代的紀念碑轉化成國民政府相關的紀念碑，或將日本時代的年號抹去，有時甚至會覆蓋上民國的年號。

再往前，是緊閉的鐵門，就真是不便打擾了。我懷著慎重的心在附近徘徊，某種難以安放的情緒卻越來越強；真的沒別的遺跡了？明明是這麼清幽的地方，顏家為何放棄陋園？

總之，即使只看到奉安塔，目的也算達成。接下來沒別的計畫，就決定不看地圖，憑直覺下山。就因為這種隨便心態，我在山上迷路，進而注意到那座造型奇特的紀念碑。

地點在二沙灣砲臺遺跡對面。

大概是砲臺的說明吧？最初我這麼想。然而上前一看，不禁大惑不解；如果是「那樣」的紀念碑，理應設在港口，為何會擺在這種相對偏遠的山區？要是沒迷路，還不見得注意到呢！

那是「基隆二二八紀念碑」，上面的紀錄令人毛骨悚然。

✤ ✤ ✤

一九四七年二月廿七日因台灣省專賣局職員至台北市大稻埕查緝私煙，蠻橫打傷女販，復又開槍射殺抗議市民，次日二月廿八日民眾赴台灣省行政長官公署請願又橫遭機槍掃射，導致民眾蜂起抗爭蔓延全台，爆發「二二八事件」。待三月八日國民政府派二十一師抵台鎮壓，步槍及機槍密集射擊民眾，街上空無一人，基隆一片死寂。三月十日清晨，部隊在本市港口各地進行掃蕩挨家挨戶搜查，將每戶壯丁強行押解離去。三月十一日濫殺八堵火車站員工。且在基隆港口碼頭、田寮港運河、社寮島、舊市街元町派出所後面皆有眾多無辜民眾慘遭殺害浮屍海中，為統治者濫殺基隆市民的殘忍事證。

這裡只是節錄，但夠震撼了。二二八為了「鎮壓叛賊」，在臺灣各地清鄉，碑文所述的，正是被稱「基隆大屠殺」的事件。請想像一下，就算抗議群眾蜂起，肯定也有不少人未參與暴動，認為與自己無關吧？不如說，這樣的人才是大多數，因此看到軍隊上岸，也不會在意。若問軍隊會不會把槍口指向自己？太荒謬了，怎麼可能？

然而事情發生了。在我看來，可怕的不是死多少人，而是只有將整座島都當敵人，才會採取這種行動。換言之，背後的動機相當於種族滅絕。

即使如此，仍有人認為碑文寫得不夠。據說當時有士兵將抓到的臺灣人以鐵絲穿掌，讓他們站在港邊排成一列，槍殺其中一人，死者掉入港中，其他人就會被鐵絲拉扯，跟著掉下去。我讀到這樣的描述，大為駭然。真的嗎？真有人做出這麼恐怖的事？因此我在網路上找「基隆大屠殺」資料，卻有了意想不到的結果。

有人認為「基隆大屠殺」其實不存在。

我不是相關研究者，就不大肆宣稱何種主張才是對的。不過，前陣子參與基隆某間獨立書店的活動，便跟店長說網路上有這種意見，那時店長呆住了，難以置信，顯然對基隆人（至少我遇到的基隆人）來說，根本沒想過自身城市的記憶會被外人從根柢否定。

與真相無關。我之所以感到不安，或許是持「基隆大屠殺不存在」此論者，多半採取譏嘲態度。要不是諷刺相信這件事的人被騙，要不就是指控宣稱基隆發生過大屠殺的人心懷惡意。這是追求真相的態度嗎？如果他們追求的不是真相，那究竟是什麼？

如果這形成社會風氣，那歷史的傷痛，便無從說出口了吧？畢竟吐露傷痛，要是沒有他人的支持，只會造成更大的創傷。或許——

這就是和平島的「琉球漁民慰靈碑」保持沉默的原因。

如果只是紀念基隆、琉球漁民的友誼，為何要「慰靈」？顯然有人喪失了生命。雖然只是網路查到的說法，要我拿出文獻證據，也拿不出來，但基隆大屠殺後，軍隊也來到和平島，似乎有琉球人因不會說國語而被殺，死了幾十人……

真相是否如此？不好說。死亡人數可能不正確，或情境不見得跟國語有關。但那種人性難以抵抗狂熱的時代，什麼事都有可能。

因為有無辜的被害者，因此要「慰靈」。問題是，為何不在碑文講清楚？為何遮遮掩掩，不談經緯，甚至將琉球人的骸骨隱藏在眾多族群的大敘事裡，只透過「慰靈」一詞提示真相？[23]

——或許就是因為前述那種風氣吧！

即使解嚴了，還是有些事不能說、不歡迎說。為了島上的和諧，不能說。為了維護既有的成就，不能說。說了就是撕裂族群。這難道不算魔咒？石黑一雄曾在《被埋葬的記憶》（*The Buried Giant*）裡描寫一條紅龍，祂吐出的迷霧帶著魔力，能讓人遺忘過去，包括兩個族群間的仇恨與大屠殺。然而，那是亞瑟王的授意，他讓梅林詛咒紅龍，將龍的吐息轉化為政治的工具，藏匿自己下令屠殺的史實……

我不禁想，那片迷霧或許已離開一千多年前的不列顛，渡海而來。

✤ ✤ ✤

說個題外話，陋園消失之謎，或許也有解答。

二二八後，許多可敬的地方人士被推舉出來維持秩序，當然也包括顏家的領導者。但對國民政府來說，這些有力人士都是帶頭作亂的——畢竟是不透過國家就能動員組織的人。因此，顏家領導被通緝，在外逃亡，後來在朋友協調下，自行投案，才被輕輕放過。這裡的疑點是，為何能輕輕放過？畢竟多的是沒回家的人。

23 仔細想想，按照慰靈碑的脈絡，提到旁邊集善堂時的重點，應該在「琉球人的遺骸」，但為何碑文曖昧地說「收集起分散在社寮島附近的西班牙人、荷蘭人、原住民和許多琉球人的遺骸」？請注意，只有「琉球人」前面加了「許多」，這小細節不得不說是春秋筆法。如此小心翼翼的行文，背後緣故耐人尋味。

基隆顏家後裔，日本作家一青妙自行調查後，做出以下推測。[24]陋園六萬坪的土地裡，許多不動產在某天被轉移到基隆市政府名下，而且轉移的理由欄是空白的，理由從缺，連法務局職員都感到驚訝，說這不該發生。因此她想，這「空白」的背後，會不會有許多不能公開的事？譬如，顏家為了自家人的平安，交出宅邸大部分土地……

如果這是真相，美其名是交換人質，但執政者這麼做，就是分贓與掠奪。當然，我不會說「結案了，這就是真相」，那終究是作家的推測，還有別的可能；可是，這個確實存在於官方文件的「空白」——

或許也算是某種時代的註腳吧。

24　一青妙，《妙台灣》（臺北：前衛，二〇一九）。

第三夜

三貂海灣

——征服者的海灣

三貂海灣
山西祠
核四廠
基瓦諾灣
北白川宮能久親王御上陸地紀念碑
吳沙墓

龜山島
大里
三貂角燈塔
馬崗
海女

「你摸過海膽嗎？」

海鮮店老闆望著我，笑容可掬。我沒想到會被搭話，驚訝地搖頭。她從白色塑膠桶裡拿出兩顆海膽，透明無色的海水隨著海膽滴入我掌心，意外地燙。坦白說，那次體驗有點嚇人——雖然除了證明這個都市人多粗鄙無知外，也沒別的了。總之，我揣著海膽，心裡浮現的第一個念頭是：海膽果然是生物。

真是廢話。或許您也覺得可笑吧。但光看照片，海膽那硬邦邦的外殼、過長的棘刺，不覺得跟陸上生物差太多嗎？就算理智上明白，海膽在我心裡更接近無機物，直到實際接觸，看它以毛蟲前進般的速度挪動棘刺，搞不懂是想逃還是掙扎，我才不得不承認那是「活的」。同時，對接下來就要剖開它，大快朵頤其生殖腺這件事，與其說興奮，更有種略帶苦鹹的不安。

果然我是都市人吧！被分工社會馴化的我，已經習慣將食材與生命分開看待。也不是無知，而是從意識深處隔絕、抹除徒勞的憐憫，也扼殺身為食肉者的覺悟。要說是為了精神衛生也行，但過度無菌的結果，就是缺乏免疫。

而這裡，並沒有那種人造的心理隔離。

✤　✤　✤

這些事，發生在離基隆一小時車程，一個叫「馬崗」的小漁村。此地位於臺灣極東點的海岬附近，有「臺灣最東邊的咖啡館」，是徒步就能走完，或許不滿百人的海角聚落。聽說村裡仍有人以海女為業——她們不靠水肺，只帶著簡易工具潛入海中採集石花菜、海膽、龍蝦等，儘管危險，也將生命投向洶湧暗流的考驗，是奪取大海戰利品的勇者。

這種水底下的技藝，是日本時代引進的，非漢人傳統。即使日本政權早已離開，但無論好壞，時代痕跡沒這麼容易被根除。我想起「琉球漁民慰靈碑」碑文，這種挑戰大海的堅毅態度，是否也是琉球人帶來的呢？無論如何，這裡很親近海，大海不只是機械性的漲退潮，還有某種精神性。那種神祕越過海岸線，淹沒村落，與整個馬崗共存。前面提到的海鮮店，小到甚至擺不下水族箱，但也沒必要，因為大海就是水族箱，何必養在店裡？客人點什麼海鮮，去抓就有了。光我在店裡用餐這段時間，老闆就帶回了兩批海產。

就是這樣與海共存的生活，讓他們擁有都市人缺乏之物。

漁村東側有幾間石頭厝，由深灰色石頭砌成，據說清國時代就佇立在那。雖然水泥龜裂，圍牆也斑駁破碎，卻意外地結實。聽說這些房子是在開發浪潮下努力保住的，而且命運未決；因為原地主未與居民商議，就將土地賣給開發商，開發商再要求居民拆屋還地——真是膩到生厭的戲碼。我詫異的是，連這樣邊陲的海角樂園，都難逃開發的追緝？逃過了颱風，也未遭海風侵圮，要是最後摧毀百年古厝的不是自然，而是人類社會的野蠻遊戲，那該如何守護自己珍視的事物，或許會成為這個時代的大問題吧。

海的對面有條步道，可通往海岬頂端。循路而上，大約三十幾層樓高之處有座燈塔，要是在漁村過夜，想必能看到燈塔發出光輝，像北極星。

那是三貂角燈塔。

晴空萬里時，白爍爍的塔身相當刺目，給人地中海建築般的印象。不知是不是為了迎合這種印象，附近造了歐式的純白圓頂涼亭，從那裡看太平洋，能遠遠看見巨大石龜浮出海面——

那是宜蘭的象徵，龜山島。

不愧是極東之地。還在新北市，就已能眺望龜山島。說起來，您知道「三貂角」的由來嗎？有一說是漢人移民到此，覺得山勢看來像三隻貂，因故命名；又或三貂是三朝之訛誤，原意是穿過這叢山峻嶺要花三天時間云云……這種望文生義的典故，我們就一笑置之吧！最合理的說法，是西班牙人留下的。在抵達基隆前，他們先到了東北角，並在附近上岸，將該地命名為聖地亞哥（Santiago），久而久之，人們也忘了其源流，只剩下「三貂」這個發音。

聖地亞哥，就是耶穌的門徒聖雅各（Saint Jacob），西班牙視他為守護聖人。據說在摩爾人[1]征服西班牙時期，聖雅各曾顯靈戰場上，騎白馬，高舉白旗，帶領西班牙人殺死數千個摩爾人，有「摩爾人殺手」之稱。等西班牙成了殖民者，便將這位守護聖人的名字帶到殖民地，到處留下「聖地亞哥」的印記——何等諷刺。

幾百年前的西班牙艦隊，應該也曾繞過龜山島，出現在眼前這片海域吧！當時岬角還無人居住，會被艦隊嚇到的，只有獼猴、松鼠、梅花鹿。

三貂角是「聖地亞哥岬角」，這應該沒錯。但被稱為「聖地亞哥」的登陸地，或許不是岬角本身；西班牙人殖民美洲時，聖雅各主要形象是征服者，有對抗當地原住民神祇的神聖力量。照這理路推想，最初被命名為聖地亞哥之處，應當有原住民部落。

那是哪裡？請您打開地圖，找到三貂角，接著像西班牙征服者一樣往西旅行。沒多久，就會在福隆海水浴場的沙洲旁，看到名叫「舊社」的地方。我想那就是西班牙人口中的聖地亞哥，荷蘭人口中的聖雅各（St. Jago），或是漢人口中的「三貂社」——

那是巴賽族聚落，基瓦諾灣（Kivanowan）。

基瓦諾灣的祖廟

福隆海水浴場位於雙溪出海口，也是知名的休憩地，像福隆沙雕季、貢寮國際海洋音樂節等，都在這片沙灘舉辦。那種人擠人的活動，我沒參加過，卻對綿延不絕的濱海沙漠印象深刻；我和妻子曾在那裡發現被海打上岸、漁船用的巨大集魚白熾燈，渾圓的球體半埋在熱沙裡，表面因海風刻蝕而有些朦朧，但鎢絲清晰可見，像水晶球，又像科幻電影的場景——彷彿全是沙漠的遙遠星球上，用於守護智慧物種的透明圓罩。那是帶著幻想感又有點荒涼的海灘，當年西班牙人看到的海岸線，是否也如此呢？

1　摩爾人（Moors），約於八世紀初，由北非入侵西班牙、葡萄牙的穆斯林。

不過要追尋基瓦諾灣，與其前往舊社，不如溯著海水浴場旁的溪流往上游走，沒多遠，有個名為「新社」的古老聚落；畢竟稱為舊社，就是因為巴賽人已經離開。然而經過漫長歲月，現在的新社仍是巴賽族聚落嗎？

這我不敢說，畢竟沒統計數據。但那裡確實有珍貴的巴賽族痕跡，即使族人四散，說不定仍在他們心中占有一席之地，就是那樣的精神象徵。

從福隆海水浴場後方的沙灘出發，沿著狹窄的柏油路，最初還能見到溪流，很快就看不到了。路上都是茂密的竹林與樹叢，意外地不怎麼熱，除舊社附近比較多民宅，大多是前不著村、後不著店的鄉野風光。

大約走三十幾分鐘，平坦的溪流重新出現在左側，不遠處有座水泥橋。碧綠的河流在眾丘間蜿蜒，最後在看不見的地方入海，這景色讓人心情舒暢。或許上游沒有水庫吧！溪水充沛到幾乎容不下河床。比起看慣的鵝卵石裸露、乾涸到讓人憂心的河道，這樣的河流或許更接近臺灣原貌。

橋的對面就是新社。

不是異界。沒什麼神祕的。就是普通的現代村落。但民宅很少，我看見的只有幾戶，甚至不如舊社；路邊有間媽祖廟，據說曾有巴賽族婦女在海邊採石花菜，發現木雕媽祖卡在海底岩洞，就帶回建了此廟。原本族人也在媽祖廟裡祭祀祖靈，但比較晚來的漢人漸感不滿，大概是覺得媽祖娘娘與異族的祖靈擺在一起，不倫不類吧。修廟時，漢人也花了錢，可能把這當成有權決定拜哪些神的依據，衝突的結果，就是巴賽族另找地方祭拜祖先，[2]就在媽祖廟附近，走路甚至不到一分鐘。

那地方，就是我前面提到的巴賽族精神象徵——山西祠。

如果您還記得金包里之夜，想必對「山西」並不陌生，廟裡的紅色牌位以金字寫著「祖曰來自山那賽，後閩音譯之山西也」，算是坐實了之前的推測。說起來，薩那賽傳說遍及東岸，但碩果僅存的物質結晶，就只存在於此；那座悠遠的起源神話之島，總算有了休息之處。

不過該怎麼說呢？這間祠堂被重修過，我看到時，可嚇了一跳。

祠堂正門不是對著道路，而是西方。兩邊側門繪有原住民插圖的複製品，其中一張令我皺眉；據我所知，那張圖出自十九世紀某個比利時人手筆，[3]原標題雖寫「福爾摩沙人」，但是不是巴賽族，相當可疑，出現在巴賽族祖廟上總覺得說不過去。事實上，這種微妙、讓人不知所措的錯亂，可說散落在祠堂種種線索間，像靜電，看不見卻隱隱刺痛。此處說是巴賽族祖廟，但在那種令人發麻的感覺底下，更像是某種遭打壓的怨念化身。

在此提醒您，這地方，或許跟您想像的截然不同。

2　鄭螢憶，〈北臺灣三貂社的族群互動與濱海社會變遷（一六八三－一九二〇）〉，《歷史人類學學刊》，二十（二〇二二年十月），頁七五－一二四。

3　根據我在網路上的調查，該圖出自《世界各國人民的禮儀、習俗和服飾》（*Moeurs, usages et costumes de tous les peuples du monde*），繪者是奧古斯特・瓦倫（Auguste Wahlen）。

✤
✤
✤

祠堂前方的對聯便帶著難以無視的情緒：

繩文歷史我開基
台灣礦業我先行

比起對聯，或許更接近表態，但看到「繩文」二字，總覺得不痛快；繩文與臺灣無關，是日本史前文化的原住民。但話說回來，也不是無法解釋。繩文人是日本原住民，卻被亞洲大陸移居過去的彌生人取代，最終沒落；表面寫「繩文」，其實是替所有被取代的族群發出吶喊吧！橫批寫「德澤披被史上無名」，更彰顯了冤屈與憤慨。

如果只是憤慨，還不至讓人無所適從。但祠堂內的紋飾，融合眾多原住民族風格，與其說代表巴賽族，不如說混雜各種模糊的原住民印象，還有各種真假難辨的陳列，這間祠堂已像是小小展覽間，有文物與解說牌，牌位底下，有塊據稱四千年前的「巴賽族幾何文石碑」——

坦白說，粗糙的石面上，實在看不出符文在哪。但比起這個，我首先冒出的情緒是「不服」。要主張四千年前的居民跟現代巴賽族有文化連續性，其實很難。畢竟也可能原居民搬走了，巴賽族再搬過來。更別說那時有沒有文字，石面上的是不是文字，這些都能爭議。

有面牆畫了極寬廣的竹筏，上面蓋房屋，稱為「瓦諾方舟」，又叫「圭籠船屋」，這也讓我瞠目結舌。「瓦諾方舟」語出何典，這我們暫且擱置，但圭籠就是雞籠，要說那裡有船屋？恕我孤陋寡聞，沒聽過，也很存疑。

其實這種船屋確實存在，如飄泊在印尼海域的巴夭族，就是直接在船上架屋，遮風避雨，有「海上吉普賽人」之稱。但十七世紀初，雞籠人在岸上是有聚落的，真有造船屋的必要嗎？

一百多年前建立的山西祠，肯定不是這般樣貌。這都是當代設置，反映當代巴賽族（至少部分巴賽族）的想像。但這些缺乏根據的歷史究竟有何意義？不，這甚至不能算歷史了，應該視為神話——

神話……原來如此，是神話嗎？

想到這，與其說釋然，反倒起了些雞皮疙瘩。

或許這裡的陳列，正是重建「何謂巴賽族」的神話吧！容納眾多原住民族元素，是因為比起追究巴賽族的史實面貌，與漢族的區隔更重要；日本時代的眾多薩那賽傳說中，有些已明顯接受漢族敘事，說山西就是唐山的山西。那麼，要如何在已經降伏的記憶中奪回自我？在此需要新的界線。

也就是，現在的巴賽族，祈求的不是考古結論或史料，而是將漢族隔絕到「體外」，近乎排毒的精神之藥！[4]為此，就算創造虛幻的歷史也無妨。事實上，誰知道乍看荒唐的四千年幾何文石碑，幾百年後會不會成為巴賽族的聖物？神話就是這麼打造出來的。

祠堂裡有整面牆在抗議國家暴政，說台電的公路工程毀壞了治煉遺址，甚至寫著詛咒之語：

被詛咒的聖地鹽寮黑石礁遺址，自古有不可侵犯的禁忌，任何人有不敬或毀損本聖地，厄運伴隨一生及滅絕之特記。

這確實是種咒語，難怪鬼氣森森。其實最初看這段文字，我很驚訝，這若是事實，無疑是對古老文明的傷害；但回來查閱資料，反而猶豫了。與其說懷疑或否定，不如說不同立場各執一詞，我的學術能力還不足以判斷。

此處憤怒的對象是台電，但或許也能說是對漢人國家；我閱讀原住民文獻時，曾看到土地就像血肉，是他們的身體之類的說法，雖然無法肯定巴賽族也這麼想，但這種情緒其實不難想像。

生活的空間，像山脈、河川、海洋、魚群、野鹿、百合花、獵物的生與死……那些並非單純的「自然」，還是經驗的落腳處；就像我們肯定能說出自己幼時在哪塊石頭下跌傷，造成哪個無法完全痊癒的傷口，或是差點在哪邊溺死，在哪裡跟童年好友嬉戲。不只個人的，我們還分享了友人、家族、祖先的經驗。那都是生命的一部分，要是被剝奪，形同精神上的分屍。

但這些傳承，為何後來的居民能視為純粹的資源加以利用，甚至踐踏呢？對被驅趕的人來說，這形成龐大的疑問，並在得不到解答的同時，轉化成沒有出口的怨恨，進而想從自己體內，將征服者驅逐出去。念及於此，再環顧這燈光微弱的神話之廟……

那種靜電般的感受平息下來了，卻還是難以消化。是啊，就算這裡承載的故事全都缺乏根據，旁人又有什麼資格嗤笑？

話說回來，為何台電閒來無事，要在巴賽族的舊領域施工？

理由很簡單。

聖地亞哥海灣後方曾有眾多零散的巴賽部落，那片廣大的土地被規劃為核四廠。核四廠存封後，科技巨獸成了冗贅屍骸，但曾造成的破壞已無法復原。

征服者的海灣

說起來，其實我見過核四設施。

某年元旦，我突發奇想，帶著妻子在東北角旅行，第一站就是鹽寮；那是個長滿林投樹，沙灘上岩角嶙峋的海灣。涓涓溪流割出河道，探出海面的礁石被浪拍打，閃閃發光。看向右方，海灣盡頭是婀娜多姿的海角諸峰。

岸上有許多創意驚人的沙雕，譬如愛因斯坦頂著招牌鬼臉破牆而出，宛如進擊的巨人；那是

4　必須再次強調，山西祠究竟能在多大程度上代表當代巴賽族，實在難以斷定。我的感懷終究只屬於個人，當代巴賽族可能持不同看法。

福隆沙雕季的展示。我有些驚訝，本以為這些沙雕會集中在福隆海水浴場，竟連鹽寮都有？但想想也不奇怪，畢竟就是同一片海灣。

雖是冬天，早上的海風卻不怎麼冷。漫步沙灘時，我注意到左側有道長堤，唐突地截斷海灣；堤防大約四、五百公尺長，由石頭砌成，後方有幾棟淺綠色建築，看來不像民居，還有巨大桶槽。怎麼有這麼煞風景的景觀？原本我也沒深思，後來調查，才發現那就是核四廠專用港。

如果核四廠沒存封，用來降溫的冷卻水，就會由此港汲入與排出。不經意間，我們已在那座巨大科技怪獸的腳底。從公路望去，其實跟普通工廠差不多，要是對核四廠一無所知，恐怕誰也想不到這裡囚禁了一頭發電怪獸吧！說來羞愧，雖知核四廠在貢寮，但即使親臨這片海灣，我也後知後覺，沒想起核電廠的存在。請容我辯解，畢竟我跟妻子此行不是為了考察核電廠，而是某個紀念碑。

鹽寮抗日紀念碑——或北白川宮能久親王御上陸地紀念碑——就在鹽寮海濱公園的某個木棧道盡頭，被人工種植的濱海植物包圍著。對比遼闊的大海，就算是數公尺高的紀念碑，看來也有些難捨的寂寞。

✤ ✤ ✤

其實鹽寮沒什麼盛大的抗日行動。既然如此，為何會有個「抗日紀念碑」？答案是，讓日本殖民時代降臨這座島的乙未戰爭，就是以這個海灣為起點——這是日軍最早的登陸地。

《馬關條約》後，臺灣被割讓給日本，但臺灣人拒絕成為日本人。

這不難想像。成為某個國家的殖民地，被當成次等人，怎麼想都沒好處。為了賦予抵抗正當性，臺灣民主國被趕鴨子上架，而宣布國家成立後的短短幾天，接收臺灣的軍隊就來到這個海灣，率軍的是日本皇族：北白川宮能久親王。

戰爭的結果，您也知道吧？

抵抗幾個月，推舉出來的領導者卻多半逃亡。畢竟家不在臺灣，無法勉強他們為這座異域之島而死。無處可逃的島民只能投降，設法減少犧牲，之後就算有零星抵抗，也已動搖不了大局。

這幾個月間，能久親王過世了。

官方說是病死，可臺灣鄉親不這麼想。傳說中，他是被反抗軍殺死的。誇張地說，幾乎所有能久親王參與的戰場都流傳著這類傳說；考量到他不可能在眾多戰場上屢次被殺，其中絕大部分傳說都是假的。

這也難怪。對抵抗軍，或與他們同樣立場的老百姓來說，那是必要的吧。為了襯托那煙火般燦爛虛幻的臺灣民主國，殺死親王的名譽，豈不如同王冠般誘人？只要抱著這王冠，就算薨死於王座，國家覆滅，也有種得償所願的痛快。

總督府的敘事完全不同。北白川宮能久親王死後，不但被當成偉人，還升格成神祇，受臺灣眾多神社祭祀；其逝世之日就是臺灣神社例祭日，那是總督府動員臺灣人民全體共同慶祝的盛大日子，連深山的原住民部落也不例外。換言之，如果我們出生在日本時代，幾乎不可能不認識北白川宮能久親王。他是殖民者的象徵，其傳說遍及殖民地，有著數不盡的紀念碑——這一切都始於他由此登陸。

真難想像。這片寧靜優美的海灣，竟曾迎來這麼多殖民者。西班牙人抵達時，還只有兩艘大船與十二艘戎克船，總計六百人。日軍可不同了，根據文獻，光登陸就分成好幾批，要容納數萬人的軍隊，可能整個福隆海水浴場都容不下！等軍隊紮營，準備好，恭迎能久親王上岸，已是隔天的事。

穿著深色軍裝的日本軍像螞蟻般密密麻麻，沙灘堆滿武器與補給品，濃稠到哀傷的肅殺之氣瀰漫在海風中。這些來到異域的士兵原本駐守在遼東半島，根本沒聽過臺灣，是在命令下倉促抵達。接下來，有不少人將死於水土不服，但那時他們尚不知曉。面對壯麗的南方海灣，他們露出的是怎樣的表情？

據說有士兵挖附近的地瓜來烤，香氣逼人，引起能久親王注意，還問可不可以嚐一嚐。能久親王在臺灣吃的第一道美食居然是地瓜？真想不到。這軼事很有名，不知是不是為了強調他親民，常被文獻提到。總之，既然是重要的初登陸地點，這裡當然也立了紀念碑。

可是等一下，立於此處的不是鹽寮抗日紀念碑嗎？怎麼會是什麼登陸紀念碑？沒錯，對熟悉臺灣文化資產的朋友來說，接下來的發展肯定不意外；就像基隆的樺山資紀被替換成蔣中正，此地的紀念碑也被替換了。

不過，這座抗日紀念碑有點言過其實。碑文說能久親王登陸後，「守軍寡不敵眾，小戰即退，鹽寮遂陷」，但據我所知並非如此。當時鹽寮守軍只是開幾槍示威，沒交鋒就竄逃了。

或許是不打沒把握的仗吧？我們不在現場，沒立場評斷他們。但這終究不是值得驕傲的戰績，不好寫在紀念碑上，只能誇飾為小戰即退。

✤ ✤ ✤

——雖是題外話，或許北白川宮能久親王挺寂寞的。

我有位藝術家朋友F，曾以能久親王為題，拍了短片策展。他說，能久親王在戰後就被徹底遺忘。這也難怪，作為殖民神話的象徵，臺灣和日本都不願想起他。不過，那個男人終究是侵略者，真有同情的價值嗎？這想法我也理解，但反過來說，這位侵略者又真是依本人意願擔任征臺大將的嗎？

不曉得您是否知情，其實能久親王曾被推舉為東武天皇——

不，只是傳聞而已，沒被歷史承認。但已知的事實是，他曾捲入內戰，被北方陣營推為盟主；臨時政府為了宣揚自身的正當性，將他立為天皇也不奇怪。但北方陣營落敗後，他就被明治政府軟禁，甚至一度被剝奪親王身分。雖然這一切可能都無關他的意願，包括擔任盟主，畢竟在那個時代，很容易被時代的浪潮沖走。但對明治政府來說，就算不憎恨能久親王，想必也抱著極複雜的心情。

後來能久親王出國求學，發生了一些讓明治政府不滿的事，再度被召回國，成為軍人。雖然是皇叔，但明治天皇是怎麼看待這位曾經的政敵呢？從陰謀論的角度，他被派遣到臺灣，除了「皇族登陸臺灣」的象徵意義，不也是「倘若戰死最沒損失」的皇族嗎……？

老實說，全都沒根據。我對日本史一知半解，還請姑妄聽之。不過，要是歷史有了變化，日本內戰最後是能久親王，不，東武天皇獲勝，至少他不可能被派到異域，死在這座島吧！為調查能久親王對明治政府抱著什麼情感，我看了些資料，但或許是能力不足，幾乎沒找到他本人說過的任何一句話——那些能表現個性的話語，要不是沒留在史上，要不就沒人在乎。

這位被殖民政權捧為神祇，戰敗後又遭遺忘的親王，如果他在歷史留下的痕跡無法反映本人意志，那當他在異域病榻上回顧一生，究竟會想些什麼？

不過所謂神話，大抵如此。神話人物承載的是族群的希望與野心，至於個人想法，就是那麼微不足道。

✤ ✤ ✤

鹽寮海灘北方不遠處，有個叫「澳底」的小鎮。離開紀念碑後，我與妻子在當地海產店吃飯，並被海產的鮮活嚇到。

我們點了龍蝦兩吃。盤子端上來，剛剝下的蝦殼完整置於刺身旁，仔細看，眼珠與幾隻腳居然還在動——太新鮮，不，太駭人了！牠無疑已經死了，那些顫動只是神經反射，但還是驚壞都市人。店家給我們一杯混了米酒的龍蝦血，說是證明新鮮，因為龍蝦血放久會稠，最後也確實變成果凍狀，隱隱發出藍色螢光。

我嚐了一口，難以接受。

在這滿街海產店的小鎮裡，也藏有歷史遺物。附近有條小巷子，轉幾個彎來到河邊，路旁荒煙蔓草，覆蓋著有如龜殼般的墳塚。別看它不氣派，墓的主人可是赫赫有名——吳沙，那個帶漢人開墾噶瑪蘭，徹底改變宜蘭歷史的男子。

墓碑上刻著「開蘭」兩字，像堂皇的冠冕。

您可能覺得奇怪，開蘭先鋒吳沙的墓怎會在這？其實早在開蘭前，吳沙就已在三貂住了二十年，埋葬於此也是他的遺願。不過開蘭的事蹟暫且擱置，接下來的夜晚還會提到他。

先聊聊傳說吧。記得在某篇文章看過，現在想不起來了，也不保證沒記錯，但基瓦諾灣部落似乎流傳一個禁忌：族人不得與姓吳的人成親。

為什麼？原來巴賽人之所以離開舊社，就是被姓吳的漢人趕走，而且當時肯定有械鬥殺傷，才成為世仇，子孫血脈永世不得與吳家結緣。既然說姓吳，相信您也聯想到了某人。您覺得呢？那是吳沙嗎？

至少鄉里是如此相信的。

舊社有間昭慧廟，是漢族移民所建，沿革碑文寫著「漳籍移民隨吳沙等人拓墾此地」、「常與該族發生衝突械鬥」等語。如果這是史實，那趕走巴賽族的族群，就確與吳沙有關。但這真是史實嗎？

據考察，移墾舊社的吳氏來自梅州，且實際開拓時，吳沙已然過世，說他們是吳沙帶來的，恐怕太過誇大。

說起來，為何清國最初會知道三貂灣有個吳沙？原來平定林爽文之亂後，清國擔心其殘黨逃到後山，難以殲滅，經官員調查，說三貂是淡水通往後山的樞紐，那裡的吳沙「民番素信」，可請他幫忙防堵。

如果這位官員所言非虛，就表示吳沙在巴賽人間也頗有聲望，至少不是敵人。這或許間接證明舊社的恩怨與吳沙無關。那為何碑文如此記載？只能說傳說就是如此。故事輾轉流傳，複雜的元素會被過濾、淘汰，而吳沙享有盛名，容易在時間的淘洗下留存，最後便被剪貼到與其無關的事件，變換形貌。

✣ ✣ ✣

在那個清國未深入後山的時代，為何吳沙會在三貂定居呢？

有個說法是這樣的：吳沙跟噶瑪蘭人做生意，很可能已看上那塊肥沃的土地；三貂只是開蘭據點，他真正的野心，在三貂角延伸出來的雪山群峰後方。

這是後見之明嗎？有可能。畢竟他是開蘭先鋒，這樣的詮釋不算無中生有。況且他確實掌控經三貂角前往宜蘭的道路。為何官員說吳沙能協防林爽文殘黨逃往後山？不只是聲望，更重要的是吳沙家族在遠望坑[5]等入蘭要道設隘口，向行人收取費用，保護他們前往噶瑪蘭。有這種實力與準備，要說是基於野心也不意外。

兩百多年前，還沒這麼多房子時，吳沙是否曾眺望東方群峰，夢想著後方美麗的平原？那名四、五十歲的男子已見過噶瑪蘭人，見過那廣大平原，恐怕，也知道後方的後方還有更多未踏之地吧！他怎麼看待漢人與噶瑪蘭人的關係，不是本夜的主題，但考慮到宜蘭接下來的變化，甚至有噶瑪蘭人被迫離開故鄉——

要是有人將吳沙視為「征服者」，大概也不足為奇。

雄鎮蠻煙

古早從淡北到宜蘭，當然沒有雪山隧道，但要說徹底隔絕，卻也不然。譬如巴賽人就深諳三

5 宋錦秀，〈嘉慶以前三貂鹽寮地域史的建構〉，《臺灣史研究》，三：一（一九九六年六月），頁九七－一四二。鄭螢憶，〈北臺灣三貂社的族群互動與濱海社會變遷〉，頁七五－一二四。

貂海灣到噶瑪蘭的航線，只是這條航線受季風影響，有其限制。此外，也可以在沒有路的密林披荊斬棘，穿過雪山群峰。後者遺留至今的深山小路，即「淡蘭古道」。

古道不只一條，由於時代變遷，多半只剩部分路段，甚至湮沒。據說吳沙經商、開墾噶瑪蘭，走的是隆隆嶺古道，但我接下來不會追隨吳沙的足跡，而是另一條路——草嶺古道。為什麼？雖然真正的理由是隆隆嶺古道頗崎嶇難行，人煙罕至，在未確定這段山路難度的情況下，我沒勇氣輕易挑戰。但若要找個堂而皇之的藉口，以下說法應該還算合理：草嶺古道才是清代官方的「入蘭正道」。日本時代，那也是知名的登山步道，要見證歷史，這條路當然有更多痕跡。

這並非信口雌黃，這條路上真有好幾處古蹟。

✤ ✤ ✤

草嶺古道本身還算輕鬆，遊客不少，不容易出事，大概四十分鐘就能抵達第一個古蹟——寫著「雄鎮蠻煙」的巨石。

到底是誰會在這樣的深山巨石留下墨跡？我不禁暗忖。

巨石旁有修築的平臺，但清國時代，或許都是荒煙蔓草吧！石頭高兩層樓，其中一面特別平坦，上面用漂亮的行楷陰刻了「雄鎮蠻煙」，落款是「欽命提督軍門鎮守台澎掛印，總兵斐凌阿巴圖魯劉明燈書」。

斐淩阿巴圖魯是清國封號，具體意思我也不清楚。總之，這是當時擔任總兵的劉明燈所提。[6]但為何要寫這四個字？民間流傳著這樣的故事：劉明燈北巡噶瑪蘭，經過這條古道，突然濃霧四起，轉眼間吞沒群山，這位總兵認為霧氣是山裡魔魅所致，為驅散濃霧，就寫下這四字鎮壓。

這傳說，不知您怎麼看？在我看來，都快迷失霧中了，還能找到這麼適合的大石，磨墨書寫，鑿石刻字，這等閒情逸致，恐怕不太實際。這片山林或許常有濃霧，對往來淡蘭的商旅來說，確實會聯想到精怪，但鎮壓魔魅云云，八成是後人附會。

比起厭勝之法，「雄鎮蠻煙」大可就字面解釋。「蠻」是待開墾的蠻荒，或南方蠻族，既然要「鎮」，八成是後者吧？當時噶瑪蘭已納入清國版圖好幾十年，此地又是通往噶瑪蘭的要道，或許這四個字，可看作劉明燈對統御異族的總結或期許。

——要是沒有吳沙，或許漢人還是會闖進噶瑪蘭，噶瑪蘭廳或許早晚都會設置，但也可能會延宕很久，甚至誇張點，遲至日本時代才被日本人打下。劉明燈能悠閒地寫下這四字，正是吳沙造就的結果。這巨石無疑是開蘭的見證者。

6　值得一提的是，「雄鎮蠻煙」寫於同治六年，正好是「羅妹號」事件發生那年。事件發生時，擔任總兵的劉明燈還處理了外交事宜。

除「雄鎮蠻煙」，劉明燈還留下別的痕跡。大概再走三十分鐘，視野豁然開朗，遮蔽其上的林蔭不知何時消失了，山勢不再曲折高聳，取而代之的是和緩坡地與滿山芒草。草嶺之名，就是因為這片茫茫無邊際的芒草原上，居然一棵樹也沒有。

若是芒草花開的季節，想必讓人大開眼界，即使不是，這段山路也美麗而開闊。原本古道石階還有些難走，但到了草嶺，坡度趨緩，腳步頓時輕快。路旁有塊巨石，雖不及「雄鎮蠻煙」高大，石面的文字卻更張揚、醒目。

那就是赫赫有名的「虎字碑」，遊客競相合照，我也排了好一陣子才得以接近。

虎字碑同樣出自劉明燈之手。雖沒特地丈量，但那「虎」字恐怕比成年男性軀幹還巨大吧！此碑有何來歷？傳說草嶺有妖怪，能製造大風，行人的傘往往被吹破，以致滿地傘架，無人收拾。劉明燈為對付此妖，參考《易經》「雲從龍，風從虎」之說，在此寫了「虎」字，號令狂風停息——沒錯，又是厭勝之法。

這傳說比「雄鎮蠻煙」合理，但劉明燈顯然不是厭勝專家。我到草嶺幾次，其中一次風大到站都站不穩。空氣像被逼緊般，發出哨子般的聲響，沒幾分鐘就吹得我頭痛欲裂，得將外套蓋在頭上充當帽子才好轉——虎字碑根本拿那個妖怪沒轍！

其實草嶺外，劉明燈在別處也留了虎字碑，因此鎮壓風魔之說，大概仍是附會。但他為何這麼偏愛「虎」字？雖只是揣測，或許跟他家鄉的信仰有關——劉明燈不是漢人，是少數民族；相傳其族裔有位古老先祖，死後化作白虎守護他們，因此白虎被視為神靈，是生活常見的圖騰。對這位總兵來說，或許「虎」字真能驅邪，甚至是帶來幸運的祝禱，但跟什麼「雲從龍、風從虎」無關。

現在碑上除了虎字，還刻有甲骨文，這引起一件趣聞：有人主張臺灣有上古文明，虎字碑即是物證。

其實對這類超自然、古文明之類的觀點，我常不以為然，因為多半沒有充分的考古證據。幸運的是，這例子剛好不難解；日本時代有虎字碑照片，只要翻出照片，就知道此說不足為信——碑面很乾淨，這些甲骨文是日本時代後才出現的。

但是誰寫了這些甲骨文？又為何寫？有人把甲骨文解讀出來，意義如下：

登此嵯峨西望我鄉哀哉我鄉赤炎為禍

赤炎——即以赤紅為代表色的共產黨。真相很明顯了，這些字很可能隨國民政府撤退來臺的某人所寫，別說幾千年，根本是近代產物！老實說，古文明還比較有趣。看著這些字，我心情有些憤懣。

因為這段文字有嚴重的錯謬。

「登此嵯峨西望我鄉」，這話在臺灣西岸說沒問題，但草嶺古道已靠近臺灣極東點，再往前的海，是東方的太平洋，就算登上最高峰西望，也會被大屯火山群遮擋視線。因此望鄉並不現實，只是沉溺的自憐。

但我懂。畢竟我也是中文系出身。

不知您是否曉得？文言文或古典漢文學的濃烈幻想性，在這個時代其實是抗拒現實的。您要是不覺得，只需想像一下古典漢詩詞出現當代用語，如汽車、電腦，不是會有美感上的反彈？雖然也有作者努力融入當代，但剛剛的直覺不容忽視，它直指古典漢詩文的美學核心：拒絕新事物，只是複製、召喚、重述已逝時代的美感而已。

我不是否定這點。實際上我能理解，也能欣賞。但這種美就算芬芳，也是沒有生命與未來的腐朽之香；它抗拒時代，不仰賴現實，甚至將已逝時代的殘香錯認為現實。就像夏夜驚醒，總是有這麼一瞬間，搞不清剛剛所見究竟是幻是真。

因此就算錯謬、荒誕也無妨。只要有抒情美，美就可被視為現實，這就是為何某人能信心滿滿地寫下甲骨文。但如此一來，「現實」何辜？

為何土地必須淪為抒情的工具，承載沒有現實基礎的妄執？而且這樣的文字還被刻在石上，流傳後世，即使深知修辭背後的理路，也難以一笑置之。

✤ ✤ ✤

或許，是因為神話辜負了生命。

這麼說有些離奇，不過虎字碑旁的甲骨文，難道不是神話嗎？指控赤炎紅禍，大概是寫在反共文學燃燒得最熾烈的時代吧！但當時作為口號的反攻大陸，現在看來也只是精神喊話。神話就是那樣。正如山西祠裡四千年的古文物，成為殖民地之神的能久親王，都建構在這種似是而非的根據。

話說在前，我並非反對這種神話，畢竟沒激情就不足以扭曲現實，為了與現實搏鬥而傷痕累累的靈魂，肯定也有其美麗之處，可是……

沒有現實基礎就算了，神話至少該有生命的基礎吧？

就像巴賽族失落了語言與文化，如今想重拾過去，其神話的基礎，就是數百年間確實居住於這塊土地的事實。土地承載的記憶在時間中沉澱，要是沒有形成傳承的生活經驗，理應長不出神話才對。

但有種神話例外。

那就是動員整個現代國家，透過教育強制推動的國家神話。

那是不需要生命的神話。而且總有一天會覆蓋生命的新芽，連土地也否定掉吧！就像從草嶺能看到中國，這在神話裡說得過去，但將此當成現實，那些密藏在草嶺，迴盪不絕的時代聲響，恐怕就半點也聽不見了。

噶瑪蘭

埡口離虎字碑不遠，大約只有幾分鐘路程，草嶺古道由此開始下行。旁邊有條越過山頭的小徑，前往桃源谷。叉路旁有個二層樓高的觀景臺，我信步走上階梯，欄杆邊，太平洋與龜山島映入眼簾。

那時有片占據半個天空的烏雲，正從天空中心盪開，形成米灰色的巨大弧形。弧形正好與海岸的形狀重疊，讓我吃了一驚，因為視覺上，就宛如海岸的倒影落到空中。那是頗為震撼的景色。

更驚訝的是，明明在山上，卻聽見了海濤。

難以置信。應該是聽錯了吧？或許那是樹濤？但仔細聽，毫無疑問是海濤。從遙遠的海岸響起，穿過密林而來，如此均勻、平穩，就像海洋在呼吸，令人戰慄。或許是我見識淺薄，但那是前所未有的體驗，明明離海岸有一公里遠，濤聲卻如此清晰！

草嶺古道的這座觀景臺，或許是眺望龜山島的最佳景點之一。首先，龜形相當清晰，其他角度不見得這麼像龜。而且海灣形狀相當可愛，遠方是有漁港的小鎮——「大里」，據日本時代紀錄，從草嶺下去，沒多久就能到大里海岸，那裡奇岩怪石眾多，是觀賞海潮的風雅之地。四月時，山坡會開滿百合，只可惜我沒趕在那個時節來。

下坡路輕鬆許多。越是往下，濤聲就越清晰，即使海岸已完全被樹林遮住，那種溫柔聲響也自每個葉隙草縫間包圍而來，有著難以言喻的神祕。來到中途，路旁有個廬宅遺址，根據解說牌，似乎也作「客棧」之用。

旁邊有豬舍，前庭可以養雞。

說到客棧，我想到的是武俠電影裡幾層樓高的旅店，這裡規模小多了。但仔細一想，作為荒山客棧，這才合理。平常是住家，有旅客經過就讓他們休息、過夜，換言之，跟現在的民宿差不多。

現在盧宅什麼都不剩，只有一排樸素的石欄杆，長滿靜脈般的藤蔓。

✤　✤　✤

從埡口走五十分鐘，就抵達草嶺古道終點——大里天公廟。廟後方有排碑林，從那裡看海，龜山島就像浮在天公廟頂端，帶著點神仙故事色彩，跟觀景臺所見又是不同風韻。

拾階而下，對面的鐵路與大里海岸平行，朝兩端延伸。

根據文獻，這片海岸不只宜觀海潮，也是賞月勝地；大概聽著濤聲，月色也格外風雅吧！前面說的奇岩怪石，其實是一種稱為「單面山」的地形造成，海岸無數岩板都依特定角度朝海崛起，經過侵蝕，讓千層糕般的層層結構裸露出來，確實堪稱奇景。

然而那天並不晴朗，我就放棄賞月了。畢竟沒在村裡找到賣酒的地方。無酒，賞月豈不少了大半樂趣？加上走了幾小時，早就渾身大汗，為免著涼，就沒在大里等到晚上。

走進車站——不是幻想列車的驛站，是實際存在於此的大里站——天色正暗暝，就連剛剛走過的群峰，都像要消失在昏暗中，有種「逢魔時刻」[7]的味道。沉甸甸的黑暗跌落，只剩月臺燈光與遠方傳來的列車聲，轟隆轟隆……

夜在不知不覺中降臨。

區間車進站。我上車前往礁溪，在熱氣繚繞的溫泉鄉痛快度過。

7　日本人認為黃昏時刻最容易遇到妖怪，而有此稱。

第四夜

頭城

——龜山島的光與影

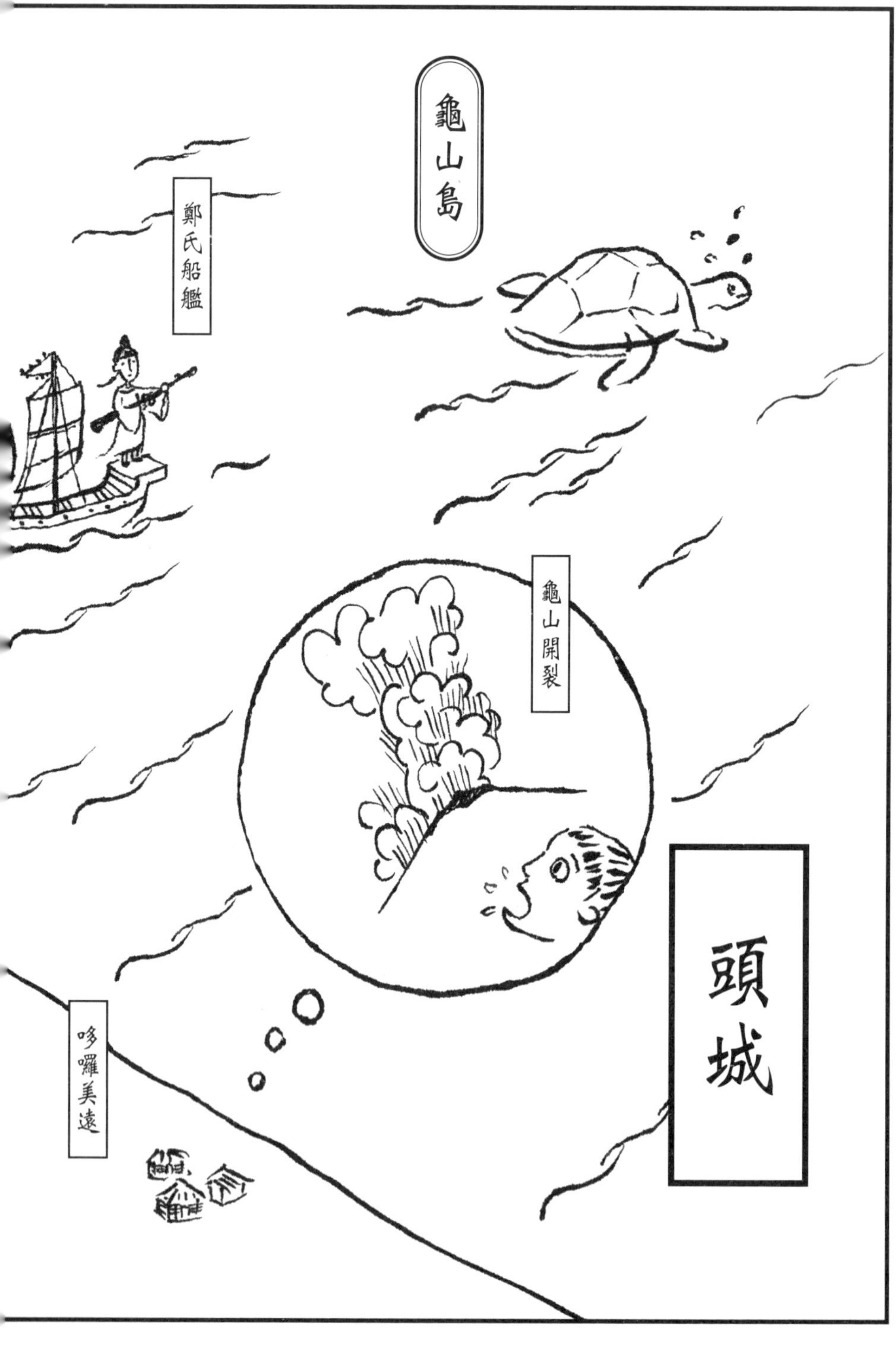
龜山島
鄭氏船艦
龜山開裂
頭城
哆囉美遠

大溪
蘭陽博物館
烏石港
頭城
打馬煙
奇立丹
二龍河
叭哩沙喃

我曾搭遊艇繞龜山島。那時導遊拿著擴音器，對島上軼聞如數家珍。像島上曾有山羊，被士兵拿來練習打靶，最後一隻不剩。或某個海蝕洞曾是走私者的交易處，燈火隨海浪忽明忽滅，耀眼有如夜市。

因為忘了吃暈船藥，我的注意力都拿來對抗嘔吐感，這些掌故只記得零星半點。相較之下，打進船艙的浪更讓我印象鮮明。那些潮沫像微鹹的春雨，柔軟又綿密，濡濕了救生衣下的衣服，讓我記憶裡的故事也帶著陰鬱的海味，無法完全吸收。

歸程天色近晚，烏石港邊，眾多漁船正從港口駛出。某艘船上有個身型壯碩的短髮男子，他佇立船尾，在這逢魔之時看不清面孔，姿態嚴肅，手一揮，撒出的竟是滿天冥紙；後來我才知道那是祈福的儀式，請「好兄弟」不要害他們這些討海人。對都市人來說，這想必帶著點陌生與恐怖，然而那正是討海人的日常。

引擎聲轟轟作響，橘紅色的剪影逐漸遠去，像在海上燃燒。

若說龜山島是宜蘭人的共同記憶，大概不為過。打開地圖，從三貂角到蘇澳海岸，是長達五十幾公里的巨大弧線，這些地方全都看得到龜山島；換言之，不管身在何處，龜山島都佇立在那，無法擺脫。

那種超越時間、永恆不變的穩定性，就像在生命裡扔下錨，能帶來某種撫慰。這樣的風景若昇華成某種神聖存在，我想也不奇怪。

鄭成功與龜山島

宜蘭流傳的幾則龜山島傳說，多半跟鄭成功有關。

據說鄭成功曾帶著軍隊到宜蘭，那時海上出現巨大龜精，朝岸上的鄭成功軍隊衝去，來勢洶洶！鄭成功絲毫不懼，這位豪傑騎在馬上，鎮定地接過手下遞給他的槍，靜靜等龜精進入射擊範圍。

對初見的魔怪，光靠大小無法判斷距離，但鄭成功有豐富的海戰經驗，能透過細節與徵兆推測位置。他見差不多了，立刻開槍——說不定還帶著殘虐的冷笑——槍響轟鳴，痛苦的嚎叫響徹海面，沒等硝煙散去，鄭成功再度填裝火藥，放入彈丸，擊發。

如此數次，龜精終於不再前進。

鄭成功開的那幾槍，全都精準命中龜精頭部。最後龜精傷重沉入海裡，不久後化為石頭浮出，就是龜山島。

老實說，最初聽到這故事，便覺得難怪鄭成功有恃無恐。

既然龜精是從海上來，合理推測，就是隻海龜。海龜雖能上岸，但不會深入，鄭成功讓軍隊遠離岸邊就沒事了。明明如此，他卻選擇給海龜一點教訓，還在安全的地方開槍——唉，難怪他在我的想像中有些猙獰了。

這當然只是戲言。先民流傳這些故事時，可不會嚴謹地考慮生物特性。但細究下去，還真有件事值得探討，那就是，為何鄭成功用的是槍？

鄭氏軍隊用的是火繩槍。跟自動手槍不同，要花時間裝火藥、放子彈，整個過程可能要花一、兩分鐘；這麼大的龜精，一發子彈很可能殺不死，鄭成功卻好整以暇，慢慢填充子彈將其殺死。問題是，鄭成功斬妖除魔的傳說遍及全臺，其中最著名的神兵利器，就是有著「龍熕」、「缺嘴將軍」等異名的神奇大砲；用那臺砲，區區龜精應該能一擊必殺，為何不用？難道鄭成功殘暴成性，是為了折磨龜精才慢慢射擊？

當然不是。事實上，槍痕很可能反映傳說的功能，解釋了「龜首」附近孔洞的來歷。[1]

那些被當成彈痕的孔洞，真面目是噴出礦煙的硫氣孔。龜山島是休眠中的活火山，雖然再度噴發的可能性很低，但並不是零。古人見礦煙湧出，或許聯想到硝煙，而有了以上傳說吧！但某次地震引發坍方，硫氣孔被堵住，或沉入海中，因此那樣的景色。現在已經看不到了。

繞島之際，我曾想找硫氣孔，可惜暈到無力細看。不過，龜首附近無疑有火山活動，因為船還沒到龜首，就已能聞到薄薄的硫磺香。海底深處，溫泉與火山氣體不斷湧出，改變海水的透明度，讓這片海域呈現綠寶石般的顏色。滾湧而來的龐大力量，不是立刻融進海水，而是油水不相容般，與海水抗爭、糾纏，最後衝到海面散開。不同顏色彼此侵吞，就像海面開出白色的大理花。

對漁民來說，這樣神奇的景色不用傳說去解釋，或許是種浪費吧！

龜山島的來歷還有不同版本。據日本文獻記載，驅逐荷蘭人後，鄭成功想帶伴手禮給日本的母親，而其中一個伴手禮，就是他在「叭哩沙喃」抓到的巨龜。他讓士兵將巨龜拖進海裡，用繩子綁著，朝北方拖去，然而巨龜奮力掙扎，掀起巨浪。或許是不願服從的精誠感動上天吧！就在雷電交加、狂風暴雨後，上天竟將它變成了石頭島嶼。鄭成功見狀大怒，洩憤般地朝龜山島開槍，留下孔洞。[2]

——看到這故事，身為推理迷的我又想斤斤計較了。

「叭哩沙喃」是三星的古稱，位於宜蘭平原近山處。既然是在那裡抓到龜精，當然是陸龜吧？強行拖進海裡，這已經不是願不願意去日本的問題，而是生死交關了，當然會激烈掙扎！無視海龜與陸龜的生態差異，難道是鄭成功的癖好？至少在傳說裡，我們彷彿瞥見某種虐待狂傾向，當然，歷史上的本人不必為此負責。

有趣的是，這不是「龜精來自陸地」的唯一證言。根據另一份文獻，鄭成功在員山抓到巨龜——同樣在平原近山處——並想把巨龜帶回大明國。但巨龜思念家鄉，不肯離開，就此化作島嶼，永遠滯留海上。[3]

1　譬如《淡水廳志》說三峽的鳶山也是妖怪，鄭軍「礟擊其尖，斷痕宛然」，即是解釋鳶山山頂特殊的地質樣貌。
2　幸田青綠，《蘭陽》（宜蘭：臺灣新聞社宜蘭通信部，一九二七）。
3　友寄生，〈草嶺越え〉，《專賣通信》（臺北：臺灣總督府專賣局，一九三七）。

如果只看前一個版本，或許會覺得日本人把鄭成功當成皇民化樣板人物，才創作出這種傳說。畢竟國姓爺忙著反清復明，哪有什麼閒情帶伴手禮回日本？但看了後一個的版本，不禁覺得也未必如此，至少應該有更早的原型。然而原型是什麼？更重要的是，為何龜精來自陸地？

老實說，這是未解之謎。

作為妖怪研究者，這謎團讓我心癢難耐。按照經驗，抓住龜精的地方很可能是傳說根源地，能指出與龜精出身有關的人群，或源於過去存在，但現已消逝的「現象」。很可惜，我在這裡遇上瓶頸，找不到進一步證據，只知道這則傳說在當代出現極有趣的變體……

您還記得金包里的野柳龜嗎？

據說，那隻龜精是公的，龜山島則是母龜，鄭成功想給兩隻龜精作媒，就拿繩子牽著母龜在海上航行，誰知游著游著，母龜不想走了，停在原地，鄭成功失去耐心，決定嚇嚇牠，就對母龜開槍，卻失手將母龜打死——

嗯，我懂您的心情。最初看到這版本，我也是這麼想的。

太雞婆了吧，國姓爺！而且明明幫人作媒，卻把新娘打死？哪有這種事！作媒看似和藹，媒人本身卻脾氣粗暴，這或許也反映了某種東方傳統：就算在聽話的晚輩前和藹，要是遇到不聽話的晚輩，立刻就變了張臉。雖然管教確是教育的一環，但許多情況下，更像是單純放縱權力慾。

說起來，為何宜蘭流傳這麼多鄭成功傳說？

這頗為難解。野柳附近的國聖埔，好歹是東寧王國的拓殖地，[4]但十七世紀下旬，很難想像東寧王國已侵墾蘭陽；這塊被噶瑪蘭族支配的平原，理應與國姓爺無緣才是。明明如此，為何國姓爺傳說如此盛行？

對此我有個推想，不過——

請容我先賣個關子。

✤ ✤ ✤

現在，龜山島是個無人島。

雖然能登島觀光，但島上沒有聚落。碼頭附近有個塗了軍事迷彩的建築，裡面的販賣部說不定是整座島最有「生活感」的地方；但說到底也是觀光取向，賣的不是真正的生活用品，我猜老闆也不是長住島上吧！

即使如此，島上無疑有生活的殘跡。

龜背是海拔三百九十八公尺的山峰，傾斜的坡地幾乎占據整座島，唯獨某處山腳地勢平緩，是過去唯一的聚落所在。東邊有間廟，匾額寫著「普陀巖」，但廟簷被敲掉，以致屋頂形狀有些窄小。據說是居民離開時，擔心孤魂野鬼、邪魔外道進駐，就把屋簷拆了，讓廟不成廟。

4 伊能嘉矩著，國史館臺灣文獻館編譯，《臺灣文化誌》（臺北：大家出版，二〇一七）。

害怕邪魔外道進駐廟宇——這實在是非常有意思的聯想。只有觀光客的島，讓舊聚落充滿寂寥殘缺之感，就像疫病驅逐所有人類，只剩令人啞然的蒼白。這樣的場景，作為推理小說舞臺或許氣氛十足：孤絕的海島，一夕之間不知何故消失的村民，還有不知死活的觀光客。要是再援引幾個傳說，感覺就要發生連續殺人事件。不過，這裡的居民當真是一夕之間無故消失嗎？

當然不是。

雖然「一夕之間」不算誇飾，但原因相當清楚。一九七七年，國防部將這座島占為己用，成為軍事基地，原居民不得不移往他處，時至今日也無法返家——

因為讓他們回來的家，已經不存在了。

故鄉的記憶

現在要到龜山島，得從烏石港出發，但日本時代的港口在大溪，魚市場附近還有「龜山島遊覽遭難者之招魂碑」，紀念一九三八年的船難悲劇；如今沒有觀光航班，大溪卻成了宜蘭的重要漁港。

港邊三層樓的魚市場瀰漫著油煙與熱辣香氣，剛捕撈的漁獲直接送進來烹調，香味讓人飢腸轆轆。但走了幾圈，油煙在我皮膚表面凝結，像沾上厚厚的油脂，頗不清爽。

面海方向有面打通的牆，外面停滿船隻，擁擠又安靜。船身多半以白色為基調，幾處塗了鮮豔顏色，船首竿子懸掛著黃底紅字的旗幟。仔細看，上面寫著宮廟名稱與咒語般的文字，彷彿眾神也參與了漁獵。那些旗幟在海風間變幻無方，像寂靜燃燒的神聖火焰。

雖身在知名漁港，我的目的卻不是美食。走出魚市場，很快便看到馬路對面有大大的招牌，寫著「拱蘭宮」。

還記得龜山島的「普陀巖」嗎？

「普陀巖」其實是國軍到龜山島後改建的新廟。島民遷出時，將原本廟裡的神也請走，那座島少了神明，從此鬼影幢幢；國軍不堪其擾，就另請神明進駐，更名「普陀巖」。在此之前，跟島民休戚與共的廟宇另有名號——

就是剛剛提到的「拱蘭宮」。

離開龜山島的「拱蘭宮」並未死去，而是在大溪港——曾離龜山島最近的港口重生。而且不只「拱蘭宮」，離鄉背井的島民也在這離故鄉僅僅十幾公里之遙的地方落地生根。

✣ ✣ ✣

拱蘭宮位於半山腰，走沒多久就能抵達。拾階而上，那是凌駕所有建築，能遠眺龜山島的位置。廣大的廟埕像觀景臺，不只廟裡神明，居民也能在這看到故鄉。這間新廟頗為宏偉，老實說，跟島上舊廟截然不同，我初看還嚇了一跳。廟旁有座純白媽祖像，目測約四、五層樓高，異常嶄新，甚至讓我覺得有點浮誇。

說到媽祖，有則傳說是這樣的。

據說二戰末期，日軍轟炸龜山島。那時媽祖顯靈，以裙襬接下日軍砲彈，保護了拱蘭宮。這種媽祖接砲彈的傳說流傳甚廣，幾乎全臺都有，但若問戰爭期間是否真有砲彈掉落龜山島，我倒是存疑；首先，轟炸重點是行政或軍事設施，而龜山島沒有這樣的設施，更關鍵的是，當時臺灣是日本殖民地，日軍怎會轟炸自己的領土？

這樣離奇的版本，或許是前夜提到的國家神話所致吧！戰後的國民教育以「抗日」為二戰敘事主軸，人民接受了，以戰勝國自居，並深信自己二戰期間在抗日；既然如此，發生在臺灣的轟炸肯定是「敵軍」——日本造成的。

雖然荒誕不經，但神話取代史實，才是世間常態。

✤ ✤ ✤

說起來，大溪的生活機能，或許比龜山島好上不少。

不，我沒什麼根據，只是依常識推想。畢竟交通不便，物資想必不怎麼豐富，更別說看醫生有多麻煩。要是島民沒來大溪，拱蘭宮或許不會有這麼大的媽祖像吧！然而龜山島民似乎不滿足新的環境，始終懷念故鄉。

這不是信口開河。拱蘭宮底下的「仁澤新村」，是島民的新家園。西邊滿是落葉的小徑旁，有個人工挖掘的水池，但只有水池之形，裡面並沒有水。照旁邊解說牌，這水池僅是「井仔頭」的複製品，因此不具實用性。

複製品，那原版在哪？

當然在龜山島。

我在島上看過「井仔頭」。老實說，只是不怎麼起眼的小水池。雖然如此，「井仔頭」卻相當重要，因為它供應了全島居民的飲用水，是緊連著生命的神聖之池；據說這池水很神奇，半是海水，半是淡水，隨漲退潮而比例不同。其實我有點懷疑，混了海水的淡水真的堪用嗎？但對居民來說，這池水已是最好的選擇，不是旁人能置喙的。

「井仔頭」確實是島民的共同記憶，但真有必要複製到新社區嗎？而且仁澤新村的複製品，是等比例、同尺寸地重現。不只信仰，居民竟連生命之源也挪移過來。不知為何，這讓我感到某種近乎咬牙切齒的執念，甚至毛骨悚然。

為何毛骨悚然？旁邊的石碑或許能看出一些端倪。

那塊石碑寫於四十幾年前，內容是仁澤新村的遷建經過。照碑文說法，由於龜山島生活不便，島民想遷出，眾多政府人員四處奔走籌備，才實現遷村，居民感念政府德意，特命名為「仁澤新村」云云……總之，寫的都是好事，但我有些不知所措，因為這跟我查到的不同。

接下來的話題，或許有點嚴肅。

為了調查龜山島為何變成無人島，我找了幾份報導。其中一份指出，最初縣長提議遷村時，曾跟島民說「想回家隨時可以回去」，但政府下令將龜山島收歸軍管後，不只是先迫遷才規劃徵收，程序不正義，還將島民的住所搗毀；原本居民相信縣長說「隨時可以回去」，還留了不少家具，結果被一併拆除。

不只民房，清國時代以來的種種文化痕跡也毀於一旦。

當時政府的補償是「一坪一塊錢」。數字令人啞然，這就算了，其實得到補償也只有少數。至於其他人，國防部推託是協議徵收，沒有補償。在這種背景下，龜山島民當真會感恩政府，取名「仁澤社區」嗎？如果不會，又是誰奪走了島民的聲音，還用「仁澤」二字來粉飾太平？或許有些人是感謝的，但另一種聲音就該被壓抑嗎？總之，對活在民主時代的我來說，這種事難以想像。

自願離鄉背井的拓荒者，或許樂意將新天地視為家園，但被迫喪失故土的人呢？恐怕只能忍著怨憤與傷痛，將故鄉視為心靈的救贖吧！怪不得某些報導中，島民諄諄教誨，指著大海彼岸，期待第二代、第三代能記住未曾居住過的故鄉，擔心他們忘了自己來自龜山島。將龜山島的精神象徵復刻於此，或許就是出於這種心願吧！在我看來，這樣的姿態既美麗又合理。前提是，他們不會將自身濃烈的願望強壓在他人身上——

譬如，主張所有臺灣人都來自龜山島。

別誤會，龜山島人沒有這麼主張。

當然沒有那種主張。畢竟那太荒謬，太違背現實了。不過，雖然未必適切，我不禁想到戰後隨國民政府來臺，離鄉背井的人——

這些人，有些是為了逃離共產黨，但也有些並非自願，是國民政府強徵民兵帶來的。戒嚴時期，中共有種心理戰術，是透過廣播，讓那些留在中國的親友發出深情呼喚，煽動異鄉客對家鄉的思慕之情，藉以瓦解士氣。

那是有效的。確實有人想盡辦法要回到中國。

這不奇怪。那可是逃難啊！沒人是自願離開的。就算是已逝去的幻夢，怎叫人不魂牽夢縈？那份誠摯的思念，同樣美麗且合理。但當思念成了國家神話的論證根據，是不是就被玷污了呢？

在某個世代，陳之藩〈失根的蘭花〉被視為時代縮影。國土淪亡，根著何處？作為個人感慨，這篇文章其實無可指摘。但若被昇華為神話，那些沒有共同生命經驗的人，不就被迫一起失去了根嗎？將未曾居住的遙遠國度視為故鄉，生命經驗與認同彼此對峙，真正的故鄉遲早會枯萎吧。

國家神話的爭議，大抵如此。明明眾人有不同經歷、不同歷史，卻無視脈絡，全丟進染鍋，調成同樣顏色；專業的匠人或許能做到，但由什麼材質難以染色、什麼材質會變色都不瞭解的外行人來做，後果可想而知。我不禁想，對離鄉背井的「外省人」來說，這種神話不也是褻瀆嗎？明明來臺的遭遇、理由千差萬別，卻被簡化成單一版本。

有讀者曾跟我分享，他祖母是南京人，曾生活在汪精衛政權底下。對她來說，汪精衛才是正統，是孫文真正的繼承人。這種生命經驗，就背離了戰後的中華民國史觀。但那是「假」的嗎？這只是信手拈來，「外省人」各有各的歷史，其中的複雜應不難想像，但國家神話簡化的不只是經歷，還讓苦難變得淺薄，就像併吞支流的洪水，退去之後，還看得出原來的河道嗎？倘若神話不是由生命堆砌而成，總有一天會否定生命吧。

突然如此饒舌，請您見諒，只是我身為旅人，對所見所聞，難免有所感觸。剛剛這番話像在抗議國家神話，但我不是全面否定；說到底，決定繼承什麼神話是個人自由，除了本人，誰都不能為其負責。但要是有誰迫使他人服膺跟自己同樣的神話，將其視為理所當然，甚至認可因此施展的暴力……

那最後留下的，會是玷污神話，連時間也洗刷不去的毒吧。

龜山開裂，漢人將至

讓我們看向另一則故事。

接下要帶您去的地方，跟至今猶存的拱蘭宮不同，那邊的記憶已煙消雲散，只剩文獻的隻字片語。打開地圖，沿宜蘭平原的海灣往南，越過竹安溪口，再走六、七公里，有個叫「新社」的地方……

是的，如您所想，這個「社」是原住民部落。在古地圖上，那裡以漢字寫了「哆囉美遠」，即新社的社名。我曾試著追尋地圖上的哆囉美遠，那位置頗為偏遠，現在只有幾間零散的民宅，更多是田地、灌木、過度蓬勃的野草。越過滿是林投樹與爬藤的小丘，眼前展開的，是荒涼到帶著哀戚之情的鐵灰色沙灘。

光看這景色，實在很難想像百年前曾有個聚落。

既然在噶瑪蘭平原，或許您認為「哆囉美遠」也是噶瑪蘭族，但並非如此。日本時代，有位語言學家來到哆囉美遠，向七十多歲的老婦採集了傳說、歌謠、禱詞。她的語言跟其他噶瑪蘭部落不同，而且似乎是平原上最後一位講這種語言的人；半年後，老婦去世，釋放了壓在生命底下的夢境，她所背負的歌謠與記憶全都化作海霧，消散於廣大的平原。

後來語言學家研究語料，發現她的母語跟東北角的巴賽族相似。換言之，哆囉美遠很可能是巴賽族部落。

哆囉美遠人也相信自己來自薩那賽。

但奇怪的是，他們口中的薩那賽並非神祕小島，而是南方被稱為「得其黎」的地方；倘若您記得金包里之夜，應該對「得其黎」有印象吧？秀姑巒溪流域的阿美族部落，流傳著與巴賽族相似的薩那賽傳說，而其先祖最初登陸之地，正是得其黎。為何哆囉美遠人跟部分阿美族將得其黎視為起源之地？這是巧合嗎？那究竟是怎樣的地方，隱藏著什麼謎團？

由於我們尚未走到那，這問題的答案，還請留到那時吧。

✤ ✤ ✤

綿延不止的沙灘幾無人跡，只有拍打上岸的垃圾與枯枝。鐵色的海無窮無盡，這種蒼茫，彷彿遺落所有情感，只剩嶙峋骨幹的超然意境，有點像推理影集裡，犯人告白罪行的場景。

海的彼方，龜山島佇立海中，似近似遠，有點抓不清距離。奇妙的是，與大溪所見不同，那裡的龜山島是龜首朝左，哆囉美遠的龜首卻是朝右，兩地明明是在同一片海灣！其實這種現象叫「龜山回頭」，原因也很單純，從不同角度看，龜山島會隨形狀表現出不同姿態。

在不同族群眼裡，龜山島很可能也大不相同。

相傳乾隆年末，有多羅美遠社老番忽見龜山開裂，知漢人將至。

這是《噶瑪蘭廳誌》的紀錄。什麼是龜山開裂呢？難道是火山爆發？

但乾隆年間真有火山爆發嗎？倘若真有此事，爆破的震撼力應該會從後山傳到前山吧！雖然漢人被擋在前山，但原住民有往來，消息沒道理隔絕，因此，龜山開裂可能是更古老的傳說，直到漢人侵墾，舊傳說才與這個重要的歷史事件雜揉，捻出新的樣貌。

哆囉美遠人是不是真見過火山爆發，無法證實。但就算不是岩漿噴發，也可能是海底火山活動的徵兆，像猛烈的磺煙，或岩漿運動引發的地震。倘若真有這樣的異象，他們到底看到了什麼？是沉靜地冒著煙，還是有轟雷般的巨響？據說磺煙最猛烈時能看到火光，哆囉美遠人是否看到了更誇張的景色？

這些無人知曉。但那肯定是某種惡兆，是翻天覆地的改變，足以成為傳說，在其歷史刻下傷痕。

而「漢人將至」，對他們來說是與這份惡兆同等嚴重之事。

事實上，「龜山開裂」是他們留下的最後傳說。因為新來的開墾者印證了惡兆，不止哆囉美遠，還有許多噶瑪蘭部落從平原消失，甚至從歷史退場。

✤　✤　✤

其實吳沙不是最早開墾噶瑪蘭的漢人。

在他之前，也有人來噶瑪蘭闖蕩，只是沒成功，被噶瑪蘭人殺了。有些人可能覺得噶瑪蘭人真殘暴，有必要殺人嗎？作為和平時代的現代人，這麼想雖無可厚非，但我不禁想到這幾年的烏俄戰爭。

還記得開戰後，曾有「愛好和平」的西方人在網路發言，說：「真不明白為什麼要打仗，那些俄羅斯人要土地，烏克蘭人把土地給他們不就沒事了？」

這番話有多荒謬，自不待言。有人謹慎提醒「也許是因為，那是他們的家」時，這位和平主義者仍不明白，反而以嘲諷的態度回應：「你是說他們是民族主義者？」

如果只有民族主義者才能保衛家園，那這個殘酷的世界，或許會逼我們不得不成為民族主義者。當年噶瑪蘭並非無主之地，所謂「開墾」指的是什麼？是越過國界，將別人土地占為己有的行為。這不是什麼「土地這麼多，分我一點又怎樣」的問題，而是若不抗議，掠奪者就會食髓知味，帶來更多人，奪走更多土地。噶瑪蘭人沒有國家體制，沒有外交官，無法正式向清帝國提出抗議，既然如此，除了殺雞儆猴，還有其他保衛家園的方法嗎？

所謂和平處理，得仰賴雙方奇蹟般的自制力。不然，就只能求助於超然的仲裁者，譬如同時適用雙方的法律。當時這樣的條件並不存在。因此在我看來，指責噶瑪蘭人殘暴，其實跟「不要抵抗，把土地交出來就不會有戰爭」差不多。

✤　✤　✤

回到「漢人將至」的歷史。

大約日本領有臺灣的百年前，吳沙率領了一千名農民、兩百名武裝人員的開墾團來到烏石港。那時他們是走隆隆嶺古道嗎？有此一說。但另一種說法，是他們直接搭船，並在烏石港南方築了土圍防衛，即頭城——「最初之城」。

現在走出頭城車站，還能看到「開蘭第一城」的石碑。

離開頭城的舊城區，沒多久，馬路便開始對行人不太友善。在這樣的路上走二、三十分鐘，就會抵達烏石漁港；要搭船往龜山島，即使沒預約，也可以在碼頭附近報名。附近也有賣食物的攤販，如香腸、冰棒等。

漁船在港內行駛，遠遠就能聽見引擎轟然低鳴。

從漁港看向馬路對側，有個沼澤般的寬廣池塘，那池水顏色深沉到像是無法攪動，表面滿是浮萍與水草。這池塘有多大？繞行一圈大概要十五到二十分鐘。彼方有棟巨大的建築，看來像「鐵達尼號」，其中一端已沉進水面——

那是蘭陽博物館。

最初看到這博物館，我跟喜歡推理小說的朋友開玩笑，說島田莊司要是看到，或許會想到某種詭計；剛說完，我們就同時想起《斜屋犯罪》，結果他老兄早就想過了。

玩笑歸玩笑，蘭陽博物館如此設計，有其理念。其斜度是模仿東海岸的特殊地形「單面山」。還記得大里海岸嗎？那裡之所以有奇岩怪石，能激出壯闊的浪花，就是這種地形。

至於池塘，原本我以為是蘭陽博物館大手筆的造景，實則不然。那其實是當年的烏石港。池子中心的黑色石頭，據說就是「烏石」之稱的由來。

這是怎麼回事？當年的烏石港，怎麼會成了封閉的沼澤？

除了泥沙淤積，據說有艘美國來的大船在此觸礁沉沒。當時沒有打撈沉船的技術，就成了大型障礙物，讓其他船隻難以出入。那算是吹響烏石港末日的號角吧？障礙物加速了淤積，最後居然連河流都堵塞了！原本在烏石港出海的河流也被堵死，轉而在頭城南方出海，成為現在的竹安溪。

因此當年吳沙看到的烏石港跟現在完全不同，那是個出海口，順著河川能直接駛進蘭陽平原，只是兩岸都有噶瑪蘭部落，風險太大，才沒這麼做罷了。

✣　✣　✣

說起來，指揮人們堆起防禦土圍的吳沙，到底對這塊來過好幾次的土地懷著怎樣的心情？看看開墾團的組成吧，兩百個武裝人員，恐怕早有跟噶瑪蘭族交戰的準備，結果也確實如此。看到海口附近出現上千人，南方的奇立丹、哆囉美遠等部落感到威脅，主動攻打過來。幾番廝殺，就連吳沙的弟弟也在爭鬥中殞命，最後開墾團終於放棄，決定暫時回三貂重整旗鼓——

接下來發生的事，非常戲劇性。

開墾團敗退隔年，神祕的瘟疫襲擊噶瑪蘭族。

這場瘟疫讓他們手足無措，死傷慘重。吳沙聽說此事——或許是聽往來噶瑪蘭的漢人商旅說的——便與熟悉漢方的妻子越過三貂嶺，前來醫治噶瑪蘭人。

當然，噶瑪蘭人並未馬上相信他。這種可疑漢人開出的水藥，哪裡能信？說不定是騙局！見噶瑪蘭人不信，吳沙竟強制灌藥，這恐怕會引起警戒與緊張吧！但傳說中，他因此救活不少人。

我不禁想，吳沙到底是個怎樣的人？

明明兄弟是這些人殺的，為何要做這些事？

以德抱怨？算了吧，這種跟政治宣傳差不多的說詞，光聽就沒意思。而且有什麼怨？帶了兩百名武裝人員的開墾者，被擊退、殺害，應該都無可厚非，那是自己要承擔的。況且追究起來，像噶瑪蘭這種高度封閉的區域，新的疾病不易入侵，現在突然出現一種能殺得噶瑪蘭人措手不及，吳沙夫妻還知道怎麼治療的病，最可能的感染途徑，不就是去年的開墾團？或許當時就有人染疫，被殺害後屍體沒好好處置，污染了環境，才引發疫情。

但事實是，吳沙確實可以撒手不管。

他可以任由噶瑪蘭人生病，甚至在他們最脆弱的時候大舉入侵。即使發動侵略的人應承擔後果，他也有為自己兄弟哀悼的權利；就算什麼都不做，也不會有人怪他，那麼，他為何要救助噶瑪蘭人？

是太想要噶瑪蘭的土地，所以看準時機，打算以政治手段取得噶瑪蘭人的認可？抑或他確實有著遊俠般的性格，無法坐視這場瘟疫不管？還是他對某人有所承諾，將開墾噶瑪蘭視為某種使命？

灌藥的時候，旁邊監視他的噶瑪蘭人一湧而上就能殺了他，他是怎麼承受這種壓力的？即使面對這種壓力，他還是冒著染疫風險，特別跑一趟噶瑪蘭，是為什麼？面對殺害兄弟的人，他是否曾說溜嘴，抱怨「要是沒有你們，我弟弟就不會死」？如果他真如此抱怨，噶瑪蘭人或許會說「要是你們沒有來，我們這麼多人都不會死」吧。總之，在小說家看來，這實在太糾結、太迷人了。如果他是小說人物，在噶瑪蘭治病的這段時期，就是塑造人格的關鍵；他的心情、動機、行動原理，那些最矛盾難解的內核，幾乎可以逆推出一生的軌跡——

那似乎不是簡單的「侵略者」三字能定義的。[5]

✤ ✤ ✤

接下來的發展，合情合理。

噶瑪蘭人出讓部分土地給開墾團。除了治病的恩情，據說吳沙還假托開墾團是受清國委託前來抵禦海盜的，需要基地。事實上，確實有為數不少的海賊出沒於東海岸，因此無論真假，那是有說服力的藉口。最後雙方埋石為誓，約定界線——這是噶瑪蘭人的習俗。

但這份承諾，後來被確實遵守了嗎？

沒有。我們很清楚後來發生的事。

但怎會如此？難道吳沙埋石為誓時，就已打算破壞誓言，放任開墾團一路南侵？

兩百多年後的現在，我們已無從得知。不過，或許他沒打算違背承諾吧？至少歸罪於他並不公平，因為吳沙隔年就過世了。死前，他留下遺言，希望埋骨三貂海灣，那才是他在臺灣住最久的地方。接下來的事態發展，恐怕不是吳沙能預測的。

吳沙死後沒多久，開墾團就有了異音。有人認為不該進犯約定好的界線，也有人主張該繼續擴張；[6]這些移民內鬥起來可狠了，彼此械鬥的同時，也以火槍作武器，確確實實向南擴張，侵吞噶瑪蘭人的土地。這段歷史頗為複雜，要是整理起來，恐怕能寫成一本《開蘭演義》吧！我們只知道，最初吳沙帶了一千兩百人到烏石港，不過短短十幾年，噶瑪蘭平原上竟已有四萬多名漢人！可見第一批殖民團遷入後，還陸陸續續有更多人聞聲而至。

這數字非常驚人。平均下來，每年最少有三千名移民湧入，但可怕的不是數量，而是背後的思維；就像有間公寓，人們發現還有好幾個房間空著，根本沒住滿，就號召大家住進去，非得占滿一切不可。而且剛剛說的四萬多人是存活人數，死去的移民很可能沒被統計，那麼，真實人數是多少？這麼多人不斷湧入，肯定大幅影響不同族群的勢力分布，對土地的渴求也只會不斷擴

5 也有一種說法認為，吳沙並未醫治噶瑪蘭人，那是政治宣傳。這確實能解釋一些事。但吳沙接下來能重新取得噶瑪蘭人信任，肯定有某些原因，醫療姑且算是有說服力的解釋。

6 陳南旭，〈十九世紀初年臺灣北部的拓墾集團與噶瑪蘭的移民與開發〉，《臺灣文獻季刊》，六七：二（二〇一六年六月），頁一三三－一五四。

大，帶來更多動盪不安——

這讓我靈光一閃。

雖然很唐突，但過去提出的某個問題似乎有了答案。那就是，短時間內湧進大量移民的動盪背景，會不會就是鄭成功神話能落足噶瑪蘭，在宜蘭變得眾所皆知的原因？

✤ ✤ ✤

對移民來說，那或許是個充滿希望，也相當恐怖的時代。

尚未將噶瑪蘭納入版圖前，清帝國無法，也沒有義務保證移民安全。開墾說來簡單，但首先，他們可能死在海上。即使順利登陸，也可能水土不服。就算挺過來，也可能被噶瑪蘭人或泰雅人殺死，甚至死於漢人間的械鬥。這樣的高壓環境，恐怕是需要一些精神寄託，也就是信仰。

問題是，哪個神明能帶給移民者力量？

那時鄭成功還沒有「開臺聖王」的稱號，但對移民者來說，已經差不多了。鄭成功驅逐「紅毛番」，開拓臺灣，至少民間是這麼想像的，而且這莫大的功績，在他成神後化為強悍的神力，移民者帶著鄭成功神像渡過大海，是希望祂庇佑能順利開墾、不被原住民殺害吧！作為移民者之神，實在沒有比鄭成功更適合的了。

這麼說並非毫無根據。時至今日，宜蘭仍是鄭成功信仰密度最高的地方，明明東寧王國的政治版圖不及後山，怎會如此？如果鄭成功是移民之神，便能合理解釋。

但就算引進鄭成功信仰，祂也不見得能適應這塊土地。

這樣說或許荒誕，但移民必須解決神明水土不服的問題，換言之，必須忘掉鄭成功是遠來之神——祂要有屬於這塊土地的神蹟。

就像全臺都有媽祖婆接砲彈的傳說。故事是同一個，但神蹟屬於個別的廟宇，無法共享。所謂的在地化，就是宣稱傳說確實發生在這，因此——

鄭成功得殺死龜精。

他必須征服這塊土地的精神故鄉。若不如此，就不可能在蘭陽平原安住！龜山島傳說被鄭成功占領，或許就是移民已徹底控制蘭陽，在精神上已適應這塊土地的證據。

這是真相嗎？我無法保證，但作為解釋，夠合理了。

✤　✤　✤

「開蘭」——

這種說法頗為風光，彷彿漢人到來前，噶瑪蘭空無一物，無法生產任何事物。但事實上，漢人會動這塊土地的腦筋，就是因為他們知道噶瑪蘭是重要糧倉。稻米是噶瑪蘭族的主要出口品，用來跟巴賽人、漢人交易貨物，要把這樣的地方解釋成蠻荒之地，是需要一些特殊的想像力。

原住民眼中的「開蘭」是另一回事。經過將近百年的開墾與擴張，噶瑪蘭族陷入極不利的處境；馬偕牧師曾在宜蘭傳教，他目睹這一切，留下這段文字：

> 在噶瑪蘭平原的平埔蕃農民要不是受到漢人地主及衙門官員的壓迫，相信都會安於在貧苦中過著日子。但漢人要不是把他們辛勤賺來的錢騙走，就是把他們趕出他們努力開墾出來的園地。現在日本要開始統治這地方，一切可能會改變，各個原住民部族或許可以期盼在「太陽旗」的治理下，有著較光明的日子可過。

不可思議，這位神職人員竟將希望寄託在新的殖民者上！

官府對噶瑪蘭族的苛刻態度，其實頗為諷刺，因為噶瑪蘭廳成立的背景之一，是噶瑪蘭族自行請願，說我們已把頭髮剃掉，要綁辮子了，請將噶瑪蘭平原收為清國版圖吧！換言之，他們要歸順大清，成為「熟蕃」。

難以置信，對吧？如果侵略者真帶來這麼大的困擾，為何要歸順侵略者的帝國？但仔細想想，若噶瑪蘭平原仍是法外之地，官府無法介入，那誰來制止永無止盡的械鬥？或許帝國能帶來秩序，甚至主持公道，或許這就是噶瑪蘭族決定用屈辱換安穩的原因。

但屈辱換來安穩了嗎？

至少在馬偕牧師的觀察中，官方只是加入了剝削的一方。

這也難怪，就算漢人在清帝國中也算次等人，但遠近親疏，還是比「蕃人」親了些。不過，換成日本統治，噶瑪蘭族的生活真的改善了嗎？

老實說，我不知道。

在旅館的好幾個夜晚，我查閱網路上的數位文獻，對這點都沒什麼著墨。日本人很清楚噶瑪蘭族曾主宰平原的歷史，但那不過是「已發生的事」，就算理蕃紀錄偶爾提到噶瑪蘭，也不是重點。至少在資料上，日本時代的噶瑪蘭族就像隱身了。提到宜蘭，日本人的重點都在現代建設，如鐵路、衛生機構、公共事業等，沒人在乎漢人或噶瑪蘭人，因為新的框架——現代性——被引了進來。在新框架下，舊的族群關係、身分認同根本不重要，「熟番」只是戶口名簿上的註記，為管理方便而存在。

這是更好的統治嗎？我還真不曉得。不過，或許是公平了點吧！畢竟對新的殖民者來說，漢人跟噶瑪蘭人都是次等的——他們沒理由袒護漢人。

溫泉地與古戰場

在頭城考察時，我住的旅館在更南邊的礁溪。那裡說不定是北宜蘭最熱鬧的街道，還有賭場，未滿十八歲不得進入。礁溪是深受觀光客喜愛的溫泉市鎮，有條溫泉街，在夜裡像發出金光，將高雅與庸俗的事物全部和諧地融在一起。

最重要的是，人們極其放鬆。

拱廊公園裡有舒適的泡腳池，過去能在旁邊的小木屋買現釀啤酒，其中有種口味以螺旋藻為原料，喝來有點奶油感，我很喜歡。但或許是疫情之故，現已結束營業，我大受打擊，去礁溪的樂趣簡直少了六成！會因此高興的，只有我的健身教練。

如果說礁溪是天國樂園，確實言過其實。這裡當然有其市儈的一面。不過某座深幽的佛寺旁，有個溫泉，據說有全礁溪最優秀的泉質。要通往那裡，得走過佛寺，穿越廢墟般的破牆、有待整修的停車場，才能看到夜裡的紅燈籠。大眾湯便宜到讓人懷疑是不是被魔神仔捉弄，可泉質真的優秀到無話可說。這種彷彿深藏於祕境中的名湯，確實顯示礁溪的不同凡響。

✤　✤　✤

現在的觀光客，或許不知道礁溪曾是噶瑪蘭族抵抗漢人侵墾的最前線吧。

礁溪車站後方，偏離繁華街道處，地圖上寫著「奇立丹」，那曾是噶瑪蘭族部落。根據日本文獻，「奇立丹」正是噶瑪蘭語的溫泉之意。當漢人毀棄誓言，從頭城出發向南開墾時，首先意識到事情不妙的就是奇立丹、抵百葉這些最前線；他們號召其他部落抵抗，在湯圍一帶發生好幾起戰鬥，值得一提的是，原本相當強大的哆囉美遠跟宜蘭河上游的辛仔罕部落有嫌隙，漢人反過來利用，最後居然重創哆囉美遠，嚴重打擊噶瑪蘭各部落的反抗能力——

像前面說的，這都能寫成戲劇性十足的「開蘭演義」。

過去曾是戰場的湯圍，現在成了繁華熱鬧的溫泉街，幾乎沒什麼戰爭遺跡留下。看著大眾湯邊緣的溫泉結晶，碳酸氫鈉泉獨特的芬芳竄入鼻腔，讓人腦袋飄飄然的，宛如酒醉。剛剛提到的抵百葉部落就在奇立丹旁，據說是噶瑪蘭語的「燒地」之意。「燒地」是什麼？是燒墾地，還是火山地形的殘跡，抑或能感到地底下宛如熔爐般的悶熱？

現在想來，噶瑪蘭人抵抗侵墾的過去，就像一段沸騰的歷史。

不只械鬥與戰爭的熾烈，還有被悶在水面下，那份混合了悲傷與憤怒的躁熱，幾乎永遠不絕。即使噶瑪蘭族的勢力已多半退出蘭陽平原，只剩地名等殘跡，那份苦楚也不會消滅，持續沸騰吧。

晚風吹來，落葉墜下，大眾湯的水面鋪著一層氤氳霧氣，它們沒有往上飄散，而是低低地貼著池面游移，像徘徊不去的夢；這片火山地帶孕育的族群們，他們的夢也仍在這塊土地低迴吧？即使鄭成功騎著白馬，或駕駛戰船降臨，又或是新的殖民者吹進現代化之風，肯定還有些事物牢牢抓緊地面……

恍惚間，頭城方向彷彿傳來噶瑪蘭語的歌謠。不過，那肯定只是我的幻想。[7]

7　「クザイニタホマニパイー、マヌギナシヤンナー、アーカウカウスアー、パキラヌシヤヌム、カアカウソウニー、ラルムヌタギラウ、マチユウチプラン、マラヅパサン」，日本文獻中打馬煙部落的起源之歌。見〈土蕃三十六社ノ出所ト口碑竝ニ社名ノ由來〉，《臺北州理蕃誌》（臺北：臺北州警務部，一九二四）。

第五夜

加禮宛港

——從盛世到「盛世」

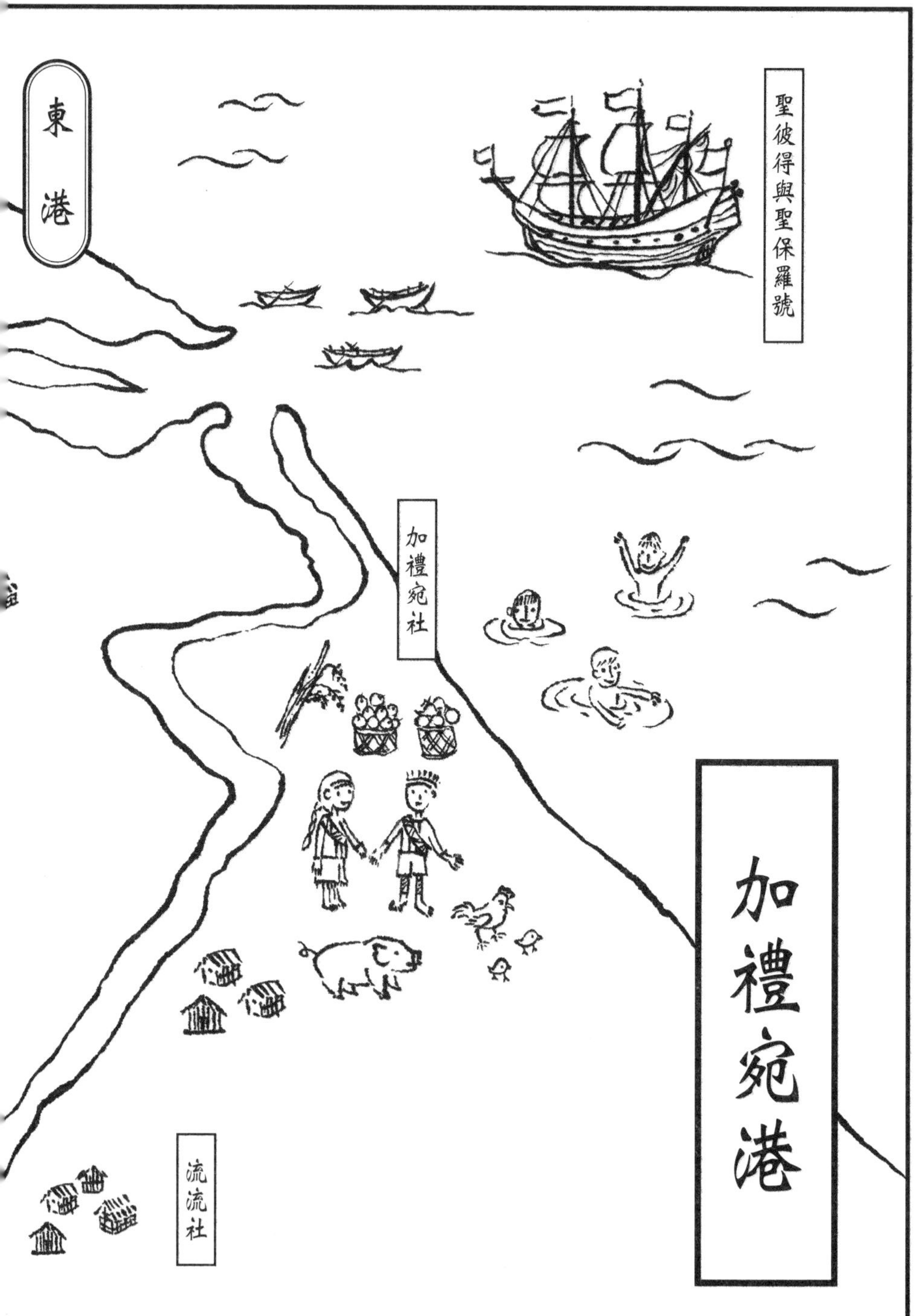
東港
聖彼得與聖保羅號
加禮宛社
加禮宛港
流流社

宜蘭城
羅東城隍廟
潘賢文
掃笏社
瘟
瘟
疫
獸靈
阿里史

十八世紀下半葉，福爾摩沙差點成為法王路易十五（Louis XV）的殖民地——

不，這麼說太超過了，畢竟當時連八字都沒一撇。但，歷史本就是由無數「偶然」密集堆砌出的圖案，即使遠看像必然，只要放大細節，就知道全是獨立事件。所以，就算這些獨立事件混進什麼唐突怪誕之事也不奇怪，誰說這座島成為法國殖民地的可能性是零呢？

更別說，促成此事的人物，本身就夠唐突怪誕的了。

我說的是冒險家貝紐夫斯基·莫利茲（Benyovszky Móric），他擁有匈牙利的伯爵爵位，是馬達加斯加之王，雖然也有學者質疑後者。臺灣讀者可能不熟，但他在歐洲某些國家相當知名，其冒險經歷被改編為歌劇、影集、電影。

貝紐夫斯基曾被俄羅斯俘虜，根據自傳，他的文化素養引起關注，被指派去教鋼琴，對象是當地行政長官的女兒，結果意外與這名女子譜出戀情；由於貝紐夫斯基並未放棄對自由的想望，便煽動監獄裡的囚犯暴動，最後成功率領囚犯挾持一艘船。不幸的是，行政長官的女兒也想隨他逃亡，卻在混亂中被流彈打死——何等戲劇性！我沒看過改編電影，但要是導演放大這段生離死別、淒美浪漫的情節，我可毫不意外。

不過，他老兄的冒險似乎有誇大不實之嫌。我們只知道自傳怎麼寫，至於哪邊真、哪邊假，就難以評估了。話說回來，這樣的人物是怎麼跟臺灣扯上關係？

這要從他被囚禁的地方說起。

貝紐夫斯基被關押在堪察加半島——若非地理學家或地圖愛好者，光看名字也不知道在哪吧？該半島離北海道不遠，甚至有愛奴人蹤跡，是亞洲的極東北之地；奪船逃亡後，貝紐夫斯基本想向東駛向美洲，但或許是風向、洋流等緣故，最後他不得不沿著日本、琉球、臺灣等地，經南亞與非洲回歐陸。踏上臺灣土地時，他與原住民打了幾場仗，與部落之主結盟，甚至還擬定趕走漢人、殖民福爾摩沙的計畫。當他好不容易抵達法國，面見法王路易十五，便熱切地提議征服福爾摩沙與馬達加斯加作為殖民地，但路易十五只對後者有興趣，或許是臺灣太遠了。

這位冒險家究竟在臺灣的哪些地方登陸？遭遇了哪些人？根據一份有說服力的考證，貝紐夫斯基曾兩度登陸，第一次在蘇澳，當地原住民相當精明，先釋出善意引君入甕，再截殺船員，但他們不是火槍的對手，未取得優勢。[1]經此不友善的對待，貝紐夫斯基順著海流北上，發現一個更小的海灣。根據紀錄，那是「加禮宛海灣」——

也就是現在的冬山河口。

豐饒之港

我第一次到冬山河口，是在悶熱、潮濕到有些鬱悶的夏天。那時我穿著拖鞋，憎恨自己的失

1　貝紐夫斯基、莊宏哲，《1771福爾摩沙：貝紐夫斯基航海日誌紀實——十八世紀一位匈牙利人筆下的台灣》（臺北：前衛，二〇一四）。

算，因為每走一步，熱沙就像滾燙的水潑上腳踝，在腳趾與足弓間翻滾流動。遠方的視野隨灼熱的溫度扭曲，岸邊雖長滿野草，但或許是太過炎熱，幾乎都乾燥枯黃，以致整個海岸看來就像鋼鐵的荒漠，就算是被潮水撲濕之處，切割淤泥的水道邊緣也光滑濕潤，像某種金屬。

這片景觀雖帶來灰鐵色的印象，但沙子並不堅硬，甚至很柔軟，一踩就陷進去。通往沙灘的路有警告標語，說不是四輪傳動的汽車請勿駛入，會陷進沙裡，有很多前例云云，就像充滿自然陷阱的大漠。

要說「荒涼」嗎？也不盡然，對岸沙洲閃著銀綠色的光輝，生命力頗旺盛。但沒有邊際的平坦沙丘跟原野與海接壤，給我一種不知身在何處的茫然。放眼望去，沒什麼「港」的痕跡。或許對面有吧！但南側是低平無垠的沙丘，上游沖下來的泥沙全囤積於此，積極地改變河道形狀。

根據古地圖，這裡確有名為「東港」[2]的港口——相對於「西港」，烏石港。其實從經緯度看，烏石港才在東邊，可見古人使用東、西方位，追求的並非精準，而是與生活緊鄰的相對概念；其實想想就知道，這裡怎麼可能沒港口？宜蘭河、蘭陽溪、冬山河全都在此出海，而噶瑪蘭族多半臨河而居，河川是非常理想的交通網，加上平原低緩，表示漲潮時，船隻很容易逆流而上。噶瑪蘭人以捕魚為生業，又參與海洋貿易，當然有自己的船隻。因此，這個河口自應成為貿易交通的樞紐。

當年貝紐夫斯基航行到此時，是不是也發現了港口痕跡，才有靠岸的念頭？我看向灰藍色的汪洋，想像龜山島與海岸間，一艘俄羅斯的輕型武裝艦艇正隨著浪頭浮沉，受困於潮水，難以進港。對，當年貝紐夫斯基想登陸，卻始終難以接近，這時，兩艘原住民的獨木舟朝他們駛來——那是一七七一年，八月二十七日的事。當時離吳沙開蘭，還有二十幾年。

✤ ✤ ✤

破曉時分，我們發現眼前有個小海灣，我決定駛進這海灣，但是海流似乎一直將我們往外推，我於是下錨在二十六噚水深處。八時左右，一陣微風吹起，當正準備啟帆時，我看到二條獨木舟划向我們。到了十時，他們已經靠近我們了，其中一人跟我們打招呼，喊著：「Signor Houvritto, vai, vai.」他們作手勢要我們跟隨他們。但為防又有意外狀況，我出動所有的船隻跟著他們。我們很興奮地進入一個美麗的港口，我將船隻靠南岸下錨以避開各向的風，並取得了一個不錯的視野。我們的下錨處水深約三噚，此時船艦已經相當接近岸邊，幾乎一躍就可以上岸。[3]

2 東港在河口北邊，南邊其實還有清水港，這兩個港口可能是不同族群或不同聚落在使用，只是位於同一河口，故以下也姑且將兩個港口視為整體。還請讀者注意，這是很粗糙的稱呼方式。

3 貝紐夫斯基、莊宏哲，《1771福爾摩沙：貝紐夫斯基航海日誌紀實》，頁四七－四八。

這是貝紐夫斯基的紀錄。才剛靠岸，來不及綁好船，船員就看到一大群島民帶著家禽、稻米、甘蔗、豬隻、柑橘等水果來交易。那想必是頗盛大的場面吧！港口成了臨時市集，他們語言不通，只能以手勢交流，但光靠這些，島民就能跟船員順利交換貨物，或許還和樂融融，因超越語言的事物共同歡笑。如果貝紐夫斯基的描述屬實，這些島民或許很習慣以物易物的貿易方式，甚至主動到海上招攬客人，才有引領貝紐夫斯基進港的一幕。更重要的是，能隨時拿出這些東西，表示物產相當豐饒。這些島民的生活，或許充實到讓人欣羨。

這種貿易方式或許是當地共識，但三十年後，一艘從日本落難漂流過來的船隻就沒這麼順利了。[4]那時日本人划著小船接近岸邊，很快被島民的船隻包圍，由於語言不通，雙方都溝通到有些挫折，但島民還是帶著豬、牛等牲畜過來，並將雞跟地瓜丟上船。不知為何，日本人覺得那是「島民送的禮物」。沒多久，島民就擅自登上他們的船，看到東西就拿，日本人被嚇到，覺得是搶劫，拿武器反擊，島民連忙逃跑，但從島民的角度看，他們才是被搶的人吧！都給你們貿易品了，怎麼能不交易？因此沒多久就拿著刃類武器游到船下，想要鑿船，日本人拿魚叉反擊，總算讓島民撤退。

這些日本人在哪裡靠岸？如果蘭陽平原只有東港與西港，而烏石港已是漢人地盤，剩下的港口，自然很可能是冬山河口，更別說島民乘船出來迎接的模式如出一轍。日本人堅持不靠岸，或許讓習慣上岸交易的島民不耐吧？但日本人是落難者，連自己在哪都不清楚，自然神經緊繃。這場衝突，可說是對彼此文化、處境不瞭解造成的。

說起來，這些主動乘船出海尋求貿易的島民究竟是什麼人？打開《臺灣堡圖》，[5]最接近河口的部落就是加禮宛，貝紐夫斯基將冬山河口一帶稱為加禮宛灣，應是從當地聽來的地名，所以那時與匈牙利伯爵交易的島民，就是來自加禮宛嗎？[6]

沒直接證據，但不無可能。

說到加禮宛，那是蘭陽溪以南的三大部落之一，[7]或許也是最古老的噶瑪蘭部落。根據日本文獻，部落裡流傳一首創世之歌，翻譯大致如下：

4　國立中央圖書館臺灣分館編譯，《享和三年癸亥漂流臺灣チョプラン島之記》（臺北：國立臺灣圖書館，二〇一一）。

5　《臺灣堡圖》為日本接管臺灣後，自一八九八年至一九〇四年間完成的臺灣地形圖，比例尺為兩萬分之一。繪製範圍涵蓋原住民主要居住地（蕃地）以外的平原、丘陵地帶，共計四百多張地圖。其中大部分地圖，於一九〇六年由《臺灣日日新報》出版。

6　對此問題，莊宏哲提出另一種可能性。島民最初對貝紐夫斯基說的話，居然在巴宰語中找到可能的對應詞彙；巴宰族原住在臺中盆地，後來因漢人入侵，不得不遷徙。在一七七一年這個時間點，還沒有巴宰族遷徙到蘭陽平原的紀錄，因此能對應到巴宰語也可能是偶然。不過，莊宏哲在噶瑪蘭語中並未找到能對應的詞彙，既然如此，是否可能十七世紀荷蘭入侵後，就已有平埔族遷徙，只是沒留下文獻？這當然只是猜測。此外，關於加禮宛的位置尚存疑問，《臺灣堡圖》紀錄的是漢人開闢過的時代，那在一七七一年，加禮宛真的在相同位置嗎？但根據康培德〈荷蘭時代蘭陽平原的聚落與地區性互動〉，加禮宛確實在差不多的位置，因此可以判斷，一七七一年，貝紐夫斯基確實可能在冬山河口遇到加禮宛人。

7　此說法根據〈土蕃三十六社ノ出所ト口碑竝ニ社名ノ由來〉，另外兩個部落是奇武荖、掃笏。

風落到地面，變為活生生的人，人們造了船，寫了字，漢人將字寫到木板上，平埔人將字寫到石板上，船破之後，石板沉到水底。向南而行，向北而行，向東而行，向西而行，就這樣繁榮了……[8]

這首歌究竟多古老？很難說，畢竟歌詞提到漢人，顯然已將漢人當成難以忽略的存在，這很可能源於十九世紀的變局；不過，至少這首歌相信其他部落是從加禮宛分出去，才有走向四方的描寫。如果加禮宛如此古老，又是溪南最強大的部落，加上接近東港，有機會望見海面出現的船隻，那說跟貝紐夫斯基交易的熱情島民來自加禮宛，也不算是荒謬吧！

✤　✤　✤

跟著《臺灣堡圖》，我來到過去被稱為「加禮宛」的聚落。

沿著冬山河轉進一條小路，大概走半小時就能抵達。一路上，除了茂密的樹，就是果園、農地，只有一、兩處比較有聚落感，稱不上熱鬧。也不是冷清，畢竟是沒什麼商家的住宅區，不可能人來人往，但要根據現貌回想當年貝紐夫斯基所見，實在不容易，那畢竟是島民隨隨便便就能帶著牲畜與果實，果香與動物腥臭爭相刺激鼻腔的盛景。

說起來，現在還有噶瑪蘭族住在此嗎？身為旅人我當然不清楚。不過，這裡最大的廟宇是開山廟，主祀鄭成功，這或許是已成漢人庄頭的佐證。就算還有噶瑪蘭人，也已非此地之主。不過，離開山廟不遠的巷弄旁，有間小小的「大眾廟」——

那間廟令人在意。

「大眾廟」是漢人習俗。若發現身分不明的遺骸，就會建廟祭祀，畢竟不處理的話，孤魂野鬼就可能作亂。可以說，這也是一種將「畏懼」收編進「秩序」的做法，祭祀無主孤魂不只免除了畏懼，還能獲得好處，譬如有些賭徒為求明牌，就向陰廟的神明祈求。

「加禮宛」挖出的遺骸，難道是噶瑪蘭人？說到這，其實建廟的過程頗為有趣。據說會發現骸骨，是蓋活動中心挖到的。這些骸骨該如何是好？由於開山廟在附近，人們就到廟裡請示神明，這時，乩童傳了神明的旨意，要人們蓋間廟祭祀骸骨，並將這間廟命名為「馬良廟」——

等等，馬良？

哪來的馬良？難道是三國時代的馬良？總不可能在蘭陽平原挖到馬良的骸骨吧！如果乩童說的當真是馬良，那只能認為他在胡說八道。不過，真相似乎更離奇；原來乩童說並非人名，而是「瑪璘」。過去噶瑪蘭也有個瑪璘部落，根據日本文獻，此名源於「祭獻」。[9]也就是說，為噶瑪蘭人建立的廟宇稱為「瑪璘」，似乎有合理的脈絡——真驚人，如果乩童傳達的是國姓爺的意

8 〈土蕃三十六社ノ出所ト口碑竝ニ社名ノ由來〉，《臺北州理蕃誌》。

思，這位國姓爺豈不是懂噶瑪蘭語？

不過，說不定也沒什麼神祕的。

說不定「瑪璘」這個詞早就為噶瑪蘭平原的漢人所熟知，只是我這樣的旅人不清楚罷了。譬如羅東鄉公所的網站，就以「瑪璘埔」稱呼某個噶瑪蘭族的墳墓地；那位乩童如此交代，或許反映了外界難以知悉的地方脈絡。

當初挖到的骸骨，現在密封在「加禮宛大眾廟」旁，一個形似水井的圓柱構造裡。廟宇屋簷極低，若要祭拜，恐怕得彎腰躬身；這樣的設計有沒有什麼民俗上的理由，我孤陋寡聞，並不清楚，只能說帶來的印象頗不尋常，甚至讓人感到某種低迴的厲氣，讓我難以接近——當然，這是我放任腦中想像膨脹的結果，並無根據。

在這樣的漢人庄裡，真有人會祭祀噶瑪蘭先祖嗎？好像還真有。這畢竟是漢人依其文化脈絡建起的廟，而且大眾廟的性質，就是比起屬於哪個族群，靈驗與否才是關鍵；據說，這間廟算是頗為靈驗。

……果然，要毫無感慨，還是很難吧。

如今「加禮宛」只是個地名，但透過紀錄，我們知曉兩百多年前的部落盛況，也知曉這裡就是溪南噶瑪蘭族的祖社；然而，此地祭拜噶瑪蘭祖靈的形式，卻不是噶瑪蘭文化，而是漢人賦予的樣貌。比起滄海桑田，那種心情或許更接近悲涼。確實有遺骸，也確實有祭祀，但前來祭拜的人，說的是祖靈們熟悉的語言嗎？如果不是，是否連精神的遺物也終將消泯在時間洪流中？到了那一天，說不定「瑪璘」真的會變「馬良」，再無半點噶瑪蘭痕跡。

加禮宛人的行蹤

「請問，」我有點戰戰兢兢，「店名的〇〇社，是噶瑪蘭族的部落嗎？」

「咦？你怎麼知道！」

老闆娘原本似乎覺得是個無趣的客人，直到聽見這問題，精神才來了。在解釋對話的緣由前，請容我說明，這事不是發生在加禮宛，而是花蓮——正確地說，是花蓮的「加禮宛」附近。

由於漢人侵墾，噶瑪蘭人受到不正當對待，引發遷徙潮。部分加禮宛人遷徙到花蓮，並沿用「加禮宛」之名。現在我們打開地圖，美崙山北方有個「嘉里村」，就是「加禮宛」的遺跡。

我曾試著在那找噶瑪蘭族痕跡，但只會看地圖的我，當然不得其門而入。就在失望回市區時，偶然往路旁一瞥，發現一間「〇〇社原住民風味餐」；我大吃一驚，〇〇社是宜蘭的噶瑪蘭部落，

9 同樣見〈土蕃三十六社ノ出所ト口碑竝ニ社名ノ由來〉，祭獻的發音為「ヘマタリン」。附帶一提，《維基百科》說 Malin 是亡靈、祖靈之意，然而我翻閱《噶瑪蘭語詞典》，並沒有找到發音類似 Malin 的詞，噶瑪蘭語的「鬼」是 Kuit，借自漢語，也有 Musin 這種說法，此外，祖先之靈的發音也不是 Malin。同時我也找過墓地、祭儀等詞彙，都無法對應到 Malin 這個音上。既然如此，Malin 這個音究竟來自哪裡？又是如何被漢人認知到的？實在是很值得考究的一個謎。

難道這是噶瑪蘭族在花蓮留下的痕跡？我連忙急轉彎，找了停車位，走進店內。結帳時，我跟老闆娘說在尋找噶瑪蘭族足跡，她輕鬆地笑了：「難怪我看你突然在那邊迴轉。」

原來那副氣急敗壞的模樣被看到了，實在慚愧。

「請問你們的祖先也是清國時代過來的嗎？」我問。

「是啊，因為吳沙開蘭──」

這麼說的瞬間，老闆娘臉上閃過某種神情。與其說陰霾，更像不安或警戒；那都是轉眼間的事，很快老闆娘便說她祖先跟家人失散了，被其他族人領養，一起到了花蓮。雖然她的語氣開朗輕鬆，但很明顯，她迴避了漢人開墾蘭陽平原的經過。

這也沒辦法。

漢人或許沒感覺，但原住民作為少數族群，恐怕多少有些「人在屋簷下，不得不低頭」之慨；要是抱怨漢人侵墾的所作所為，誰知對方會怎樣反應？就像很多政治犯的親屬避談政治迫害，有些人可能想，如果迫害真的這麼嚴重，為何不大聲說出來？原因正在於此──如果說出事實可能引來敵意，還是不說算了。就算說了，或許還會被質疑說謊，大部分的人沒有這麼多時間可以虛擲。所以，像我這樣底細不明的傢伙，直接略過族群衝突不談，無疑是睿智的。

✣ ✣ ✣

前面用「不正當對待」來描述漢人與噶瑪蘭人的相處，或許太輕描淡寫。前一夜，馬偕牧師提供了證言，但他不是唯一留下紀錄的西方人。斯文豪也曾在加禮宛灣登陸，沿著冬山河造訪噶瑪蘭部落，那時加禮宛人已大舉遷徙，所以斯文豪先遇到婆羅辛仔宛人；而他觀察到的景色，可說頗為悲涼。

其河畔找到幾個噶瑪蘭族的村莊。他們都非常有禮貌、好脾氣，帶我們參觀他們那為樹所隱匿的住所……（中略）……族人由其族的領袖治理，但要對更上游處主要漢人村莊利澤簡的中國司令負責。這些村莊的深膚色族人，其處境似乎比在蘇澳的好。但更往上走，我們碰到一群非常邋遢的噶瑪蘭族人。從一處遊蕩到另一處，靠救濟為生。漢人以任何細小瑣碎的藉口剝奪他們的土地，極冷酷無情地將他們成群趕走。這些可憐的東西在這些平原是極少數。在急遽增加的非法侵占下，他們這一小群人無須若干年就會完全消逝了。[10]

斯文豪帶著憐憫，同時也殘酷無情，像居高臨下俯瞰眾生。這是他作為旅人的姿態。或許有人覺得西方旅行者居心叵測，說的話如何能信？但不只西方人，連在噶瑪蘭廳任職的柯培元也有同感。

10 費德廉、羅效德，《看見十九世紀台灣：十四位西方旅行者的福爾摩沙故事》，頁四四。

人畏生番猛如虎，人欺熟番賤如土。

在〈熟番歌〉裡，他開宗明義說了自己的觀察。要是柯培元沒誇大，被漢人奪走土地，因此餓死的噶瑪蘭人，似乎不在少數。曾有噶瑪蘭人跑到縣城伸冤，情緒激動，不斷對官老爺叩頭，但不知是不會講官話，還是學了官話卻講得不夠好，官府裡沒人能聽懂，只能比手畫腳。陳情還沒完，官老爺就已一臉不耐煩，根本沒在聽。原本噶瑪蘭人是來討公道的，誰知剛講完，官老爺卻怒氣沖沖地拍桌，派人杖打他一頓，打完後冷酷地說：「嘿，誰知道這個番人在說什麼啊？告訴你，你們跟漢人都是我們的子女，大家都是一家人，怎麼不懂得禮讓？」難以置信，將祖傳的土地拱手讓人，這叫禮讓？但〈熟番歌〉確實如此紀錄。

✤ ✤ ✤

說起來，將地方官稱為「父母」，把政府家庭化，再現家長與家族成員的支配關係，或許確實是中華文化的一環。

稱地方官為家長，就是在合理化他的權力，因為家長有權分配「內部」資源；這無關公平，全憑喜好，跟立遺囑差不多。所謂國有國法，家有家規，後面這句的意思，其實是國法不能凌駕家規——法律管這麼多幹嘛？我家有我家的做法！現代國家不能這麼幹，但前現代社會就是這樣運作。

如果瞭解地方官以家長自居，就不難明白那麼荒唐的邏輯何以成立。簡單說，就是在中華文化裡，「成為一家人」是合理化剝削的先決條件；就像娶媳婦前客客氣氣，娶進門後，就露出張牙舞爪的面孔。要打掃，要帶孩子，要服侍公婆，要溫柔婉約，要精打細算，要十項全能，做不到就是大逆不道。不是所有家庭都如此，但重點是傳統上沒有抗衡的機制。如果這樣的權力關係被再現於政治組織，任何接受現代精神薰陶的有識之士，都能明白其危險之處吧？事實上，當噶瑪蘭人自請設廳，跟漢人「成為一家人」時，就已經將最後的籌碼讓出，再無抗衡手段。

原本過著豐饒的生活，卻在漢人侵墾、官方設廳後落入這樣的境地，也難怪被迫離開故鄉了。據那位老闆娘說，現在噶瑪蘭族最多的地方在花蓮新社村，古老的部落被迫離開原鄉，語言、神話、儀式流落在外，人類學家要研究噶瑪蘭風俗，首選甚至不在噶瑪蘭的起源之地——[11]

不過，就算是被埋沒的歷史，也不見得永遠沉寂。

據開山廟的乩童所言，加禮宛大眾廟的神祇有誕辰日。當然，這也是漢人風俗，要是沒有誕辰日，就無法舉辦慶典；不過，慶典似乎成了某種契機，曾幾何時，部分散落在東臺灣的噶瑪蘭族會在那天回大眾廟，共同參與這盛大的活動。

11　噶瑪蘭族的重要研究者清水純，主要調查之處就在花蓮新社，而非宜蘭加禮宛。

雖聽聞此事，我沒有共襄盛舉的運氣。或是說，身為旅人，哪有資格湊熱鬧？不過，在我的遙想中，炊煙與食物的香氣，或許會瀰漫加禮宛的田野與巷弄吧！噶瑪蘭人將帶回語言跟祭儀，讓古代的歌謠重新響起，就像我們看不見的地方，仍流淌著豐沛的生命，在風的肌理，在搖曳的大葉山欖，在柏油路與田埂底下吶喊……

雖是妄想，但那確實帶著喜悅。因為，現代與古老的語言，終於能在同一片土地上交流。

「流番」的旅程

自蘭陽平原進入歷史時代，噶瑪蘭族就是這塊土地的主人之一，但平原眾多族群的複雜程度，或許遠在追溯者的想像之上；譬如，貝紐夫斯基曾在蘭陽平原遇到一位西班牙人，他也有自己的故事。

這位西班牙人是個船長，因為妻子跟神職人員私通，便殺害兩人，被通緝後逃出馬尼拉，最後融入東臺灣的原住民生活，還生了七個小孩。如果貝紐夫斯基沒有亂寫，這塊土地的血脈已混入歐洲血統。我是說，就算漢人到來，也不能將平原的歷史簡化成兩個不同族群的勢力消長；這塊土地上的族群相當複雜，只是沒有足夠的史料去梳理。

不過，其中一個意外的族群，可以在羅東城隍廟找到線索。

✤ ✤ ✤

城隍廟離火車站不遠，走路大概五分鐘。對著街道的廟埕，被消防隊與農會的建築包夾起來，牆邊擺了幾個金屬櫃，透過頗經風霜、灰撲撲的透明門板，能看到裡面是比人還高的大仙翁仔，頗為懾人。紅燈籠籠罩頭頂，頗有壓迫感。穿過廟埕，廟裡有對聯寫著「為惡必滅」。

看到這四個字，我不禁大受震撼。

這斷言也太強烈了！令人為之心折，可惜，魄力就到前四個字為止。

為惡必滅為惡不滅祖宗必有餘德德盡必滅

為善必昌為善不昌祖宗必有餘殃殃盡必昌

如果最初被斷言所吸引，或許會對整句感到失望吧。保守地說，這不就表示為惡未必有代價？不，不是沒代價，只是「時候未到」。但趕不及的正義，本身就讓人失望，而且因祖上積德而將懲罰延後，難道不能說是天道不彰？

不過，這對聯揭示了完整的世界觀。善惡有報，而且功績與罪惡將被子孫繼承，就算是子孫沒做過的事，也不得不付出代價。某種意義上，這或許算公平，至少在信仰血緣的世界觀裡，總不能只享受血緣的好處，卻不承擔惡果；要遠離血緣帶來的災難，就得有捨棄血緣的覺悟。

城隍廟裡有幾個特殊的牌位——不在正殿，在偏殿「功德堂」裡——祭祀的是「羅東功德主」潘賢文與茅格。

這間廟最初祭祀的不是城隍，而是「羅東功德主」。當時這間廟又被稱為「番仔廟」，因為兩位羅東功德主並非漢人，而是越過雪山山脈，從現在臺中盆地遷徙至此的巴宰族。

✤ ✤ ✤

說起巴宰族，那又是個漫長的故事。

臺灣西部曾有強盛的大肚王國，巴宰族也在其統治之下。十八世紀上半葉，有清國官員閒來無事，想給自己攬一些功勛，就隨意斬殺只是來運糧的原住民，誣賴他們為作亂者，給自己平定之功。原本清政府就壓榨原住民，這事更讓大肚王國不滿，於是雙方開戰，眾多部落奮起，但清軍巧妙地挑撥離間，讓不和的部落彼此攻擊；其中，有個叫「岸裡社」的巴宰部落，他們原本也是大肚王國陣營，但或許是與清國關係不錯，竟有部分族人協助清軍襲擊同族的阿東社，這一連串事件，最後導致了大肚王國滅亡。[12]

由於協助清帝國，岸裡社成為中部地區最強盛的部落。過了七十幾年，有個岸裡社人帶領眾多平埔族前往噶瑪蘭，就是前面提到的潘賢文。

這些平埔族多半分布在臺中、彰化，只要打開地圖，就知道那是相當驚人的旅程；而且穿越高山密林而來的人數，竟有千人以上！這些人以巴宰族居多，因此在蘭陽平原落地生根後，也有不少新部落繼承故鄉的巴宰名稱。[13]

他們為何離開家鄉？我的學術能力不足以釐清。不過有學者認為，[14]原住民族降服清國，有人能融入新的規則，有人則不然，難以適應新規則的人，若是無能與清國對抗，就只能往帝國秩序未及之處尋找新天地。當時漢人雖已侵墾蘭陽平原，但清國尚未設置噶瑪蘭廳，還有機會建立自己的秩序。

他們有備而來。從攜帶大量槍枝就知道。要在不屬於自己的地方建立秩序，暴力或許是必要的。清廷稱他們為「流番」，最初漢人遇上他們，也不敢硬碰硬，但他們初來乍到，很快遇上糧食不足的困境，只能跟漢人交易。不知不覺中，居然將火槍也交易出去了——

很難說這是明智的抉擇。

這多少反映他們多缺乏資源吧！最終，他們不再被漢人視為威脅。在某次械鬥中，潘賢文加入漳州人以外的聯盟——有泉州人、客家人、噶瑪蘭人；然而漳州人勢力太龐大，最後聯盟敗北，

12 即「大甲西社抗清事件」。
13 如阿里史、阿束，都是原本的巴宰村落名。
14 廖英傑，〈流亡他鄉的「番頭目」——平埔族岸裡社人潘賢文之研究〉，（族群與文化：「宜蘭研究」第六屆學術研究會論文集，二〇〇六年八月）。

潘賢文率眾退往羅東，侵占當地噶瑪蘭族的土地，[15]專心經營。這段期間，潘賢文一度成為蘭陽溪以南的強大勢力。

這或許就是他被稱作「羅東功德主」的原因。

但為何漢人的大眾廟，要祭拜巴宰族的他們？官方說法是感念他們開闢羅東的功蹟。但據我找到的資料，可能要從另一次械鬥說起。[16]那次的械鬥原本與蘭陽平原無關，但西部的漳泉械鬥引起了仇恨連鎖，最後席捲蘭陽平原，激化漳泉對立。曾與泉州人結盟的潘賢文，這次選擇與漳州人合作，妨礙泉州人生計。在他的勢力範圍內，泉州人難以維生，只能離開，但有些人逃進部落，在部落裡出賣勞力討生活。

這惹惱了潘賢文。

或許是覺得權威被挑戰吧？所以他率領一批人，闖進有泉州人潛伏的阿束社，殺了幾個泉州人，甚至有阿束社的人遇害——我不禁想，這是怎樣的因果？曾經協助清軍擊破阿束社的岸裡社，其後代再度襲擊了同族！然而這件事卻讓清廷將潘賢文視為危險人物，將他正法，這時離潘賢文來到噶瑪蘭，才經過短短五個寒暑。

說來有些不可思議。

潘賢文確實是這起殺傷事件的主謀，判死刑也不算奇怪。但臺灣的分類械鬥從沒少過，清廷可沒一一追究，更別說當時噶瑪蘭還不是清廷的統治範圍。我是說，這實在不像是個一方之霸應有的結局；或許清廷本就不信任潘賢文，只是找個藉口殺他。

潘賢文率人殺害泉州人這年，漳州人夜襲羅東。兩件事相隔多久，史書並無說明。面對突然殺過來的漢人，巴宰族不得不竄逃，也有不少人遇害；潘賢文是這時被抓的嗎？還是說，潘賢文早就被清廷抓住了，漳州人覺得巴宰族群龍無首，是大好良機？這些我不清楚，只知道巴宰族在羅東的經營成果確實落入了漢人手中，然後——

發生了瘟疫。

雖不清楚疫情多嚴重，但肯定夠讓地方不安了。因此人們交頭接耳，認為是那些被殺害的巴宰族的怨氣！他們惴惴不安，彷彿負罪感也加強了疫情；在那個時代，任何致命危險都需要一個理由。為安撫巴宰族亡靈，有人提議立大眾廟，並將潘賢文尊奉為「羅東功德主」。這似乎有點諷刺，如果漳州人對巴宰族的死傷有責任，這是立廟就能平息的嗎？但民俗的邏輯就是如此。前面也提過，這是將「畏懼」收編進「秩序」的做法。既然立廟祭祀，潘賢文的鬼魂就不再可怕，至少必須遵守漢人世界觀的規範，不能再毫無節制地降下天災。

這就是「羅東城隍廟」的前身。

15 方維甸，〈奏請噶瑪蘭收入版圖狀〉：「臣行次艋舺，即有噶瑪蘭生番頭目包阿里等，帶領噶里阿完等社生番前來叩見，呈送戶口清冊，業已遵制薙髮，請即收入版圖。並以熟番潘賢文等侵占伊地，請照熟番之例，設立通事，以免欺凌。」可見潘賢文確實侵占了噶瑪蘭族的土地，而這裡提到的噶里阿完，依照發音，可能就是加禮宛部落。

16 廖英傑，〈流亡他鄉的「番頭目」——平埔族岸裡社人潘賢文之研究〉。

……總覺得有些彆扭。

這是正確的嗎？我冒出這種想法，不知所措。說起來，什麼才是正確？為惡必滅，為善必昌，但所謂善惡是照什麼標準？正義是普世皆然的嗎？還是換個族群、換個身分，就會有不同正義？對噶瑪蘭族來說，潘賢文也是入侵者，但他們被漳州人擊敗、殺害，算是報應嗎？然而他們為何離開故鄉？這些因果是否能往前追溯，指控那些侵犯巴宰族生活空間的人們？此外，漳州人偷襲他們，強奪他們的成果，能說是正義之師嗎？至少他們清楚自己不是，所以才畏懼亡靈作祟，奉潘賢文為羅東功德主，將亡靈鎮壓至今。若要細細分析，幾乎所有的意志都是彼此對抗的，但如此一來，誰在歷史中辜負了誰，竟是難以理清的無窮追索嗎？

城隍廟應是正氣凜然的地方，我卻有種天地顛倒的茫然失措，彷彿某種潛伏在時間裡的怪獸吞噬一切，那種怪獸無善無惡，就只是依照本能與原理，不斷吞噬眼前的東西。面對毫無道理的霸道事物，會瞬間產生某種喪失感，那就是「茫然」的真面目吧！當不同族群、不同人物都主張自己的正義，頑固的意志彼此碰撞，那是能讓善惡脫離原有位置的力道，不過——

若因此說沒有善惡，那就太狡猾了。

將種族滅絕當成歷史的必然，只會讓暴行淪為日常，但人類沒有資格將自己放在這麼超然的位置。說到底，那並非超然，只是放棄思考，貪圖輕鬆而已。

離開城隍廟後，我坐上列車，望著窗外模糊晦暗的夜色，但問題的答案卻渺然無蹤，甚至連問題本身是什麼，都像沉在水面底下，因瀲灩的波光而失去形狀。

第六夜

蘇澳港

——海圖的蜃景

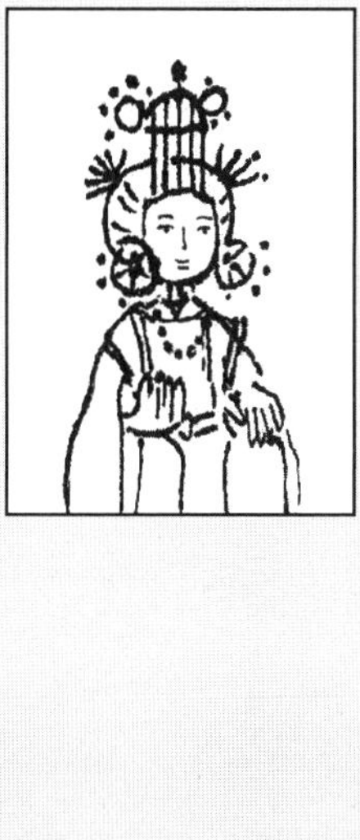

蘇澳港
北方澳
朱濆之妹
猴猴鼻
賊仔澳
朱濆
與那國島

羅東
金媽祖
跨港大橋
猴猴池
樺山資紀
猴猴社

初次到南方澳，我甚至不知道那是何處，因為我只是參加社團舉辦的暑假旅遊，籌辦人把我們帶到哪，我們就到哪去。那時我只是個渾渾噩噩、毫無地方意識的小伙子。

雖說如此，當我看到進安宮裡焚香低迴，珊瑚媽祖那宛若俯瞰世間的神情；還有豔陽下，白晢到閃閃發光的跨港大橋；港邊曬著漁網，乾燥的腐敗氣息若有似無；吊在竿子上的一排排魚乾，像會滴出金色液體般油亮；滿是消波塊的岸邊，社團的夥伴們輕鬆漫步小路，有說有笑——那無疑是美麗的夏日回憶。

這些經驗，最後成為《魔神仔：被牽走的巨人》的材料，記者羅雪芬的回憶部分取材於此。

二〇一九年，跨港大橋倒塌了。

那時橋上還有油罐車，隨著鋼索繃斷，橋中央也無法承受重量，向下塌陷，掉入海裡，墜落的油罐車引起火災。有人說，這起災難是因為沒限制重量，載著大量消坡塊的貨車來來去去，超出負重。看到新聞時，我震驚到說不出話，徒步走過跨港大橋的記憶猛然湧現，那些記憶隨著螢幕中崩塌的橋身黯然失色；我很清楚，就算大橋重建，也跟我的記憶無關了。

消失的事物永遠不會回來，我也到了有這種感慨的年紀。

✤ ✤ ✤

「蘇澳」之名是怎麼來的？有學者認為是西班牙人的遺產，他們將這個港灣命名為聖老楞佐

（San Lorenzo）——跟聖雅各同樣，聖老楞佐也是天主教的守護聖人。如果人們忘了守護聖人的典故，只繼承發音，稱其為「路連蘇澳」，久而久之或許會簡稱為蘇澳吧。[1]雖不確定真相，但比起姓蘇的某人開發此地之說，我覺得有道理許多。

清國時代，蘭陽八景有「蘇澳蜃市」，亦即海市蜃樓；所謂「蜃」，常被認為是某種大蛤，但也有蛇、雉鳥等說法，甚至有人認為是蛇與雉鳥的後代，真是宛如謎團的生物。蜃平時潛伏在海底，靜靜釋放某種氣體，那些氣體飄到海面，會在氣團裡浮現奇妙的幻境，如懸在空中的城堡或宮殿。要是抓到蜃，把它的油脂混進蠟燭當材料，點燃那根蠟燭時，其煙霧也會浮現小型的幻景。

「海市」與「蜃樓」都是蜃景，但也有不同說法。廣東虎門附近有「海市」，是指夜裡的神祕市集；與夜市不同，更接近神祕虛幻之物，到了白天即消散。在如泡沫般幻滅前，整個夜晚都能聽見海上火光處傳來的嘈雜交易聲[2]——這顯然不是光學現象能解釋的。

在西方，海市蜃樓也帶著詭譎的浪漫色彩。譬如傳說中的幽靈船，或許就是遠方船隻投射到空中所致。有時，天上會出現扭曲分裂的蜃景，將原本形象拆解成離奇駭人的怪貌，這種幻景被認為是亞瑟王傳說裡的妖精摩根所為，人們見到那種怪誕瑰麗的異象，會情不自禁地稱呼她的名

1 翁佳音、曹銘宗，《大灣大員福爾摩沙》。

2 （清）李調元，〈海市〉，《南越筆記》，中國哲學書電子化計劃：https://ctext.org/wiki.pl?if=gb&res=626931。

號：啊，珐忒摩噶娜。[3]

不過——

海市蜃樓在蘇澳很常見嗎？不然，為何以「蜃市」代表蘇澳？

查閱資料，無論日本時代或戰後，都沒有相關紀錄，甚至近代文獻提到「蘇澳蜃市」時，還曖昧地將其當成文學比喻，如對海灣裡船舶倒影的詩意描寫，間接否認這種現象。

這麼說來，難道蘇澳沒有海市蜃樓？這也不對，因為只要條件符合，任何地方都能看到海市蜃樓。我猜，或許「八景」是迎合帝國文人品味的修辭，即使殘留著自然事實，也未必是常態，倘若蘇澳曾有海市蜃樓，就算只出現過一次，也會被文人想像放大渲染，甚至喧賓奪主成為主要印象。過去寫蘇澳的漢詩，蜃氣樓的意象幾乎不會缺席，明明作者沒親眼見過——那就是在文學這罈夢境裡過度膨脹、根植於幻影的浪漫綺想。

我不禁想，如果當真曾有海市蜃樓，會是怎樣的景色？

不用「蜃樓」而是「蜃市」，莫非看到的是熱鬧市集？是的話，幻影的實體又位於何處？我不禁想到海的另一端，有座離蘇澳不過一百多公里的小島，那會是「蜃市」的源頭嗎？畢竟那座島能看到臺灣——

不，是臺灣的幻影。那裡能看到臺灣的「海市蜃樓」。

超越國界的幻影

您或許還記得基隆之夜提到的「與那國島」。傳說中，島民們製作了大草鞋，讓海盜或食人族以為島上有巨人。現在，這座島最西部的海角「西崎」，有著「日本最西端之碑」，是日本境內最接近臺灣處。每年夏秋之際，西崎附近能看到臺灣蜿蜒的山脈，而且只要出現這樣的異象，那陣子肯定有大風雨，漁民將此當成某種氣象預兆。[4]

既然那座島能看到臺灣島的幻影，蘇澳看到的「蜃市」，會不會也是那座島嗎？雖然不無可能，但數百年間，與那國島其實頗為貧困；十七世紀起，琉球王國對與那國島等地課了極重的人頭稅，島民無法負擔，甚至必須把孕婦召集起來，逼她們跳過最寬三公尺半的裂縫，沒跳過去會掉進裂縫摔死，就算活下來，也可能因猛烈的動作流產——被迫用這種方法控制人口。至少明清時代，很難想像島上真有什麼熱絡市集，會成為蘇澳人瞥見的空中幻影。

這不表示與那國島從未熱鬧，只是島上生活條件獲改善，是日本統治臺灣後的事。由於距離

---

3 Fata Morgana 是對複雜蜃景的稱呼，Fata 就是妖精，Morgana 則是摩根這個名字的陰性化，也就是稱呼亞瑟王傳說裡出現的妖精摩根（Morgan le Fay）。

4 黃智慧，〈南北源流交匯處：沖繩與那國島人群起源神話傳說的比較研究〉，《中央研究院民族學研究所集刊》，八九（二〇〇〇），頁二〇七－二三五。

近，與那國的物產能直銷臺灣，臺灣發行的紙幣甚至能在島上流通。[5]而且總督府挖掘現代漁港，也吸引沖繩漁民進駐基隆、蘇澳等地。就算不是漁民，與那國人也很習慣到臺灣工作，因為臺灣比南沖繩的政經中心更近。總之，到了二十世紀，與那國島已跟臺灣有了連結，而其中緊密到宛如鄰居的地方，就是南方澳。

✤ ✤ ✤

搭計程車到南方澳，那裡最熱鬧的地方圍繞著供奉金媽祖的「南天宮」。廟宇正對著港口，旁邊是海產街、小吃攤、飲料店、服裝店。豔陽下，各色衣褲掛在眾多架子上，在騎樓裡排開陳列，買衣服的方式跟選水果差不多。

港口停滿船隻，密密麻麻。

這個現代化港口，過去曾是耕地與沼澤，日本人築港時往內陸挖鑿，將海水引進人工內港，可說是移山倒海，徹底改變人們的生活。

從南天宮眺望，海岬像從港口盡頭冒出的幾座小山。除了北方，港口被山與海岬團團包圍，在這裡的人們，就像努力在山與海的夾縫間撐出自己的根據地。沿著港口南側的小路走，喧囂逐漸褪去，就像通往世外桃源的小徑。在盡頭的造船工廠轉彎，有另一個內港。日本時代這個內港還不存在，當時是叫「猴猴池」的沼澤。從與那國島遷來的漁民，不少就住在「猴猴池」邊。

雖是題外話，但「猴猴」這地名頗有意思。除了「猴猴池」，南方澳東邊的海岬叫「猴猴鼻」，附近還有「猴猴高地」、「猴猴溪」；這些地名，其實都來自被稱為「猴猴人」的原住民。貝紐夫斯基在蘇澳登陸，不是遇到了一群請君入甕、心機頗深的原住民嗎？有人認為，那群原住民可能就是猴猴人。

猴猴人是什麼族群？噶瑪蘭族？還是泰雅族？有趣的是，學者認為猴猴人不屬於任何一種原住民族分類，他們是獨立的，有自己的語言，換言之，沒人能明確地說出「他們是誰」。

根據傳說，這些猴猴人本來住在花蓮立霧溪中、下游，或許是跟太魯閣族衝突，數度北遷，最後來到蘭陽平原。展開《臺灣堡圖》，北方澳西北處有個「猴猴庄」，那就是猴猴人舊址。

後來從舊社搬到南方澳，是由於某個恩怨。

據說，猴猴人原本跟附近的泰雅族關係良好，會一起辦祭典。有次他們拿狗肉偽裝成鹿肉給泰雅族吃，而泰雅族是忌吃狗肉的。為何這麼做？或許是文化差異，他們覺得吃狗肉沒什麼，但吃狗肉的泰雅族生了病，追究起來發現是狗肉，認為病因是觸犯禁忌，於是怒火沖天，將猴猴人當仇敵來對付。為了避禍，猴猴人便遷到了南方澳。

✤

✤

✤

5 松田良孝著，蘆荻譯，《被國境撕裂的人們：與那國台灣往來記》（臺北：聯經，二〇一七）。

當代已經沒有以「猴猴族」為主的村落。日本人築港時徵收土地，雖不是沒規劃猴猴人去處，但只是表面工夫，就像把毯子拿到外面抖一抖，根本不在意灰塵被彈到哪。猴猴人迫於無奈，有些遷到官方規劃的土地，有些回故鄉，剩下的不知所蹤。就像曝曬在沙漠，四散的流水若不是被蒸散，就是被吸進沙裡，最終就連猴猴人的認同也乾涸消滅，僅存地名。

✤ ✤ ✤

從這個角度看，現代化就像是迎頭壓來的時代巨輪，無人能抵抗。投注這麼多財力建造的港口，當然不會因為有誰住在那而停下腳步；倒是為了讓更多人從事漁業、提高產值，南方澳迎來了與那國人——像抓交替——那畢竟是雪崩般失控的現代國家之力，既然被捲進去，多少會有些身不由己。

巨輪再度轉動。

二十世紀中葉，落在廣島、長崎的原子彈撼動全世界，蘑菇雲掀起黑色的雪，敲響結束第二次世界大戰的鐘聲。身為戰敗國，與那國人隨日本人被遣返，臺灣跟沖繩成了不同的國家——但南方澳跟與那國島的緣分還沒到盡頭。

琉球群島與臺灣的命運，其實緊密到遠超出我們想像，甚至可說是牽一髮而動全身；戰後琉球群島被美軍控制，實行了嚴格的貿易管制，物資匱乏到甚至要把可樂瓶對半切開當杯子來用。[6]在這種情況下，為了活下去，什麼樣的險都得冒。因此，琉球群島迎來了危險又盛大的走私時代。

這麼說或許太過輕描淡寫。

不是對走私輕描淡寫，而是對琉球人的處境。戰爭末期，臺灣確實受到轟炸，但琉球群島更嚴重，戰火凌虐島嶼，那些砲火跟子彈，甚至被美軍用「鋼鐵颱風」來描述；曾是聖域的齋場御嶽被砲彈砸出巨坑，至今仍留在聖域的步道旁。

不只如此，部分日本人輕蔑沖繩人，甚至有軍官逼其自殺，以表演「玉碎」的氣魄，滿足某些人的「體面」。都有這樣慘痛的經歷了，戰後竟還無法鬆一口氣，不得不受限於貿易管制，甚至餓死？

相比之下，冒點險就能賺大錢，簡直像浪漫的魔法，讓人憧憬。您或許覺得，不過走私而已，能賺多少錢？但據相關人士回憶，當時錢多到可以隨便裝在麻布袋裡。有句諺語是「與那國的雞，連掉在庭院前的米都懶得啄」，因為米袋搬來搬去，光是掉出來的米粒就夠那些雞吃飽了，物資就是豐沛到這種地步。

說到這裡，您也發現了吧？畢竟都提到了與那國的雞——

沒錯，這場盛大走私秀的核心舞臺，就是與那國島！走私者以此為據點，往來臺灣、中國、

6　奧野修司著，黃鈺晴譯，《沖繩走私女王：夏子》（臺北：聯經，二〇一七）。

香港等地，最繁華的時候，甚至有二十幾間酒家；那可是只有二十幾平方公里的小島，現在根本難以想像。如果蘇澳看到是這段期間的海市蜃樓，那才是熱鬧非凡，無愧於「蜃市」的風景。

✤ ✤ ✤

對戰前的與那國人來說，到南方澳不過四小時航程，跟搭久一點的車差不多，沒什麼距離感。因此，這裡自然是走私網絡的重要據點。深夜裡，走私船上的人用燈光朝南方澳的同夥打暗號，接著跳進海裡，在漆黑的大海中交換貨物。想像這樣的景色，我不禁突發奇想——

廣東的「海市」，當真是幻影般的市集嗎？

在許多語境中，「海市」確實是幻影，但也有歧異；有些地方將「海市」稱為「鬼市」，那是陰間或異世界的市集，誤入這種地方，有時甚至能買到奇珍異寶，表示「鬼市」有實體。雖然只是我的胡思亂想，但海市或鬼市，會不會就是走私貿易之地？就像臺灣有「賊仔市」，連贓物都能交易，明明非法，卻堂而皇之地買賣。這樣的灰色地帶，就算喻為陰陽交界也不為過吧！

這當然缺乏根據。而且陰陽交界只是譬喻，哪能當成鬼市的真相？但看文獻中的廣東海市，我曾感到奇怪，人們看到火光，也聽到交易之聲，為何不親自去看看？若按照靈異故事發展，接下來應該有人誤以為是尋常市集，去看發現不對，便將不祥的訊息帶回，警告他人。當然，不見得會這麼發展，但相較之下，廣東海市的紀錄就像少了塊拼圖——

不過，如果是非法市集，不接近便很合理。

我有位朋友去過賊仔市，沒走幾步就被阻街女郎攔住，他拒絕對方，誰知阻街女郎竟追了上來，調降自己身價——聽到這故事，我興起某種超越憐憫，近乎恐怖的情緒。對徜徉於現代秩序，漫步在陽光大道上的人來說，這或許難以想像。然而，這些事一直都在，只是被秩序之光驅離、壓抑。我們可以想像，當違法者以肉身與行動，創造出泡沫般短暫的灰色領域，在這個限時的夢裡，什麼都有可能，與此相對，人們的安危將不受秩序保障。對安分守己的人來說，就算知道那種地方的眩惑與瑰麗，也會感到畏懼，進而保持距離吧！

而且為何「海市」都在海邊？若是走私就合理了。走私多半是跨國境交易，在海邊最方便。或許有人不以為然，覺得哪可能這麼明目張膽？譬如走私時代的南方澳，就是用燈火打暗號，不可能形成市集。不過，現代國家有夠強的權力去貫徹秩序，前現代國家的邊陲之地也能如此嗎？就算是現代臺灣，違法攤販也是等警察來才逃走，警察離開就回來繼續擺攤，在國家秩序未能遍布之處，人們建立起自己的規矩也不奇怪，哪怕現代人將其視為「非法」。

但我在說什麼？為何提到海市與走私？是的，正如您所想，我不禁懷疑起這兩者的關聯——當然，「蘇澳蜃市」不是「海市」，將海市蜃樓指為走私貿易的市集，或許是太粗暴了。然而「蘇澳蜃市」只是帝國文人的浪漫想像，連目擊紀錄都不算，最早流傳這種說法的人，也可能是道聽塗說，既然連傳話遊戲都會在某個環節出錯，將鬼市或海市傳為蜃氣樓的可能性，或許並不是零。

這是認真的嗎？

也不盡然。

我姑妄言之，請切勿認真。用假設堆砌起來的空中樓閣，就算看來合理，也不能輕信；不過，就在南方澳的猴猴鼻旁，有個叫「賊仔澳」的地方，據說自古以來就有海盜將那裡當據點——或許只是巧合。但連海盜都看上的地方，就算成為走私網絡的據點也不奇怪吧？

玻璃海灘

「賊仔澳」還有個美稱：玻璃海灘。但背後的原因不怎麼光彩。這裡曾是垃圾堆積場。眾多垃圾被海水沖走，只留下較重的玻璃瓶；在自然的種種作用力下，玻璃粉碎，破裂，最後被海水打磨拋光，變成晶瑩剔透、宛如寶石的各色玻璃珠。

光聽這描述，或許您會將海灘想成五彩繽紛、耀眼眩目的幻夢地吧！不過，實際的景色讓人失望。除了數不清的垃圾，遠看也跟尋常沙灘沒什麼不同；要找到那種玻璃珠，得在沙灘上抓起一把碎石，用手指慢慢撥開，將普通的砂粒去除，才能發現一、兩塊彩色玻璃。即使玻璃數量比別的海灘多，在比例上依舊微不足道。

賊仔澳相當封閉，幾乎只能從海上抵達。現在南方澳的立槳行程，不少就是穿越猴猴鼻旁的淺海地帶，抵達玻璃海灘。要經由陸路，只能冒險從懸崖頂端用繩子垂降。這當然有風險，要是沒穿防滑的鞋子、便於活動的衣服，絕不建議這麼做。

無論海或懸崖，都屬於天然障蔽，將賊仔澳隔絕，成為祕境。但與其說海盜當真占據此地，更像是隱密帶來的聯想吧。這裡太過狹小，只擁有這樣的據點，恐怕海盜也會不滿足。我是說，既然都到這了，為何不占領整片土地？事實上，大海盜朱濆就有這種打算。

✤ ✤ ✤

朱濆是清國乾隆、嘉慶年間的汪洋大盜，某次逃離清軍，便想將蘇澳一帶納為根據地。那時漢人已侵墾，潘賢文占據羅東，朱濆送禮拉攏潘賢文，想在羅東以南建立勢力。根據史書，他的船隊載滿農具，這若是事實，就表示瓜分噶瑪蘭平原已成為某種潮流，連海盜都想加入。

當時他以北方澳為據點。宜蘭的漢人發現他拉攏原住民，連忙通風報信，於是清軍加緊動員，送更多禮物給潘賢文，潘賢文華麗轉身，竟轉而出力對付朱濆；最後朱濆落荒而逃，開墾計畫也成了泡影。

有趣的是，即使只停留短短幾個月，朱濆也留下了傳說；據說滯留蘇澳期間，他妹妹過世了。傷心之下，朱濆將妹妹埋葬在北方澳，並留下十三具棺木，裡面裝滿黃金……

對，相信您已發現，這故事跟金包里鄭女墓幾乎如出一轍。

不只如此。據說有人做夢，夢到有人請他到北方澳幫忙修房子，他醒來後到北方澳，卻沒有任何房屋需要修繕，倒是路邊有個石板歪了，他幫忙扶正，意外發現旁邊有一甕龍銀，便取了兩塊。後來有人推測，那塊石板就是朱濆妹妹墳頭的石板吧！由於石板位移，才託夢請人修理，兩塊龍銀則是修理費——雖然跟金包里鄭女墓略有不同，但似乎能補足一些缺失的細節。

這傳說是怎麼傳到此地？因何發生變化？身為妖怪研究者，我非常好奇。無論是鄭女墓或朱濆葬妹，顯然都受到林道乾傳說影響；清國的地方官相信林道乾曾以蘇澳為根據地，這會不會是傳說寄身於此的原因？甚至百年之後，藏金女鬼的故事仍幽幽停駐，不肯離開，在朱濆的經歷上開花結果，長出自己的生命。[7]

✤ ✤ ✤

說個題外話。為何朱濆會成為海盜？

網路有種說法，稱朱濆原本並非海盜，而是龐大的海上勢力，只是挑戰了清國的海禁政策，才被當成海盜。老實說，我沒找到支持這種說法的史料，不過數百年間的「海禁」政策，確實可能「逼良為寇」。

至少在朱濆成為海盜的兩百年前，明帝國後期的海禁就是如此。

譬如「倭寇」。光看「倭」這個字，您或許會認為是日本人，但後期有不少「倭寇」是中國人，甚至包含東南亞、西方人——跨族群的武裝走私集團。為何中國人會被當倭寇？原本沿海居民以海為生業，包括貿易，但嚴苛的海禁政策逼他們鋌而走險。走私被發現怎麼辦？也只能豁出去，加入既有的海盜勢力。這種時候，哪有力氣去計較同伴是什麼種族？現代人講「倭寇」或許帶著點民族主義情緒，但「倭寇」的面目遠比想像中複雜，甚至明帝國稱「倭寇」，也只是為了掩蓋社會問題，那些淪為海盜的人才不是明帝國的百姓，都是日本人——只要推給日本，就能掩飾國內種種社會問題了。

海禁政策也影響了臺灣與琉球。琉球王國是明帝國的藩屬，因為朝貢體制，他們能與大明貿易；想購買明帝國商品的人，可以將琉球王國當成交易的中繼站，後者因而繁榮興盛。西方海權國家無法直接與明帝國交易，但為了間接交易與走私，需要根據地，這就是荷蘭與西班牙殖民臺灣的原因。

為何提到這些？

因為十五世紀的海洋圖景，其實比我們想像得還要複雜，甚至接下來幾個世紀，這些交織難解的影響仍深植每個角落。大航海時代看似跟臺灣無關，但被明帝國排除的荷蘭、西班牙、日本，以及成為明帝國貿易中繼站的琉球，他們的貿易航線，不都會經過臺灣嗎？不只如此，這片海域還有白色海盜巴賽人在海上打劫、行商，東海岸到處都是他們的貿易據點……

我不禁幻想，蘇澳港是天然良港，任何有經驗的船長都看得出來。這麼多不同勢力的商船經

7 有一則傳說是，國民政府將北方澳改為軍事基地（跟龜山島命運相似），居民遷走後，有位指揮官多次在夜裡見到白衣少女，後來聽當地居民說，才知或許是朱濆妹妹的鬼魂。

過臺灣，有沒有可能將蘇澳當成貿易船的臨時停泊處？無論是暫避風浪，或在漫長的航行中短暫歇息，要是同時有好幾艘船停在這，會不會出現非常態的臨時市集？如果當地居民或海上商人介入，臨時市集就可能有更多元的樣貌。這種市集不固定，像朝露般短暫，難以預測，但說那是某種「海市」，應該沒問題吧——

不過，這終歸是缺乏根據的妄想。

若真有這種事，西班牙人或荷蘭人應該會留下紀錄。清國地方志也說蘇澳雖有船隻，卻沒什麼往來，雖然只是單一時代的風貌，不見得幾百年前也如此，但蘇澳存在某種「海市」的證明，確實未浮出海面。只能說，海市蜃樓就該有海市蜃樓的樣子，既然沒痕跡，就不過是夢幻泡影；非常遺憾，雖然天花亂墜地編織了這些狂想，也只能請您從幻夢中醒來了。

末代武士的幻影

南方澳還有個傳說。在這個故事裡，南方澳彷彿成了琉球的倒影，就像科幻小說的平行宇宙，即使是不同的歷史，也在各自的脈絡裡，成為彼此的隱喻。

故事的主角是西鄉隆盛。

西鄉是明治維新的領袖之一，可說是促成日本現代化的重要人物，卻在人生的最後與天皇為敵。隨著諸多改革，武士階級失去特權，連帶刀的權利都喪失，西鄉隆盛帶領即將消失在歷史的武士孤注一擲，發起內戰，最後戰敗自殺。身為反叛者，他本該受唾棄，但其耿直的性格、悲劇性的結局，卻讓他贏得廣泛同情，更別說發起內戰僅是為了挽救走向絕路的武士階層，這種「重人情」的部分，讓人難以忘懷。二十年前，湯姆．克魯斯（Tom Cruise）主演的好萊塢電影《末代武士》（*The Last Samurai*），渡邊謙飾演一位會講英語、機智又帶著神祕氣質的叛軍領袖，其原型就是西鄉隆盛。

這樣的人怎麼會跟南方澳有關？原來日本時代流傳一則八卦，說他在臺灣有私生子——老實說，這種八卦在任何時代都不會少。但西鄉隆盛的長子菊次郎在宜蘭當官，或許有些困擾。據當時記者調查，不只菊次郎夫婦，連僕役、同僚都聽過這則流言；這位記者還實地訪查，認定某人就是西鄉隆盛後代，寫成一本書。原本只是八卦，卻得到紀實文章的保證，有了史實般的重量。

流言是怎麼說的？以下簡單轉述。一八五一年，西鄉隆盛接受長官命令，祕密來到臺灣偵查，在南方澳登陸。隱姓埋名的他，就這樣住在猴猴人聚落，並認識一位叫蘿茉的猴猴族少女，兩人日久生情，沒多久少女就懷孕了。半年過去，西鄉隆盛回國覆命，卻沒有帶走少女，把她跟快出生的私生子留在南方澳，再也沒回來，以致蘿茉生下孩子後傷心而死。後來西鄉隆盛有了長子菊次郎，明明是長子，卻取名次郎，據說就是因為有「不為人知的私生子」——

然而當真如此嗎？

這則傳說流傳已久，當然也引起當代學者的興趣，我找了資料，在此只介紹研究結果：沒這回事。[8]這結果或許不讓人意外，但查無此事只是開始，事情為何被傳成這樣，才是真正有意思的。

譬如，或許西鄉菊次郎就是那位私生子本人。

這是怎麼回事？

其實菊次郎的「次郎」之名並不神祕。他並非正妻所生，為強調尊卑之序，才沒被賦予代表長子的「太郎」之名。後來西鄉隆盛與正妻生了第二個兒子，就叫西鄉寅太郎──看，太郎是存在的。

一八五一年，西鄉隆盛在故鄉仍有活動紀錄，不可能在臺灣。反而一八五八年，由於某件難以一時三刻說明白的事，他不得不詐死，甚至連墓都立了。在長官的授意下，他來到琉球的奄美大島，隱姓埋名。在那裡，西鄉隆盛有位小妾，菊次郎就是她所生。三年後，西鄉隆盛被長官召回，菊次郎則留下，直到九歲才被帶回本家栽培。

史實中的菊次郎，運氣顯然比那位傳說中的「南方澳哥哥」好多了，至少受父親庇蔭，沒被遺棄。但我們稍等一下，如果把西鄉隆盛隱居琉球的人事時地物置換一下，奄美大島變成南方澳，琉球人變成猴猴人，事件結構不是完全一致嗎？

難道，西鄉隆盛在南方澳有私生子的故事，其實是轉化自他在琉球的經歷？如果真是如此，就表示西鄉菊次郎跟「猴猴私生子」是同一人物。考察至此，我有些震撼；如果大草鞋傳說同時出現在臺、琉兩邊，是日治時代的漁民流動所致，那西鄉隆盛這段在琉球的經歷，為何也能挪移到臺灣？這些傳說不斷在臺、琉兩邊建立自己的版本，簡直像太平洋上有某種精神性的鏡子，琉球與臺灣都透過鏡子，在彼此身上看見自己的倒影……

✤ ✤ ✤

為何西鄉隆盛在傳說中來到臺灣？更重要的是，為何是南方澳？謎團本身就是線索，據學者推測，[9]人們可能是將他與另一位遊歷南方澳的人物弄混了——那人就是臺灣第一任總督樺山資紀，原本在基隆車站前立有銅像，後來被換成蔣中正的男人。

樺山會來臺灣，是因為一八七一年冬天，發生在八瑤灣的悲劇。

這是將來夜話的主題，這裡就迅速帶過吧！簡單說，有艘琉球船隻在屏東八瑤灣遇難，船員與乘客雖然倖存上岸，卻跟原住民語言不通，有了誤會，最後許多人被殺。這事傳到日本，就有了「向原住民部落報仇」的聲音。簡單說一下局勢，那時與琉球關係最密切的是薩摩藩，因此這事很快就成了薩摩藩的熱門話題，西鄉隆盛是薩摩藩出身，也支持征討臺灣。這或許不意外，比

8 林正芳，〈傳說與歷史：《西鄉南洲翁基隆蘇澳を偵察し－嘉永四年南方澳に子孫を遺せし物語》一書的考證〉（二〇二一南方澳國際學術研討會，二〇二一年九月）。

9 林正芳，〈傳說與歷史：《西鄉南洲翁基隆蘇澳を偵察し－嘉永四年南方澳に子孫を遺せし物語》一書的考證〉。

起復仇，戰爭有更重要的功能——當時西鄉隆盛因「征韓論」下野，而支持征韓的部分理由，就是避免武士階層喪失功能，要是征韓不行，臺灣的戰場也能讓武士有所發揮吧！

樺山資紀同樣出身薩摩藩，跟西鄉隆盛頗有交情，而那一趟東海岸探勘之旅，就是為征臺做準備。

而南方澳正是重要據點。

撇開軍事目的，樺山留下的調查頗為珍貴，紀錄了南方澳現代化前的最後樣貌。那時猴猴人會講漢語，有出草風俗，村裡設了擺放頭骨的棚架，頭骨還裝金飾。村裡有個房子，據說是日耳曼人美利士（James Milisch）留下的，據調查日記，美利士娶了猴猴族女性為妻，後來下落不明，但考察其他文獻，其實是美利士經營的洋行倒閉，只好離開臺灣。不過，猴猴人顯然對這位外人印象很好，即使他不在，村子仍有歡迎外人的習俗。

停留的短短半個月間，樺山資紀甚至見到海盜船大剌剌駛進蘇澳港。那艘船是走私鹽的，卻傍若無人，不像害怕清國官兵。樺山資紀派人聯絡海盜船，但海盜船像是不想惹麻煩，沒回應就揚帆離去。

跟西鄉隆盛到南方澳勘查的傳說不同，樺山資紀的調查成果豐碩，畢竟後者留下紀錄，卻沒人知道西鄉隆盛做了什麼（我是說，除了生孩子）。那段期間，樺山資紀多次接觸猴猴族、泰雅族，瞞著清政府與原住民部落間的有力者見面。在日記中，他盤算攻陷臺灣根本不用出動大量軍隊，只需花錢製造島內眾多部落間的矛盾即可——可以說，他確實看穿這個多族群島嶼的本質。[10]

毫無疑問，受命到南方澳調查的軍人是樺山資紀，但有什麼道理將樺山資紀和西鄉隆盛搞混？沒錯，他們都出身薩摩藩，但光憑這些，有些薄弱吧？

這是個難題。

要指出傳說就是因某某緣由變化而成，幾乎不可能。可能的因素太多了。接下來這個推論，其根據太過微不足道，與臆測、狂想沒多大差別，因此，還請您不要太過認真。

答案的提示，就隱藏在「某本書」上。

始政四十年時，總督府舉辦了盛大的臺灣博覽會，這裡且不說排場有多奢華揮霍，重點是，為了呼應「治理臺灣」這個主題，必須有符合官方利益的歷史論述；這時，有兩個人被特別提出，指其為殖民史上的巨人。他們的功績是日本順利統治臺灣的第一步，因此分別建造紀念碑與銅像，這件事被收錄在《西鄉都督與樺山總督》這本書裡。

「我知道了，西鄉都督就是西鄉隆盛吧！」

不熟悉歷史的讀者或許會這麼想，但很遺憾，西鄉都督是西鄉隆盛的弟弟——牡丹社事件時征討臺灣，率軍打敗原住民聯軍的總指揮官。其實當時的國際局勢並不支持日本出兵，但西鄉都督不甩上級命令，堅持要打。這場戰役參考了樺山資紀在臺灣調查的成果，後者也隨隊擔任參謀，

10 第一次看到這，我差點驚呼：「老兄，你也太懂臺灣了吧！」

可以說，西鄉與樺山兩人確實在牡丹社事件中發揮左右臺灣命運的影響力。

問題是，這種敘事是始政四十年才突然冒出來的嗎？不太可能。所以對老百姓來說，西鄉都督與樺山總督都是耳熟能詳之人吧！既然如此，在眾多故事版本中弄錯他們的經歷也不奇怪。

可是不對啊？西鄉都督又不是西鄉隆盛，就算樺山資紀跟前者過從甚密，也不至於跟後者混淆吧！如果是歷史研究，沒錯，然而傳說的常態並非如此。別說同姓氏，光擁有類似身分，就可能在民間傳說中混淆了。這樣的事蹟，我們不是已看過許多？如果人們將生性浪漫、充滿戲劇性的西鄉隆盛錯認為西鄉都督，再將其經歷與歷史定位相近的樺山資紀混淆，我只能說這並非不可能之事。

西鄉隆盛沒來過臺灣。甚至他可能對臺灣沒什麼正面想法。但在這個離琉球最近的蘇澳港，他的生命經歷竟變換樣貌，折射成另一種「海市蜃樓」——

雖然只是海島諸國間的小插曲，甚至不是英雄傳說，但這不是值得仔細品嚐嗎？從傳說爬梳出去的近代史……就像螞蟻的腳印，即使細微也確實存在，那些被時光曝曬到只剩海風與鹹味的歷史，所有人物、事件、隱喻與註腳，都成為跨越海洋流動的回聲……簡直是妖精摩根的幻術，即使看來複雜怪異，也不是無中生有。

第七夜

南澳

——殖民地的悲歌

莎韻之鐘
莎韻之鐘
開路紀念碑
南澳

南澳
漢本
詹姆士・荷恩

您對立槳——Stand Up Paddleboarding——有興趣嗎？

有興趣卻還沒嘗試的朋友，請聽我一言。槳板也是船的一種，如果會暈船，請千萬要吃暈船藥再下水；不然就會淪落到我這副德性，連站都站不起，只能有氣無力地坐在槳板上。原本要體驗ＳＵＰ，最後卻是ＳＯＰ（Sitting on a Paddleboard）。

老實說，像我這種偏好室內活動的人，對立槳實在沒什麼興趣。但之前妻子收到大學時代朋友的邀請，參與從南方澳前往賊仔澳的ＳＵＰ立槳行程，便問我有沒有興趣；我想拒絕新的體驗稱不上睿智，便答應了。雖說嘗試新東西是好事，但沒瞭解活動本質，甚至連會暈船都不知道，最後的下場也可想而知。

不過，並不算毫無所獲。

當我們整團人漂浮在賊仔澳海域拍照，教練說了一件事。他說蘇澳南方有個高聳的陸連島，只有立槳、獨木舟能抵達，要不然就得用攀岩等級的設備從陸地下切。那座島有二十幾層樓高，而且極其陡峭，簡直像從海裡劈出的斧面，是貨真價實的祕境。

「而且，那是中央山脈的起點。」他這麼說。

中央山脈的起點？

對地質學一無所知的我，根本沒想過山脈的起點會是海；但仔細想想，中央山脈是板塊擠壓才自海中升起，與海接壤也是理所當然。

身為室內派，就算知道有這樣的祕境，也不認為自己有能力前往；雖然遺憾，但我已懷著大概一輩子見不到神祕起點的覺悟，將這份感傷收藏在心裡——誰知道才過沒多久，我就親眼見到了。

中央山脈的起點叫「烏岩角」，我找資料時看過照片，因此往返南澳時，眼見那座自汪洋升起的岩鋒閃進視野時，我立刻停下機車。就算只是眺望，那極其陡峭、宛如長滿青苔的針山也讓人頭皮發麻；在後方，中央山脈有好幾處極難攀登的路線，故有死亡稜線、黑色奇萊等稱呼，深處還有神祕的大、小鬼湖。而這個毛骨悚然的「起點」，就像是整座山脈的縮影。

幻影的紀錄

八十幾年前，日本人經營的巴士經過烏岩角時，車上導遊會親切地說：「各位請看，現在我們旁邊的山嶺叫烏岩角，是這段臨海道路的第二高峰，據說從山頂往東看，能看到沖繩的與那國島……至於各位在前方看到的海角，則是烏石鼻，離這裡大約四里程。各位乘客要是有用電話的需求，還請不用客氣，儘管跟我們說。」

導遊口中的烏岩角，大概並非作為中央山脈起點的陸連島，而是後方海拔七百多公尺的山峰。不過，那裡真的看得到與那國島嗎？

臺灣是否看得到與那國島，近幾年曾引起學術圈討論。根據考古線索，沖繩群島約在三萬多年前首度出現人類，那些人很可能是由臺灣渡海，經與那國島擴散出去。但請想像古人的世界，要是不知彼方有島嶼，有什麼理由在大海上冒險犯難？換言之，要是看不到與那國島，這條航線的前提便不成立。

很長一段期間，人們的共識是「看不到」。因為與那國島相當平坦，最高的山也只有兩百多公尺，若不考慮海市蜃樓，物理上應無可能。為了追尋那些微的可能，日本學者在臺灣各處考察，最後在海拔一千多公尺的太魯閣高山上親眼看到與那國島，拍下照片，這證明對高海拔的住民來說，與那國島確實存在。這不是祕密，也不用透過海市蜃樓。

但，這是近幾年才出現的「證據」，我沒想到日本時代的巴士導遊手冊裡就這麼說。不過，有這樣的說法，也不表示真有其事。我曾跟朋友分享前面巴士導覽的內容，某位知名香港推理作家立刻動用各種工具，計算烏岩角的海拔究竟能不能看到與那國島，最後指出，就算看到，也只能看到山峰，若要清楚看到整座島，恐怕還得是海市蜃樓。

若是海市蜃樓，那不用在烏岩角，蘇澳也能看到吧！我不禁幻想，三萬年前的人類發現與那國島，莫非不是看到實體，而是海市蜃樓？對當時的人來說，那是如夢似幻、時有時無的島嶼，那種難以解釋的神祕性，會不會就是他們踏上旅程的原因？

✤　✤　✤

為何我知道八十幾年前的巴士怎麼導覽？因為這被收錄在東海自動車運輸株式會社的〈臨海道路旅行御案內〉，這份指南條列沿途介紹重點，導遊只需背誦即可。至於為何導遊提到電話？

我就不清楚了。不過巴士會在東澳短暫停留，或許可以在那借用電話。也可能這份指南不是給導遊讀的，而是司機，但要是司機開車時還得分心介紹景點，總覺得有安全疑慮——

畢竟他可是行駛在被稱為「世界第一危險道路」的臨海道路上。

臨海道路，就是蘇花公路的前身，其中大半路段沿著懸崖峭壁，圍欄比膝蓋還低，有些路段又窄又彎，從旁眺望，懼高症的人肯定難以承受。近百年過去，蘇花改還是有某些路段讓人不安，卻已比日本時代安全許多，像姑姑子斷崖路段遭廢棄，就是因為已開通隧道，避開危險區域。

雖然危險，要快速穿越重重阻絕的群山峻嶺，在日本時代也只能走臨海道路。我不禁想，人們此前是怎麼往返宜蘭、花蓮的？搭船很合理，但沒有船的人呢？是冒著漲潮的風險，穿過懸崖底下的海灘，夜宿海蝕洞與寬敞的河口，還是翻過高低起伏、危機四伏的山嶺？

不過，這樣的困難或許算「安全」，至少從抵禦外敵的角度來看是如此；臺灣東部被稱為「後山」，正是被險阻所守護，直到日本時代，國家層級的暴力才得以進入。從這角度看，臨海道路或許是國家入侵的象徵性指標。

開往後山的道路並非始自日本。清國時代，帝國就已試著開鑿從蘇澳到花蓮的「北路」，當地人稱為「清官路」，跟日本人修築的「東海路」不同；[1]現在蘇澳火車站附近的晉安宮，還有當時的「開路里程碑」。

1　吳永華，《蘇花古道宜蘭段調查研究報告》（宜蘭：宜蘭縣史館，一九九四）。

自蘇澳至東澳二十里　自東澳至大南澳三十里
自大南澳至大濁水三十里　自大濁水至大清水二十五里
自大清水至新城四十五里　自新城至花蓮港北岸五十里
以上自蘇澳至花蓮港北岸計程二百里

同治十三年陽月福建陸路提督黔中羅大春勒石

為何清廷決定開鑿北路，打破原本被自然封閉的疆域？答案是，因為牡丹社事件宛如震撼彈，震醒了昏昏欲睡的清廷。

此前，清國主張東臺灣是「化外之地」，不想為原住民引發的紛爭負責，讓日本人有征討臺灣的底氣。後來察覺情況不對，便忙著主張自己對臺灣的權利，勸退日本後立刻「開山撫番」，以期控制全島；當時所開的北、中、南三路，雖然在結果上確實有助於漢人侵墾，但最主要的目的是軍事控制。

交通帶來的不只方便，還加速了滲透，無論來的是什麼。

「北路」雖在短短半年內開通到花蓮，卻因原住民抵抗而罕有人用，許多路段荒廢，直到日本時代才有堪用的臨海道路。戰後，這條公路改名「蘇花」，施工拓寬，或許更安全了些，但直到本世紀，這條能俯瞰太平洋的美麗道路仍有一定風險；烏岩角不遠處有個停車場，那裡有座蘇花公路安魂碑，紀念發生在二〇一〇年的悲劇——

那時，強烈的颱風襲擊這座島。

暴雨之中，本就陡峭的壁面發生土石流，那是幾乎不可能逃離的恐怖天災，就像整個地表液化移動般，吞噬了其中一段道路。當時正好有幾輛載著中國遊客的遊覽車在附近，受困其中，有輛車甚至被落石擊飛，掉落懸崖。連續響起的轟然巨雷，照亮受困人們的臉龐，簡直像災難片。最後，隨遊覽車墜入海裡的中國遊客成了不歸人，這場悲劇則促成「蘇花公路改善計畫」——這起計畫稍後引發了一些爭議，這裡先按下不表。

現在安魂碑所在，幾乎看不出那種肅殺之氣。

從停車場往南看去，烏石鼻就像和緩的旋律，在山勢盡頭一頓，唐突地冒出一座小山，成為難以平靜的收尾。旁邊是寬廣而湛藍的東澳灣，海水隨深度漸層變色，其上泛著幾艘小船，不仔細看還沒注意，或許是前往烏岩角的獨木舟。

順著修築過的公路而下，很快就是東澳、大南澳——泰雅族的傳統領域。我這次旅行的目的，正是烏石鼻後方的南澳鄉；出乎意料地，我對那裡的第一印象並非美麗的鄉野……

而是鐵與灰之地。

大南澳侵墾：「羅妹號」事件的餘波

南澳最熱鬧的地方稱不上繁華，這點深得我心。光走在路上，生活步調就不由地放慢，彷彿春風也學會了散步。從車站往朝海的方向走，是廣大的美麗田野，小路兩旁是灌溉用渠道，稻田就像沒有盡頭，曼延到山跟海的接壤處。

稻田間，有座兩層樓高的廟宇，叫「震安宮」。「震」字給人的感覺並不安穩，為何取這個名字呢？據說廟裡神祇曾在二戰的空襲底下保佑居民，或許「震」字與此一傳說有關。

震安宮旁鄰近渠道處，有另一間像是廟宇的小型建築，但那並非廟，屋簷比成年人低矮，裡頭雖然有香爐、神像——看來像地藏王菩薩——空間的核心卻不是祭神，而是擺放的石碑；與其說廟，這裡更像碑亭。

那是「羅大春開路紀念碑」，碑文寫著開路之艱辛，這裡同時祭祀地藏王菩薩，或許是開路的聯想：篳路藍縷，必有犧牲。

說起來，為何我對南澳最初的印象是鐵與灰之地？

從這片田野看出去就知道，圍繞著南澳平原的每座山，都充斥著紅白相間的高大電塔，密密麻麻，簡直像某種巨大、超然的存在盤踞於此。

從東澳過來，還沒降到平地，首先映入眼簾的是大片乾涸的白色河床。遠處有著怪獸般的巨大水泥橋，赤裸裸地，沒塗任何顏色，那種毫無修飾就像暴力，讓人難以移開視線，宛如歌頌工業時代偉業的嚴肅紀念碑——沒想到在這鄉間，竟遭遇如此工業感的意象。

當然，那只是第一印象，不是南澳的真面目。即使鋼鐵風景根植於群山之間，這裡也不像二十世紀的工業城，瀰漫著陰暗的化學霧氣。在這裡，工業感與旺盛的綠意像被割裂般，互不干涉，這或許更接近某種末日風景；人類消滅後，自然在人類的遺留物上恣意生長……不，這麼說太過了，南澳仍在人類的秩序底下。

來到南澳溪出海口附近，這海灘不只砂，還有大大小小的石礫。不知是怎樣的作用力，石礫被集中成幾條與海平行的線，像某種路標。我抵達時正好下起細雨，如霧般遮蔽遠方，厚重的蒼白逐漸囤積，宛如填滿汪洋的怪物。浪濤聲像打雷，又像海怪的怒吼，與綿密的細雨聲重疊，有種悲壯之情。

一八六八年，南澳海灘曾被丟了三十幾具無頭屍體。

就像博物館的陳列，雖已化為枯骨，卻擺放整齊，「展示」的意圖相當明確。這些屍體只有一個作用：警告，擅入者死。當時看到這副慘況的英國人是詹姆士・荷恩（James Horn），他面如土灰，卻沒有回頭，因為他帶著眾多猴猴人來到這個新天地，不能放棄希望。

✤ ✤ ✤

接下要說的，是所謂「大南澳侵墾事件」，荷恩正是中心人物。先預告，這件事以失敗告終。

荷恩之所以來到臺灣，是因為一艘美國商船「羅妹號」在鵝鑾鼻遇難。三貂海灣之夜裡，留下虎字碑的總兵劉明燈曾處理此事的政治後續。那時「羅妹號」從廣東出發，打算前往中國東北，卻在鵝鑾鼻觸礁，船長帶著妻子與船員乘小艇逃離沉船，遇見當地的原住民，後者認為他們不懷好意，將其殺害，船長夫人也難逃一劫，只有兩位負責伙食的漢人僥倖脫逃，這件事才傳回美國，引起美國抗議。當時他們甚至派兵征討原住民，卻沒戰勝，現在墾丁海邊有間八寶公主廟，據說祭拜某位西洋女性，雖然地方都說這位八寶公主是荷蘭人，但也有一說，認為八寶公主的原型就是「羅妹號」事件的船長夫人。

為何要祭拜異國的船長夫人？臺灣海峽這麼危險，遇難的船隻沒少過，死於原住民之手的也不計其數，這位女士有何特別，竟能成為地方神祇？

我想或許是話題性。

船難後，竟有不知從何而來的神祕人士在不同部落、庄頭到處打聽，尋找她的遺骸，這肯定會引起閒言閒語。[2]

這位神祕人士就是詹姆士．荷恩。

荷恩先生來自哪？原本過著怎樣的生活？我不清楚，但他似乎是受船長夫人的親友雇用，來臺灣尋回其遺骸。這任務有多危險，無需贅言，為何他願冒這個險？除了龐大的賞金，還有沒有別的理由？這也不是我能知曉的。最初他在恆春附近打聽了一個多月，卻沒半點進展，沮喪之際，聽別人介紹了英國探險家必麒麟（William Pickering），就向他尋求協助，而後者也不負所望。

關於必麒麟與荷恩的冒險，這裡就不細談。總之，知道遺骸在哪的原住民聽說有人在找，就開出高價要求贖回，雖然必麒麟試著討價還價，還是只能花錢解決，最後荷恩拾回船長夫人的遺骸，便將其帶回高雄港。

照理來說，都完成任務，也領了酬勞，荷恩應該會回到原本的生活吧？奇怪的是，他在那之後竟又回到臺灣，策劃開墾大南澳；據必麒麟說，荷恩是在跟平埔族相處的過程中對他們起了喜愛之情，才打算定居臺灣。這是什麼意思？平埔族是恆春的馬卡道族，還是蘭陽的噶瑪蘭族？如果是前者，何不定居恆春？如果是後者，又是在什麼機緣下接觸的？

荷恩的歷史紀錄多是片斷，太多謎團了，很難理清他的心境變化。「羅妹號」事件隔年，荷恩就已在南方澳生活，那時猴猴人的生活空間受漢人威脅，他便提議遷徙到沒漢人的地方——南澳。這決定很瘋狂，南澳是泰雅族的地盤，到那裡開墾的人都沒回來，包括前面說的海灘上的無頭屍。面對這難題，荷恩知道必須得到某些勢力支持，便到處找人贊助自己的開墾計畫，而最後願意花錢投資的，是普魯士商人美利士。

還記得美利士嗎？樺山資紀在南方澳被猴猴人善待，就是因為美利士給他們留下好印象，才

2　荷恩的日記記載：「他們聽口譯員說韓特先生是位官員，又推斷那名婦人必定是貴夫人（不然為什麼派軍艦來尋找她的遺骸），因此開高價出售那些骸骨。」這或許就是「公主」這份流言的起點。本段引用自必麒麟，《歷險福爾摩沙：回憶在滿大人、海賊與「獵頭番」間的激盪歲月》（臺北：前衛，二〇一〇）。

歡迎外國人。雖然樺山資紀說那人是美利士，我卻懷疑是荷恩；美利士只是出資在南方澳造房子，荷恩才是那位跟猴猴族打交道、甚至娶頭目之女為妻的人——說到這，或許必麒麟是對的。荷恩確實對這群人動了真情。前現代社群往往保守而封閉，不信任外來者，甚至見到外來者就殺；那並非殘暴，而是自我保護，只要這種傳統有效，就沒道理改變。但荷恩的行徑竟改變了猴猴人的處事方針，對外族生出善意，這實在難以置信。

光看「侵墾大南澳」這幾個字，會覺得又是西方勢力來建立殖民地，但荷恩帶來的不是殖民者，而是想遠離漢人的猴猴族；為避開漢人侵擾，他們甚至冒著殺頭的風險，無視無頭屍骸的警告。為何荷恩要做這種事？無論他有何打算，這件事對他的意義肯定凌駕失去頭顱的恐懼，後世研究者認為他的行動有人道主義的成分，如果真是如此，大概稱得上「美談」吧！雖然泰雅族可能不這麼想。

荷恩在大南澳建造城寨，據說這城寨足以防禦軍隊，對來襲的泰雅族，他們也以火槍還擊。但就在移民者越來越多時，開墾計畫卻戛然而止，因為清廷提出了抗議：這個外國人在我們的領土上開墾，是侵犯我國主權。

——對「後山」權利的主張，清廷向來曖昧反覆，保持最高彈性。

講好聽點是處世智慧，難聽點就是不負責任。後山有什麼爭端，就推諉說原住民不是我們管轄的，跟我們無關，然而真有人對這種說法當真，他們又改變說詞。南澳也是，當時北路未開，沒有任何證據顯示南澳受清國統治，清廷卻要求普魯士跟英國調查，迫使荷恩等人離開南澳。

✤　✤　✤

說起來，為何美利士會出錢投資？

或許是有利可圖。

必麒麟曾說，荷恩在南澳「雇用一群純樸、樂天的平埔族人砍樹木，經營木材生意」——老實說，這段我看得頗不是滋味。純樸樂天？什麼意思，難道他覺得平埔族什麼都沒想，伐木時還會快樂地唱歌嗎？難道他以為受人使喚是他們的天性？這種說法避重就輕，讓我懷疑底下藏著不愉快的事物。

不過經營木材生意之說，讓開墾計畫的另一面浮現。跟著荷恩遷徙到南澳的猴猴人不只是移居，可能還被荷恩與美利士雇為新天地的伐木工人；資本主義時代的僱傭關係已降臨到這些猴猴人身上。這能合理解釋荷恩唐突的人生選擇。他並非割斷與過去的一切，而是在臺灣找到新的投資計畫。從這個角度看，「美談」就變得諷刺無比。然而——

面對跟隨他的猴猴族，荷恩真的只是欺騙嗎？

如果只打算賺錢，有必要跟當地人結婚嗎？當然，在那個男性至上的時代，結婚不見得表示負責，可能說一句「這場婚姻沒有天主見證」就跑了。雖然南方澳已有基督教會，但誰知有沒有證婚？然而親密的肉體相交，就算只有片刻，終究也是靈魂與靈魂相吻；如果婚姻沒有換來重大利益，荷恩真有必要付出部分靈魂嗎？

我的意思是，難道不可能兩者都是真的？

或許荷恩確實想幫助猴猴人，但光憑尋回船長夫人遺骸的酬勞，不可能拯救上百人。不是花錢就好，還要有系統性的支持，社會運作才能長久。如果移居地有被獵首的風險，光用錢就能保護他們嗎？太天真了。他需要的不只是錢，還有物資，更重要的是維持成果的系統。必須持續有錢投入，像水流進來一樣，那可是筆大錢。為了這筆錢，他們必須成為生產者，讓錢有理由不斷進來……

這些事，荷恩會不會都跟猴猴人說清楚了呢？因此他才在短短時間內得到猴猴人的信任。在清楚要犧牲什麼的前提下，依然願意邁向某個願景，這自然會凝聚團結意識。當然，這不過是我的猜想。

由於清廷介入，荷恩不得不離開南澳。他帶來的人怎麼了？跟他一起離開了，還是有部分留下來？這我不清楚。至於荷恩的下場，有一種說法，是他搭乘的船被吹離航線，遇上大風浪，最後在離鵝鑾鼻只有十幾公里的地方翻覆；[3]因南岬船難來到臺灣的荷恩，最後也死於南岬船難，實在是某種悲劇性的宿命。至於跟他合夥的美利士，則因投資南澳的錢無法回收，破產離開臺灣。

✤ ✤ ✤

荷恩死後不到十年，羅大春開通北路。

在那之後，清帝國的力量便蓄勢待發。劉銘傳的姪孫帶軍鎮壓南澳泰雅族，遭泰雅族埋伏殺害；劉銘傳為了復仇，率領幾千人的大軍壓境，埋設地雷，燒毀泰雅族村落，以過度的手段逼泰雅族臣服。

戰火吹進了這片平原。

我不禁想，要是荷恩的計畫成功，南澳殖民地逐漸壯大，或許會有自己的秩序、自己的守備力量。即使面對清帝國，他們有沒有可能藉著西方祖國的力量，從清帝國手中保護南澳這塊土地，甚至避開泰雅族遭殘殺的悲劇？

不，這只是空想吧。如果西方國家真的承認南澳殖民地，或許歷史上屠殺泰雅族的，就是舉著「保護領民」大旗介入的西方人了。

莎韻之鐘

南澳的民宿在巷裡。我穿過一個像崗亭的門，左邊是好幾間連在一起的單人房，前方有廣場可供停車，看來像宿舍改建而成。民宿主人問我：「來出差嗎？」我就說自己正在調查東海岸的

3　也有學者認為荷恩其實沒死，只是英方為了平息中方對他的關注而找的藉口。白尚德著，鄭順德譯，《十九世紀歐洲人在台灣》（臺北：南天書局，二〇〇四）。

傳說，或鮮為人知的祕史，並舉了「莎韻之鐘」為例。

主人一聽，臉上發光，語氣也歡快了。「莎韻之鐘！那你得去泰雅文化館，就在鄉公所旁！」

我表示自己確有此打算。主人又熱情地說靠近海的某間廟也有傳說，似乎是撿到漂流木，後來神明託夢，就製作成罕見的立身神像；還有鴛鴦山定情湖，不過是怎樣的傳說，我不記得了，看這地名，大概是我沒興趣的浪漫故事。主人講了兩個，一時三刻想不起別的故事，話題便又回到了莎韻之鐘。

「其實我不知道日本人為什麼要送鐘，」主人笑著，「我猜是因為以前原住民背的竹簍，倒過來很像鐘。」

「竹簍？」這我倒沒想過。

「我猜的啦！」主人說。

後來我在別處看到泰雅族竹簍，圓口而修長，不得不說還真有點像。

✤　✤　✤

說起來，什麼是「莎韻之鐘」？

對熟悉日治歷史的讀者來說，應該不必特別介紹。像那位民宿主人說的，「莎韻之鐘」是一口鐘。不過，它也是歌謠、繪畫、電影——全都是日本政府「理蕃成果」的宣傳；但那位名叫「莎韻」的泰雅族少女，大概怎麼也沒想到事情會變這樣。

一九三七年七月七日，盧溝橋事變，中日開戰。對雙方來說，都需要能應付這場長期戰役的兵源。隔年九月，一張徵兵令來到殖民地臺灣的深山裡，一個叫流興的部落。這部落有多深山？由於戰後部落遷徙，現在沒有交通必要，不但地圖上沒有道路，看衛星照片，都是鬱鬱蒼蒼的茂密森林。根據文獻，從流興社到南澳要三十公里左右，這就是收到徵兵令的青年要走到港口的距離。

青年是駐在所的警手，也是部落青年團的指導員。由於行李繁多，他請青年團、女子青年團的成員幫忙搬行李，而十七歲的莎韻．哈勇就是女子青年團的副團長，換言之，是奉公守法、溫良貞淑的代表者之一。不知為何，警手並未與青年團成員同行，而是請他們先將行李送到港口，自己則稍後跟上。

那時有個颱風正朝臺灣襲來。

或許剛開始風雨還不大吧？有時颱風前反而晴空萬里，青年團成員早早便帶著行李下山。雖不確定暴雨何時襲來，但青年警手顯然中途便意識到風雨難行，臨時在武塔部落過夜，那裡離流興部落還不到十公里。至於先走一步的莎韻等人，則是在暴風雨中來到山腳。

那時青年團的成員在想什麼？是否在心中埋怨警手，居然讓他們在風雨中搬運行李？走了三十公里，還要面對昏暗的天色與暴雨，雨水積在行李上，或許讓它們變得更沉重，逐漸耗盡青年團的體力。雖已離開危險山路，但暴雨讓河水暴漲，眾人過橋之際，莎韻不小心滑了一跤，平常這也沒什麼，但各種糟糕的條件匯聚在一起，她轉眼間消失在洪流中，連驚呼求救的時間都沒有。青年團大驚，立刻到警局求救，包括警察在內，南澳社的人們都在大雨中幫忙尋找莎韻。

但莎韻再也沒出現。

警手得知莎韻落水失蹤，已是隔天之事。

到這裡為止，只是件不幸的意外，是悲劇，沒有迂迴的情節、高潮起伏的戲劇感。沒多久，女子青年團辦追悼會緬懷莎韻——這本是理所當然之事，少女們思念逝去的友人，協助彼此走出傷痛，難道還能有別的意圖？

意外的是還真的有。

或許最初是純潔的提案吧！但在某個階段，人們注意到這件事可堪利用，到了追悼會當天，竟已變成眾多官員出席的「愛國活動」。

其實不是沒有端倪可循。

青年團本就是「愛國組織」，跟戰後的「救國團」差不多，有官方色彩。而且就算是意外，背景終究是青年從軍，雖然我們不知道那位警手多愛國，但那不重要，重要的是能捏造出怎樣的敘事；「愛國」的功能，就是要求國家的每個成員都要犧牲，因此從軍是好的，為此奉獻的少女也必然崇高，於是人們紛紛以「純情的少女」歌頌莎韻，強調她有多愛國，情懷多高尚——雖然是莎韻的追悼會，但那個會場幾乎容不下半點個人、私密的情感，都是奉公的。

官方送銅鐘給部落，上面刻著「愛國少女莎韻之鐘」。現在想想，鐘能有什麼用途？可以當上、下課的提醒聲，也能號召大家集合，總之，就是以特定數量的聲響傳達意義，在沒有廣播的時代，確實頗為實用。但官方贈送的鐘，或許有凌駕其上的象徵吧！鐘是日本人帶進部落的，並透過制度讓部落學會如何使用，因此鐘聲就是統治者的聲音與指導；從這個角度看，送鐘之所以實用，或許還包含警告與威脅，暗示秩序無所不在。

報紙大肆宣揚，〈莎韻之鐘〉這首曲子蔚為風尚，知名畫家以此為題，畫面正是泰雅族少女捧著銅鐘；或許大家潛意識裡都注意到了吧！如果重點是莎韻的故事，那「鐘」根本不重要，但無論是歌曲、繪畫，都情不自禁地聚焦在那個鐘上，彷彿它才是主調，比莎韻本人更重要。到了《莎韻之鐘》的電影，徵召入伍被當成至高無上的榮耀，大家都想當兵；這有多違反人性，不用多言。值得一提的是，少女幫忙搬運行李的歷史遭抹去，變成莎韻對從軍的英勇行為有著離奇嚮往，主動為老師送行，暴雨中，大家都勸莎韻別再送行了，她仍堅持渡河，才意外墜河身亡。

明知有危險卻固執己見，是愚蠢的行為，這部電影中卻讚揚它，實在是不知該如何評價。這或許也反映了戰爭末期的狂熱吧。

附帶一提，雖然莎韻的故事發生在南澳，電影卻在霧社拍攝；當時離知名的霧社事件，已過了十幾年。為何特地到霧社取景？或許是交通方便，但在反抗帝國的土地上拍攝歌頌帝國的電影，與其說諷刺，都能說是羞辱了。當時的影評人不喜歡這部電影，但在熾熱的戰爭敘事中，莎韻——不，那口鐘的故事並沒有被撲滅，火焰持續地燃燒，直到戰後。

既然這口鐘如此知名，那它究竟在哪？

如果在地圖上找「莎韻之鐘」，會發現如今武塔部落附近有個同名地標。我騎機車到那，要是沒注意，或許連部落入口都沒發現。旁邊有間「葉家香世界辣椒莊園」，名稱氣派，外觀卻頗為普通，是尋常的販售中心，不過門前有個表情凶惡、卡通化的辣椒雕塑，我曾在礁溪、宜蘭等地見過，原來如此，是連鎖店嗎？

「莎韻之鐘」就在辣椒莊園旁。

莊園側面有幾個大型溫室，不知是不是培育辣椒用的，其間有條小路，兩旁的景觀植物比人還高，甚至讓人聯想到迷宮花園；走進去，原本遮住視線的樹葉逐漸向兩邊退開，眼前居然出現一座鳥居——

不，不是日本神社的入口，只是用來營造日式氣氛的仿品罷了。

這多少有點不倫不類。所謂「鳥居」，是分開人世與他界的門戶，那通過鳥居前往「莎韻之鐘」，究竟是進入了怎樣的「他界」？

穿過鳥居，有個亭子般的鐘樓。鐘樓造型頗為奇特，就像原本建了高高的鐘樓，才將底下擴建為亭子，因此鐘樓本身的柱子跟亭子共用。中間處，有塊離開地面、嵌在柱子間的碑，黑色石面寫著「莎韻之鐘」，一九九八年所立，另一面則寫了莎韻之鐘的始末。不知為何，碑底擺了一綑電線，給人一種未經維護的雜亂感。

走到碑旁抬頭仰望，能看到一個銅鐘——那就是莎韻之鐘？

答案是「否」，那不過是仿冒品。

其實原版的莎韻之鐘早已下落不明。有一種說法，是戰後「去日本化」，凡跟日本扯上關係的東西都要毀掉，因此原本的「愛國之鐘」搖身一變，成了帶來麻煩的東西，就算沒遺失，至少也要藏起來。無論如何，現已無人知曉真正的莎韻之鐘所在，最壞的情況，就是已被融化，拿去製成別的金屬，永遠失去其形狀。

不過，為何這裡有莎韻之鐘的仿品？

或許是因為莎韻遇難處就在附近吧！鐘塔旁有條小路，左邊綠油油的堤防對面，就是莎韻失足掉進的南澳南溪。經過武塔部落，大約走十分鐘，在往上的斜坡旁，有個簡陋的石碑，看來飽經歲月，上面寫著「愛國乙女サヨン遭難之地」……

沒錯。當年莎韻失足落水之處，就在這塊石碑附近，所以仿造的莎韻之鐘，或許算是另一種形式的紀念碑。

若是如此，為何鐘塔不蓋在遭難碑旁？這只是我的猜測：遭難碑位置頗為偏僻，如果沒有事先調查，幾乎不可能特別走進來。而辣椒莊園就在蘇花公路旁，往來蘇澳與花蓮的遊客，幾乎一定會經過那條主幹道——換言之，是觀光考量。

察覺這點，不禁感到有些無趣。那個重鑄的鐘，其魅力還不如殘破到看不清文字的遭難碑。

透過「莎韻之鐘」的名氣來推動觀光，這點不難理解，但如此一來，少女的悲劇不就以另一種形式被利用了嗎？鐘樓前的假鳥居，就是觀光化的表現吧！難怪總覺得少了點莊嚴肅穆。

不過，這並非莎韻之鐘唯一的複製品。

蘇花公路旁，沿著南澳北溪的某條產業道路進去，沒多久有個金岳部落。那是位於淺山的部落，給人的印象相當舒服。國小附近有個遼闊廣場，如果當停車場用，應該可以停幾十輛車吧。

廣場邊緣有個小小鐘亭，底座由深色的鵝卵石砌成，圍欄不像原木，而是刻有木頭紋路的塑膠，再塗上褐色，甚至沒有認真仿造木頭的質地。亭頂先以竹子為底，疊上瓦片，正中心是灰色的瓦當，看來同樣有些粗糙。柱子旁圍繞了圈淺灰色的繩子，讓人想到日本神社的注連繩，裡面吊了一口鐘。

底座鑲嵌的黑色石碑，寫著「莎韻之鐘」，二〇〇九年十二月竣工。

這裡的莎韻之鐘並未標在地圖上，我是偶然得知的。為何這裡也有複製品？都失去原件了，複製品居然還能鬧雙胞？但只要稍微調查一下，事情其實相當單純。

如前所說，日本時代的流興部落已成荒山野嶺，那部落的人到了哪去？根據《南澳鄉誌》，原來戰後曾有嚴重風災，流興部落聯外的八座吊橋全被摧毀，因此在政府的勸導下搬遷到山腳——是的，正如您所猜想，少女莎韻的故鄉流興部落，部分就遷徙到了金岳部落，換言之，當年跟莎韻一起加入女青年團的同伴，或村裡認識她的長輩、親戚，有可能就在這個部落裡。

這就是地圖上沒有這個「莎韻之鐘」的原因嗎？因為跟莎韻密切相關的人們，就住在這，鐘確實是憑弔用的，而非觀光，因此，沒有特別紀錄在地圖上的必要……？

當然，這只是我的猜測。或許有人不以為然，如果真是憑弔，為何還是用「莎韻之鐘」？那可是殖民的象徵，如果主角是莎韻，那鐘根本不重要。

不過，至少曾有這麼一段時間，那口鐘確實與「憑弔莎韻」連結在一起吧？如果那口鐘確實被部落裡的人使用，即使是殖民之聲，也無疑是生活的記憶——

那麼，誰有資格要求他們捨棄這份記憶呢？

通往海洋的「門戶」

從南澳繼續往南，來到宜蘭與花蓮的交界「大濁水溪」附近，騎機車大約半小時。在橫越溪水的大橋上看，乾枯的河床幾乎能用荒涼來形容，給人異星球的印象。這片河床大概有一公里寬，往海的方向看，除了鐵路橋樑外，還能看到電塔、工業煙囪、大型廠房。即使沉靜，但那些投餵能源就能持續運轉的機械巨獸，給人一種異質的拒絕感，彷彿不歡迎人們經過；雖是人類建造了這些工廠，與此同時，這裡也已非樂園。

回大濁水溪北側，一公里左右處有座漢本高架橋。這裡乍看來沒什麼特別，荒煙蔓草，在海的相反方向，是茂盛到驚人的樹林；這景色在蘇花公路上並不罕見，不過大約十多年前，這裡出土了千年以上的遺跡——

千年前，您能想像嗎？那時西班牙還被摩爾人統治著，英格蘭被維京人入侵，中國正處於五代十國的混亂，日本已廢止遣唐使，正在發展自己的文化……這是最晚的時間。早的話，遺跡甚至能追溯到兩千年前，也就是羅馬帝國時期。

這裡，就是所謂的「漢本遺址」。

其實這是很不可思議的遺址。您到現場看就知道，此地山勢陡峭，平地相對狹窄，不是什麼適合居住的地方；因此發現遺址時，考古學家也大感意外。雖然早已無人居住，但據附近的泰雅人所說，過去這裡被稱為 Blihun，意思是「門戶」。

什麼意思？這點無人知曉。不過，或許是通往世界的門戶吧。

漢本遺址中，考古學家發現了宋代錢幣、唐代的長沙窯釉陶壺、中國古代青銅器、來自南洋的玻璃珠、瑪瑙珠等，充分顯示這裡的居民從事海洋貿易。我不禁想到巴賽人，巴賽人被西班牙人紀錄的年代是十七世紀，那千年前就從事海上貿易的 Blihun 人，跟巴賽人有關嗎？

會選這麼不利居住的地方，或許表示對千年前的海洋貿易來說，此地是必要的中繼站。為何是這裡？要是持續研究，大概能解開更多謎團吧！然而現在的漢本遺址已被灌進水泥，即使考古團隊已盡可能搶救，過程也相當緊張、混亂——這就與前面提到的「爭議」有關。

颱風期間，遊覽車因土石流墜海，那場悲劇促使政府推動改善蘇花公路的工程，也就是蘇花改；某天，隨行的考古人員吃麵時，無意間看到一塊陶片，連忙檢查機具挖出來的坑，發現許多因施工而破碎的陶片。根據法規，他們必需通報文化資產主管機關，所以工程立刻停下，改由考古團隊進行調查。如前所說，考古團隊根本沒想到這裡會有遺址，而挖掘之後，更驚訝於這個遺址的文物之豐富，還是解開眾多史前謎團的關鍵——

問題是，挖掘文物需要時間。

這不是簡單的工作。至少不是怪手來這裡鏟一鏟，就會掉出文物來。考古學家必須極其小心，不只文物，還要避免破壞耕地、房屋遺址的原始樣貌。而且最初發現文物的位置只是一部分，遺址範圍很可能遠遠超出那個區域，到底這古代聚落有多大？這些都需要調查，於是調查進行了好幾年，這段期間，工程只能延宕。

對政府來說，這或許是巨大的浪費。

當時的花蓮縣長頗感不滿，頻繁在新聞上說考古團隊動作太慢，是國際級的笑話，還說不是不重視考古，但死人難道比活人重要？

——這等於指責考古團隊草菅人命。

記得當年在看到這句話，便覺得說不出的怪，或許是情境太極端，根本不留任何權衡空間吧。如果這話成立，考古學還有存在的必要嗎？畢竟考古學就是在「研究死人」。而且，雖然這番指責給人考古團隊不重視人命的印象，但「活人」到底是指什麼？指的是活人的命嗎？顯然不是，因為不是只要考古團隊繼續挖掘，就會有人逐漸衰弱而死。所以這裡說的不是「命」，而是「活人的利益」。

所謂利益，是十分廣泛的。

經過危險道路，面對發生事故的風險，這當然是利益受損。但講極端一點，生活的不方便、不開心，其實也是利益受損。譬如工人抗議遊行，會不會影響交通？如果會就可惡了。雖然為何工人要上街抗議，很可能也是他們喪失了利益，甚至處在生死存亡的關頭，但就算如此，他們的死活也沒有我上班準時重要，別人利益與我何關？任何讓我遲到三十分鐘的人，都得付出血的代價！

這就是「活人比死人重要」——任何有損活人利益的事，即使只是不方便、不舒服，考古學都要退讓。只要將所有利益不分輕重放在天秤的其中一端，自然就沒了權衡空間。但這樣一來，文資保存還能成立嗎？工人可以抗議，但死人要怎麼抵抗還在活動、能主張自己權利的活人？

這是當年的想法，最近的感慨又不同了，因為死人也可能比活人重要。

譬如祖墳。反正埋的是死人，怎麼不挖掉開發？慈湖陵寢這麼大片土地，死者又不需要，怎麼不為了活人善加利用呢？如果這麼說，肯定會引起某些人的反彈情緒吧！所以，其實不是活人比死人重要，而是「某些死人」不重要。是的，活人有階級，死人也有。有些人死後毫無價值，被犧牲也是剛好，這就是「活人比死人重要」隱藏的含義。

東海岸旅程進行至此，相信您也已注意到，在主流敘事中，我們很容易將古老的東臺灣視為封閉、被世界隔絕之地；嘴上說著桃花源，但心裡想著蠻荒落後的人，恐怕不在少數。但這並非事實。

面對太平洋，眾多國家的船隻都會經過此地，就像漢本遺址挖出宋代錢幣，是宋國商人直接來交易嗎？還是錢幣作為一種貨物，透過別人的手輾轉來此？遺留物有大量金箔，顯示漢本人會將金箔裝飾在木頭上，木頭在土地底下腐化，才留下金箔，那黃金是哪來的？遺址中發現了煉鐵爐，表示他們有冶鐵技術，任何一種技術都不是單獨存在，既然能冶鐵，鐵又是從哪裡來？是交易得來，還是他們有能力採礦？無論答案是什麼，這個千年前的遺跡，都呈現了跟主流想像截然不同的「東臺灣」。

不過這樣的歷史，也「不重要」。至少沒有活人重要。這大概是民主國家的宿命吧！古代民族沒有投票權，沒人知道他們是誰，甚至不確定是哪個族群的先祖；既然如此，當然沒有任何維護自己的手段——

簡直是殖民地悲歌。甚至連歌聲都沒人聽見，只有無處駐留的悲傷，至今無法落地。

第八夜

得其黎

——黃金與水泥

得其黎
清水斷崖
崇德遺址
得其黎
馬偕

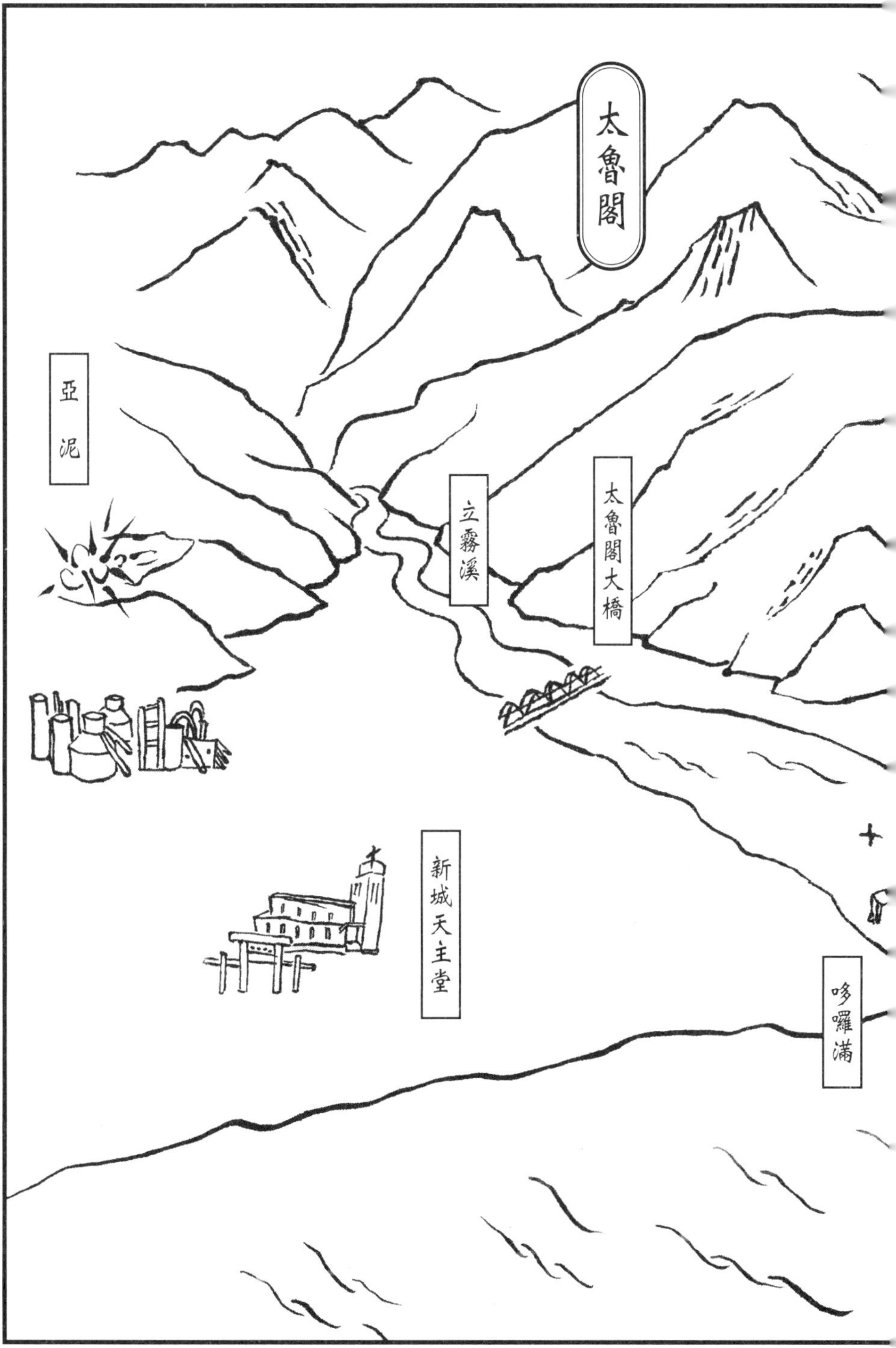
太魯閣
亞泥
立霧溪
太魯閣大橋
新城天主堂
哆囉滿

一八九〇年，馬偕牧師風塵僕僕地從南方澳出發。那時北路已開，卻沒走陸路，或許是仍有風險吧！在此之前，馬偕到過南方澳幾次，已有信眾，猴猴族與漢族唱著聖歌，在港口為馬偕送行。根據回憶錄，前往花蓮的夜晚，馬偕看到了不可思議的景色。

雖已入夜，但沒有一個人想睡覺，每一個人找一個不妨礙船伕划船的位子坐著或蹲著，我則坐在船尾舵手的旁邊，那是一個觀察景物的好位置。整個旅程的景致都很美，但那個晚上的景色特別美。在我們的右邊有長滿樹木的山脈，又高又長，像是數座豎立的黑牆，而左邊是一片廣闊無際的海水，頭上是閃閃發光的星星，下面也有水母、沙蠶和滴蟲這些海洋的孩子們在發著光。我曾在孟加拉灣及阿拉伯海的輪船航道上看過極美的景物，但從沒見過像那一晚所見到那樣美妙的發著磷光的情形。坐在船上，身體低得與海面幾乎一樣的高度，我用手把像似果凍的水球撈起，我的手指就像是燒紅了的鐵棒，有熔了的火球一顆顆的滴下去。還有無數夜裡發光的粟粒狀小生物，以如閃電般的速度上到水面就又竄射到四處，就像打鐵匠手中的鐵鉆四射的火花一般。船伕每搖一次槳就有火光四射，我們的小船就像在閃耀的光上滑行，並且不斷的穿越琥珀和金子的光芒之中一樣。[1]

那一晚濃郁的幻想感，已不需畫蛇添足，不如說，過度渲染反而褻瀆那樣的奇景。若不是馬偕牧師，我甚至懷疑紀錄者說謊，世上哪有這樣的景色？讓我驚奇的是，他彷彿不是第一次看到，如果是我，大概會驚奇地在船上跳來跳去，興奮不已吧！那個時代的旅行者，就是有不會大驚小怪的氣魄。

撇開海面下游動的水母與沙蠶，最讓我印象深刻的，是流動於大海表層的耀眼光輝；看到這段，我想到金門、馬祖的藍眼淚，那是一種夜光藻，受到刺激會發出冷光，譬如隨海水撞到礁石，會因撞擊而轉瞬發光，成為揭露潮水動態的光流。用手或槳撥動海水，也有類似效果。馬偕將海水捧起，看到融化的光球從手中滴落，非常像夜光藻的表現；問題是，夜光藻只發出冷光，而馬偕牧師看到的，卻是金色琥珀般的暖色光輝……到底什麼生物能造成這種現象？

老實說，這把我難倒了。

據調查，海裡的生物發光現象多半是冷光。至少我找不到能綻放金色光輝的細小生物。那麼馬偕的見聞是夢，是幻，還是超越常理的奇蹟？這我當然無從得知。不解之餘，甚至都要懷疑馬偕是不是有色盲了。但色盲種類中，真有會將冰冷藍色看成金色嗎？還是說，馬偕遇到了前所未聞的海中生物，只是這一百多年來環境變化，將它們消滅了？

逆著黑潮，馬偕所說高聳黑牆，大概是蘇澳到花蓮間的懸崖峭壁，包括世界知名的清水斷崖。我想追隨他的足跡，卻沒機會從海上看斷崖，只能由臨海道路俯瞰，即使如此，也已被這兼具壯

1　馬偕著，林晚生譯，《福爾摩沙紀事》。

闊與纖細的風景震撼。

山與海的顏色都太過純粹了，像龐大神祇間的對峙。但神祇並無敵意，至少沒有毀滅對方的意思，只是炫耀般地彰顯自身的光彩。破碎的黑色礁石與白色浪花，像敬拜神明的子民，既敬畏，又不得不對抗神明的壓迫。河谷附近，烏雲與灑落的陽光同時出現，將畫布割出不同顏色。海霧微微發光，讓遠方的景色像要融化般，連神祇的界線都醺醉恍惚。臨海道路這類人造物，在自然中楚楚可憐，又有些寂寞，但從人類的角度，卻弘偉又崇高；畢竟開路所面對的，是能嗤笑人類渺小的大自然。

和仁到大清水間開通了新隧道，原本臨海道路無人使用。我經過時，甚至有人騎腳踏車，悠閒之至。世界最危險的道路，現已成了老少咸宜的舒適景點。

往花蓮港方向，立霧溪從遙遠的深山娉婷步出，切割出不可思議的壯麗奇景。百年多前，馬偕牧師花了整晚南下，大約日出之時，他們划到一塊突出的平地。山上不遠處有房子，岸邊則有幾個原住民，附近有溪流，或許就是立霧溪吧！他想起十幾年前也曾搭船經過該處，曾有幾百個原住民衝到海岸，似乎要對馬偕他們不利；但他們沒靠岸，多虧神的旨意，一行人才存活下來。

為何我認為馬偕看到的是立霧溪？

首先，「突出」這種說法，表示該地形從海上遠眺就十分醒目。從清水斷崖看，立霧溪那邊的三角洲地勢急緩，長長突出，像刺進海中的矛，符合這種描述。如果這推論正確，那讓馬偕心驚膽戰的部落，很可能就是立霧溪旁的太魯閣聚落，「得其黎」——

這個從金包里開始就聽到的傳說之地，總算進入我們的視野。

得其黎

您或許已不記得，請容我前情提要。金包里巴賽族流傳的犬祖傳說，同時也流傳於花蓮秀姑巒溪流域的阿美族部落，據後者稱，最初犬祖就是在「得其黎」上岸。宜蘭的哆囉美遠，祖先之地同樣在薩那賽，卻不是直接落腳宜蘭，而是先經過得其黎，甚至認為得其黎就是薩那賽。不只這些，其他族群傳說中，也有不少以得其黎作為遷徙起點或中途點。這是史實，或是傳說彼此影響的結果？實在不是我能判斷的。[2]

值得一提的是，「立霧」其實是日本人以漢字標記「たっきり」這個發音，用羅馬拼音是Takkiri——沒錯，「立霧溪」就是「得其黎溪」。

傳統的得其黎，似乎是片廣狹的海岸區域，但現在提到得其黎，指的就是立霧溪旁的「崇德部落」；隨著人群在土地上如流水般繁衍，地名之間的空隙已不存在。

2 譬如臺東太麻里也有名為「德其里」的阿美族部落，據說是日本時代從立霧溪流域遷過去，見〈原住民族資訊資源網〉，https://www.tipp.org.tw/tribe_detail3.asp?Ciry_No=18&TA_No=7&T_ID=143。值得一提的是，雖然網頁說是日本時代遷徙，但那也可能只是對「過去」的模糊印象，而非具體時代。

沿著蘇花公路到崇德村，右側山勢依舊高峻，左側則逐漸平緩，茂密的樹林間，隱約能看到海。切進小路，我來到立霧溪口北側的海岸。

這是地圖上寫著「崇德礫灘」的地方。不過實際走在上面，也非全是石礫，靠近山的部分以細沙居多，甚至有樹林直接長在沙灘上，那種樹的葉子細如松針，或許是為了減少水分蒸發。形象帶刺，但針葉偏軟，看來垂頭喪氣，有種披頭散髮地掛在樹梢的印象。它們長成森林，保留了濕氣，讓沙灘森林在體感上與淺山沒太大區別。

九十多年前，知名畫家陳澄波在此畫了〈東臺灣臨海道路〉[3]。這幅畫曾失蹤數十年，直到近年才重見天日；礫灘上，北方宛如鋼鐵般堅硬的懸崖群峰，像被人用油畫刀刮出一道傷痕般，人工的奇蹟——臨海道路切穿其間，無論繪圖或實景都是。

這幅畫是日本總督的委託。

選擇這個場景，大概是讚頌現代工程的偉業吧！雖然畫面構圖平和，並肩而行的太魯閣族親子走在臨海道路，海灘附近有田畝與房舍，兼具南方的野性與田園祥和，但臨海道路得以完成的前提，是太魯閣族放棄抵抗；在委託作畫的十幾年前，帝國以一萬多人大軍發起太魯閣戰爭，恐怖的慘殺後，最終逼迫太魯閣族臣服，這才有了〈東臺灣臨海道路〉的風景。

✤ ✤ ✤

日本時代，太魯閣族被視為泰雅族的亞族，因為文化頗為相似。譬如他們都紋面，都有「Gaga」或「Gaya」這種傳統規範，死後靈魂都會經過彩虹橋。流傳於部分泰雅族的魔鳥傳說，[4]部分太魯閣部落也有。會強調「部分」，是因為確實有部落不存在魔鳥與養魔鳥的妖術師。即使如此，語言也不同。更重要的是，太魯閣族也不認為自己跟泰雅是同族。將彼此不認同的族群強行視為同一族，只是造成彼此的困擾；因此到了二十一世紀，太魯閣族成功正名，能實現自己的認同。太魯閣國家公園之名，就源於其自稱，他們分布於太魯閣地區，而且至少在清國時代晚期，就已離開立霧溪切割出的峽谷，來到近海區域。

得其黎部落即是其中之一。

靠近峽谷方向，村子入口處，有個兩層樓高、造型奇特的石造碑體。上面釘著金色的「達吉利」三字，跟「得其黎」是不同譯法。前方石碑寫著村落沿革：

> 太魯閣人於數百年前，由南投陸續遷至立霧溪與木瓜溪流域時，有部分族人抵達崇德上方山腹，即今天主堂上方，看到美麗的太平洋，景觀極為優美，該聚落社人乃稱呼「達吉利」

3 當時我沒看出來，但家母聽我描述其外貌，說應該是「木麻黃」。

4 「魔鳥」是非常值得研究的俗信，可惜這裡無法細說，有興趣的讀者可參考拙作《殖民地之旅》，有個章節分享了眾多「魔鳥」相關事蹟。

> （Dayal giri），即為「這麼美麗、非常美麗」之意；另崇德村南方台地盛產楓樹，居住在此聚落則稱為「德嘎崙」（楓樹之意）。由於，崇德村「達吉利」社戶數較多且腹地較大，因此，崇德村在太魯閣人至今仍稱該地名為「達吉利」。

雖然碑文稱「得其黎」是「非常美麗」，但我還見過其他說法；有說「得其黎」是太魯閣語「岩石」（Tasil）之訛誤，或來自南投祖居地，又或是產魚很多之地等等。這麼多說詞，不禁讓人疑問這會不會並非太魯閣語，因此才用現有的太魯閣語強行比附——

當然，沒有根據。不過荷蘭時代就有「得其黎」的紀錄，那麼當時住在這裡的族群，真的是太魯閣族嗎？還是原本就有這地名，後來太魯閣族遷徙至此，將其沿用呢？如果是後者，或許就能解釋為何同一地名有這麼多說法。

日本學者中村孝志認為，太魯閣族是在荷蘭時代以後才到立霧溪口，因此當時提到的所有村落、地名，一概與現在的太魯閣族無關。現在有沒有新說，我不清楚，不過在紛紜眾說裡，算是提供一種解釋。

另外，中村孝志認為荷蘭時代的得其黎部落不在現址，而在立霧溪以南，是新城附近的阿美族聚落；既然如此，現在稱為得其黎的地方，在荷蘭時代又是什麼樣貌？請注意，接下來說的只是一種可能。現在的得其黎所在，或許曾是赫赫有名的傳說之地——

黃金之鄉，哆囉滿。

如夢似幻的黃金鄉

臺灣有產金。

這不只是傳說，也是事實。且不說工業時代，像壓榨般從山裡源源不絕掏出的金礦了，前夜提到漢本遺址有金箔出土，表示至少千年以前，漢本人就知道黃金，也製作金箔；噶瑪蘭族有所謂「金鯉魚」，是以金屬絲製作造型，再鋪上金箔的首飾。這些都證明東海岸族群早就知道黃金存在，也是日常生活的一部分。

當然，全臺不只一個產金地，但要說最神祕、浪漫的，除了漢人文獻的哆囉滿，大概不作第二處想。傳說中，哆囉滿位於「後山」，難以抵達，但又有種種線索指出它存在，基隆、恆春半島都有與其交易黃金者。這樣的地方，自然會孕育出膨脹的幻想。

漢文獻對哆囉滿的紀錄能追溯到康熙時代，距鄭氏王朝、荷蘭時代沒多久。[5]有個傳說是這樣的，鄭氏王朝曾派人採金，原住民聽了，說：「這下那些漢人要糟了。」旁人問怎麼回事，原住民說：「過去日本占據臺灣，要在臺灣採金，荷蘭人就來了。後來荷蘭人要採金，鄭成功就來了。現在鄭氏要採金，恐怕他們的統治不長久了。」

鄭氏王朝真有派人採金嗎？有也不足為奇。荷蘭人、西班牙人都知道東臺灣某處產金，也曾

5 郁永河的《裨海紀遊》、陳小厓的《外記》都有提到。

派冒險團探勘，而他們的情報源，正是有跟產金地交易黃金的族群。他們沒理由隱瞞鄭氏王朝。但鄭氏派去採金的地方，是否就是西方人追尋的哆囉滿？這就不清楚了。

認為採金會造成改朝換代，顯然是相信黃金有魔力。這不是唯一關於黃金的禁忌。《臺灣雜記》說雞籠山後的三朝溪[6]有金山，當地原住民看到溪裡有砂金，有的甚至大如拳頭，但撿起來便雷聲大作，那是上天的警告，直到將黃金丟回溪水裡才止歇。照這傳說看，採金簡直是某種逆天悖理之事，如果沒有魔力，沒理由引發這種現象。

漢人眼中的黃金之鄉哆囉滿是個謎團，對東海岸族群則不然。荷蘭接收西班牙統治區域時，雞籠有位會西班牙語的巴賽人，他有個源於希臘語的名字：Theodore。Theodore 跟荷蘭人報告哆囉滿之事，並說自己去過。如果這位巴賽人沒有說謊，那次對話其實揭露了很多訊息；譬如，哆囉滿跟整個東海岸交易黃金，這些人再用黃金跟漢人交易食物或布，而且這樣的交易早在西班牙人到來前就在進行。

有趣的是，哆囉滿人擁有金、銀等貴金屬的知識，甚至會用試金石來檢測黃金的品質或真偽。不只巴賽人的證言，還有一位久居雞籠，已娶巴賽人妻子的日本人到過哆囉滿。他說哆囉滿人能分辨黃金與銅，方法是用火燒，銅會變色，黃金不會。而且他也看過被製成金箔的黃金。這些證詞相當詳盡，不像信口雌黃。荷蘭人曾派出探險隊，最初他們在澎湖得知臺灣產金，接著在瑯嶠打聽到東海岸某處產金，便一路往北調查。驅逐西班牙人後，他們自信掌握了種種線索，於是再度集成探險隊，終於抵達名為哆囉滿的村落——

不過，這趟冒險收穫不大。

哆囉滿人對荷蘭人頗為警戒。而且他們手邊雖有黃金，但量不多。在多番打聽後，只知大風雨過後的日子，哆囉滿旁的溪流會出現金砂，居民便在此時到河中採金。對荷蘭人而言，這情報沒什麼價值，不過是溪底金砂，產量不穩定，拿來補貼探險費用都不夠。他們要找的是金礦，但礦源在哪？直到荷蘭統治結束，他們都沒機會進山調查，後來的鄭氏王朝與清帝國別說深入，甚至與後山保持距離，於是哆囉滿再度成為祕密之地，神祕的黃金礦也繼續藏於深山，只剩西班牙紀錄中，日出之時閃耀著炫目光彩的礦山想像……

不過，荷蘭人留下的資料相當可貴。

跟徘徊於傳說間的漢人不同，作為實際抵達哆囉滿的調查團，荷蘭人不只直接與哆囉滿人互動，也紀錄當地的族群關係。現在我們知道哆囉滿以巴賽語為母語，是個巴賽聚落——巴賽族不只是海上的商人與海盜，也開採黃金；除他們外，還有別的族群在金砂溪裡淘金，其中一個族群居住在淺山地帶，有學者認為是猴猴族，後來他們受鄰近的族群威脅，才離開故地。[7]

哆囉滿似乎與阿美族關係密切。荷蘭人第一次到哆囉滿時，哆囉滿立刻通知花蓮平原上的阿

---

6 三朝即三貂，這裡的三朝溪，或許是現在福隆海岸的雙溪。

7 太魯閣國家公園管理處委託研究報告，〈原住民文化與國家公園永續經營之研究：太魯閣立霧溪流域人文活動之研究〉。https://www.taroko.gov.tw/News_Content.aspx?n=5522&sms=10330&s=227097。

美族，一個被稱為「真正的家」的部落。[8]這表示哆囉滿離花蓮平原不會太遠。

不過，這些文獻中的金砂溪流，真的就是立霧溪嗎？這附近又不只一條河流，要證明現在得其黎部落的位置就是傳說中的哆囉滿，是不是還少了點什麼？

✤ ✤ ✤

崇德部落有間不起眼的小餐館，就在蘇花公路旁，裝潢風格頗為符合時下年輕人美學；正面有幾扇落地窗，大門是原木拼裝，邊框塗上綠松色，裡面的裝潢簡約不失溫馨。這裡的餐點保留部落風情，也改造為觀光客熟悉的形式。除了餐飲外，還提供咖啡、文創小物、體驗課程等，能感到某種屬於地方的動能。

但對我來說，這間餐館最特別之處，是裡面有個小小的考古展示間——介紹從這塊土地挖掘出的「崇德遺址」。

不只解說牌，還展出復原後的文物。其中有個陶壺的紋路像蓋滿三個同心圓的印章，這些同心圓頗為凌亂，彼此無秩序地重疊，乍看來有些混亂，但若要捕捉圓的動向，竟產生某種渺茫雲霧間般的奇特感受，彷彿底下隱藏著洶湧浪濤，難以捉摸。

「崇德遺址」的範圍與崇德部落高度重疊，隨便進行什麼工程都會挖到考古文物。對地主來說，這很麻煩。在臺灣，許多考古遺址都是施工時發現的，而挖掘遺址顯然會延宕地主原有的計畫；即使有政府補助，有時地主不用負擔額外開銷，也不見得能安撫計畫被打亂的不快，所以考古團隊被憤怒的地主趕走，稀鬆平常。我看過一篇文章，就在討論居住權與文物保存的兩難，這問題在與遺址高度重疊的崇德部落尤其尖銳……這麼想著，不禁覺得這間餐館經營的小小考古展間意義非凡；在這裡介紹考古遺址，恐怕不僅是面對觀光客，也包括與在地居民的溝通吧？

崇德遺址與哆囉滿有何關係？據記載，這裡是全臺最早挖出黃金製品的遺址，而且相當早，大概八、九十年前的日治時代就已發現。

立霧溪究竟是不是荷蘭文獻的金砂之溪，日本時代早已激烈討論過，畢竟以現代工業的力量開採金礦，其產能與溪水裡淘金不可同日而語。日本人深信立霧溪上游有金礦，就在太魯閣峽谷開鑿了「產金道路」，現在峽谷的天王橋下，還有間不動明王廟，就是那時未竟的產金事業的遺跡；這間廟並非建在地上，而是深藏於溪谷間的洞窟，要經過窄小的紅色樓梯下去。地下水由洞窟底部流出，有幽深寂冷之感。廟誌是這麼寫的：

原開基明王金尊系於日據時代昭和十年（民國二十四年）間開闢太魯閣至天祥間即謂「產金道路」時發現該聖地尚有川流不息之天然泉以及天然仙洞靈氣旺盛，日人為祈禱出入工程

8　文獻上寫 Tallaroma，現在似乎是對應到荳蘭部落。中村孝志，〈荷蘭人的台灣探金事業再論〉，《臺灣風物》四二：三（一九九二年九月），頁八五－一一八。

員工及遊客之平安，則以起顯在此聖地安奉不動明王敬拜，聖靈靈驗非凡。

過去我曾在幾個溫泉區見過不動明王像，如北投、關子嶺，似乎被認為能鎮守溫泉。但太魯閣為何設置不動明王，我就不清楚了。若要望文生義，「不動」也有穩定、平安之意，而開路是危險之事，或許是基於這種聯想吧？又或者設置此像的人是日本密宗的信徒。

現在這間廟已完全漢化，兩側柱子就像尋常廟宇般寫著對聯。正中間瞪著大眼，手持金色寶劍的漆黑不動明王，不知為何粗壯得有如日本動畫裡的妖怪狸貓；與其說有日本風情，不如說帶著點卡通感。

總之，對日本人來說不只溪口，整條立霧溪都是金砂溪，上游有著源源不盡的黃金！直到第二次世界大戰，這個充滿野心的產金計畫才被迫中止。但大家還活在淘金夢時，有個日本人不打算深入太魯閣，或許他認為只要下游有礦脈，就沒必要負擔深入山區的額外開支，因此購入立霧溪口北部的礦區進行開採——這個位置，大概是前面崇德部落碑文提到的「德嘎崙」部落所在。

不開採還好，一挖之下，竟挖出了兩百多具人骨。

身為推理小說讀者，看到這段紀錄，我可是興奮大於驚駭。而且不只人骨，還有金條、針金、製作金器的加工工具等。當時日本人推測這批骨骸屬於前來淘金的西班牙人或荷蘭人，但我持懷疑態度。要是真有兩百多人的探險隊死在這，會沒有紀錄嗎？這可是相當驚人的數量！可惜骸骨沒經學者正式研究，連是不是被殺害都不知道，現在雖有荷蘭人葬身於此的傳說，卻屬於臆測，沒有證據。

說起來，也不難理解為何有這種傳說，畢竟荷蘭探險隊在東臺灣尋寶，確實充滿了浪漫綺想；但提出此說者沒考慮原住民，或許是不相信幾百年前的住民有能力加工金屬吧！別說他，現在隨便找個人問，您認為千年前的東海岸民族有沒有辦法採金、冶金、加工金屬？回答也很可能是「沒辦法」。

現在，考古學已有更多技術去瞭解古代，如透過碳定年，能知道崇德遺址至少能追溯到一千兩百年前，而根據出土的晚期遺物，至少三百年前還生活於此，換言之，這是一群擁有冶金技術，且能加工金屬，打造金箔，至少三百年前還生活於此的族群——與四百年前來探險的西班牙人、荷蘭人時代重疊；綜上所述，崇德遺址是由傳說中的哆囉滿人遺留下來的可能性相當高。

前陣子，崇德遺址挖掘出北宋銅錢「熙寧通寶」。我不禁想到前夜的漢本遺址也曾出土宋代貨幣，這讓我有了幻想。該不會漢本遺址的居民，跟崇德遺址是同一民族？千年前，這些可能與巴賽人有關的族群，是不是分布於東海岸，每個聚落都是商業據點，也是海上劫掠的據點呢？

當然，這只是毫無根據的臆測。

✤　✤　✤

跨越立霧溪口的「太魯閣大橋」，是全長超過一公里的拱橋，從橋上俯瞰立霧溪，或許會詫異溪水如此清澈，平坦遼闊的石礫河床上，立霧溪分出無數支流，又重新交會，它們排開前方的石頭，靜謐又強勢地騰出河道，河床被近乎透明的暴力整肅。溪流較深的部分，從空中看呈現淡漠的青灰色，除了這部分，不同顏色、大小的石礫都清晰可見，就像收藏在水晶櫃裡的展示品。

如果幾百年前的景色也是如此，也無怪溪畔居民能看見金砂。

哆囉滿人告訴荷蘭人，風雨過後，溪水暴漲，大量金砂被沖刷下來，他們便趁機淘金。這河床如此開闊，容納幾千人也不是問題。我不禁幻想幾百年前，淘金者們在寒冷刺骨的冰水裡彎腰撿拾碎金的景色。

不過，能在橋上看見溪底，河床也是如此嗎？

為了確認這點，我費了好大力氣才走上河床探查，結果發現溪邊只能看到陽光反射，要是不自己走進溪裡，是看不清溪底的。既然如此，過去居民會發現砂金，大概是捕魚或其他理由。

現在河床幾乎沒什麼人，只有小型越野車的輪印。我曾看過越野車隊輪流穿越河床，那是只能乘坐兩人，頗適合情侶共遊的車款——現代人甚至不願花力氣行走了。

這個時代的風雨過後，還能發現砂金嗎？

據我所知，即使發現也不能買賣。那段狂熱淘金的時代已不復返。但最後的印記停在何時？據調查，崇德聚落有間祭拜鄭成功的漢人廟宇「和平宮」，早在日治時代就已存在，據說那群漢人會來此地，就是為了趕上臺灣的淘金熱——淘金早就不再是哆囉滿人的專利。

熱潮持續到一九九〇年代，直到這裡不再是礦區，禁止採礦淘金才結束。

雖說崇德遺址可能是哆囉滿人所遺留，但不表示居住其上的太魯閣族與此無關。這些累積的歲月，終將使他們也成為文化層的參與者。

考古學家曾在遺址找到大量民國時代的一元硬幣，這是怎麼回事？一問之下，才知道是太魯閣族的習俗；如果家裡有厄運，或發生壞事，就把一塊錢埋進土裡，祈禱使惡靈退散。在那個年代，一塊錢也是蠻大的面額。不懷著付出些什麼的覺悟，是不能驅逐惡靈的。如果考古學家沒發現這件事，過了幾百年，由另一批考古學家挖出，或許這麼大量的一元硬幣會成為謎團，但那個時代的考古學家，還能區分崇德部落與哆囉滿嗎？

說起來，為何原本的哆囉滿，現在是太魯閣人居住？或許是荷蘭時代後，太魯閣族往東遷徙到溪口，與哆囉滿人起衝突，逼迫哆囉滿人撤離。這可能解開了一個謎——宜蘭的哆囉美遠人，不是說祖先來自得其黎？大概是逃離故地的哆囉滿人與同為巴賽族的哆囉美遠人會合，將自身的身世帶進哆囉美遠的傳說。此後，從薩那賽來到臺灣的先祖，便多了一個最初的登陸地：得其黎。

✤
✤
✤

水泥之城

若真如中村孝志所說，過去的得其黎是阿美族部落，那也已是幾百年前的陳年舊事。清國後期，太魯閣族的地盤擴張到立霧溪外的海岸、山谷間，阿美族早已被驅離。北路開通後，陸續有漢人移居，據說為了防範太魯閣族，他們在立霧溪南方建造了防禦城池，而有「新城」之名——當然，這種說法也可能是望文生義，或許「新城」有別的典故，只是現在難以知曉。

現在的新城，是個袖珍、樸素的濱海小鎮。這裡有間只租書、不賣書的書店，就在古樸的大樹旁，外面擺著頗為狹窄，但有情調的木製長椅。我在這裡喝了杯菊花茶，享受放鬆的氣氛，右手邊不遠處有個牌坊，上面寫著「天主教會」——

不，仔細看，那不是牌坊的造型，是鳥居。

我有些驚訝。二戰後，許多日本時代的文物都被破壞，這鳥居竟被保留下來；經調查，才知有鬼影幢幢的傳聞。據說原本國民政府也沒打算放過這間神社，但拆除過程中有士兵發瘋，最後無人敢用這塊土地，就棄置不顧，直到天主教神父到來。這是否表示天主教的神力更強，鬼魂無法侵犯？但也可能沒這回事，只是傳聞，或士兵發瘋另有原因。

其實現在的鳥居也非原貌。

根據老照片，以前的鳥居是一根橫桿底下有兩根柱子，接近上方處再加根橫槓的簡單構造，但現在兩根橫槓間被補上水泥壁，「天主教會」四字就是寫在那。不只如此，鳥居兩側也加上柱子，明顯是模仿「牌坊」的造型。這或許是避免鳥居被破壞，將其偽裝成牌坊的妥協之舉吧。

穿越鳥居，古老的參道頗為清幽，幾乎全被綠蔭籠罩。兩旁有日式石燈籠與景觀植物，教會建築隱藏在樹叢間，牆上爬滿藤蔓，看來竟像是宮崎駿動畫裡的魔女之家，只是屋頂有十字架。

參道盡頭，神社拜殿所在，現在擺著聖母瑪麗亞神像，祂神情穩重，凝視遠方。看著這景色，我心中頗為觸動。隨政權更迭，此地的神祇遭到驅逐，但當不同宗教進駐，竟未大肆改動、變造成自己的模樣，實在難得。雖然也可能是資源不足，但不排除是對地方脈絡的尊重。總之，最後能以這種多元文化融合的樣貌保存下來，或許稱得上奇蹟。

但說到新城神社建立的過程，卻頗為慘烈。根據神社遺址前的解說牌，日本剛統治臺灣時，有日本士兵侵犯了本地少女，引起太魯閣族反抗，最後殺了十三位日本士兵；不知為何，這些士兵沒有正式埋葬，而是到了十幾年後的太魯閣戰爭期間，才重新收拾遺骸，最後在附近立了「殉難將士瘞骨碑」，神社也是在此時建造。換言之，神社就像日本統治力量穩固的證明，奠基在太魯閣族的臣服上。

剛剛說的書店附近有個亭子，是傳統中國式涼亭，匾額寫著「亞泥亭」。

亞泥——亞洲水泥的簡稱，我有些驚訝。

其實沒什麼好驚訝的。畢竟亞泥的花蓮製造廠就在新城附近。但這座亭子立在這裡，難道是種耀武揚威？畢竟這附近，亞泥應該沒什麼值得尊敬的好名聲，至少我身為旅人的認知是如此。

✤　✤　✤

最初知道亞泥，是在齊柏林導演的紀錄片《看見台灣》。

這部紀錄片裡，導演空拍亞泥礦區，感慨臺灣的山林被開發侵蝕，變成水泥外銷，其實臺灣不需要這麼多水泥，因此最後犧牲了臺灣山林，卻只有亞泥賺到錢。

是否認同這樣的論述，見仁見智。畢竟也有「難道為了環境就不用開發了嗎」之類的意見。至於犧牲可以留給子孫的大自然，卻只有少數人賺到錢，從臺灣社會主流的功利思想看，或許會認為是商人的本事，沒有任何問題。

不過，亞泥的花蓮礦區多半位於太魯閣族傳統領域，為何能取得這些土地？就有種種爭議了。老實說，亞泥是否違法，我並非法律專業，說不出什麼有用的見解，但作為沒有利益關係的旁觀者，若是瞭解事情大概的前因後果——

我想多少會升起「不公平」的義憤之情吧。

許多人覺得原住民喪失土地是過去的事，其實並非如此。直到本世紀，挾國家之威能併吞原住民土地之事仍所在多有，這是現在進行式。接下來說的，也只是其中一個案例。

事情始於一個荒謬的情境：新城原住民無法證明自己擁有土地。

幾十年前，當地太魯閣族面對一個困境。要證明擁有土地，首先要先取得耕作權，滿特定年數才能取得所有權。但亞泥來了之後，居然把地圍起來，讓居民無法耕作；而且跟政府溝通的過程中，不知是什麼原因，居民竟以為只是借給亞泥採礦二十年，之後會歸還，就沒進一步追究，二十年過去，才發現並非如此。

有些人可能不以為然，覺得是原住民不懂法律，自己沒搞懂情況。可這話並不公平。不管是不是原住民，我們這些小老百姓也未必懂，這種情況也可能發生在我們身上，與族群無關；而且這並非唯一的爭議，二十年後，冒出一批居民簽署的耕作權放棄書，這表示大家放棄了土地的權利，但許多人根本沒有簽署的印象，甚至很多放棄書的筆跡像是出自同一個人——

這就有了偽造文書的疑慮。

如果爭議只有如此，那就算了。透過官司，有些居民確實取回了耕作權、所有權，但還是無法取回土地，為什麼？因為《礦業法》有一條，大意是當礦業權者跟地主無法達成協議時，只要付一筆錢就可以繼續使用。換言之，打贏多少官司都沒有用，只要亞泥不願歸還，付錢就能解決。嚴格說來，這不是亞泥的問題，而是《礦業法》的規範，但為何會有這麼離譜的一條？

大概是為了「經濟」吧。

那個年代，人們或許是這麼想的。只要經濟能發展，就算犧牲少數人也沒關係。為了賺錢，哪有時間、金錢去應付無關緊要的「個人損失」？不過我說不是亞泥的問題，倒沒有幫他們開脫的意思，畢竟居民已打贏官司，表示亞泥有「歸還」的選擇，而他們沒這麼做。既然自願選了壓迫，就該承擔選擇的後果。

二〇一七年，齊柏林導演不幸因意外過世，死前感慨亞泥越挖越多的聲音，引起眾多迴響，人們注意到《礦業法》的問題，越來越多人認為應該修正；終於到了二〇二三年，修正過的《礦業法》三讀通過，如果您曾在報紙上看到這個新聞，這一切的源頭，正是花蓮新城……

不過，部落的問題也沒有因此解決。

因為亞泥已取得同意，可以再挖二十年。那麼，二十年後能拿回土地嗎？即使拿回來，也已是慘不忍睹的荒土，還有意義嗎？

立霧溪畔曾是遙遠夢幻的黃金之地，如今卻成了水泥之鄉，終日與工廠炸毀山脈的聲音共存。事情進展到這一步，或許不只慾望，還有各自的苦楚與無奈也說不定。但回想幾百年前立霧溪的風光——

還是很難沒有感慨吧。

第九夜

奇萊

——眾多神話的國度

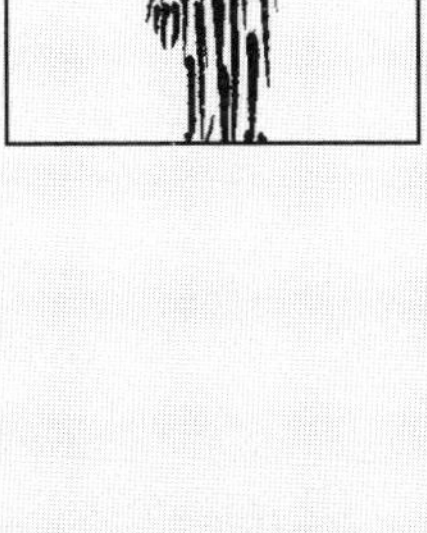

奇萊
加禮宛
阿里嘎該
鄭成功
撒奇萊雅
美崙山
新港
美崙溪
賽尼
巴萊依珊

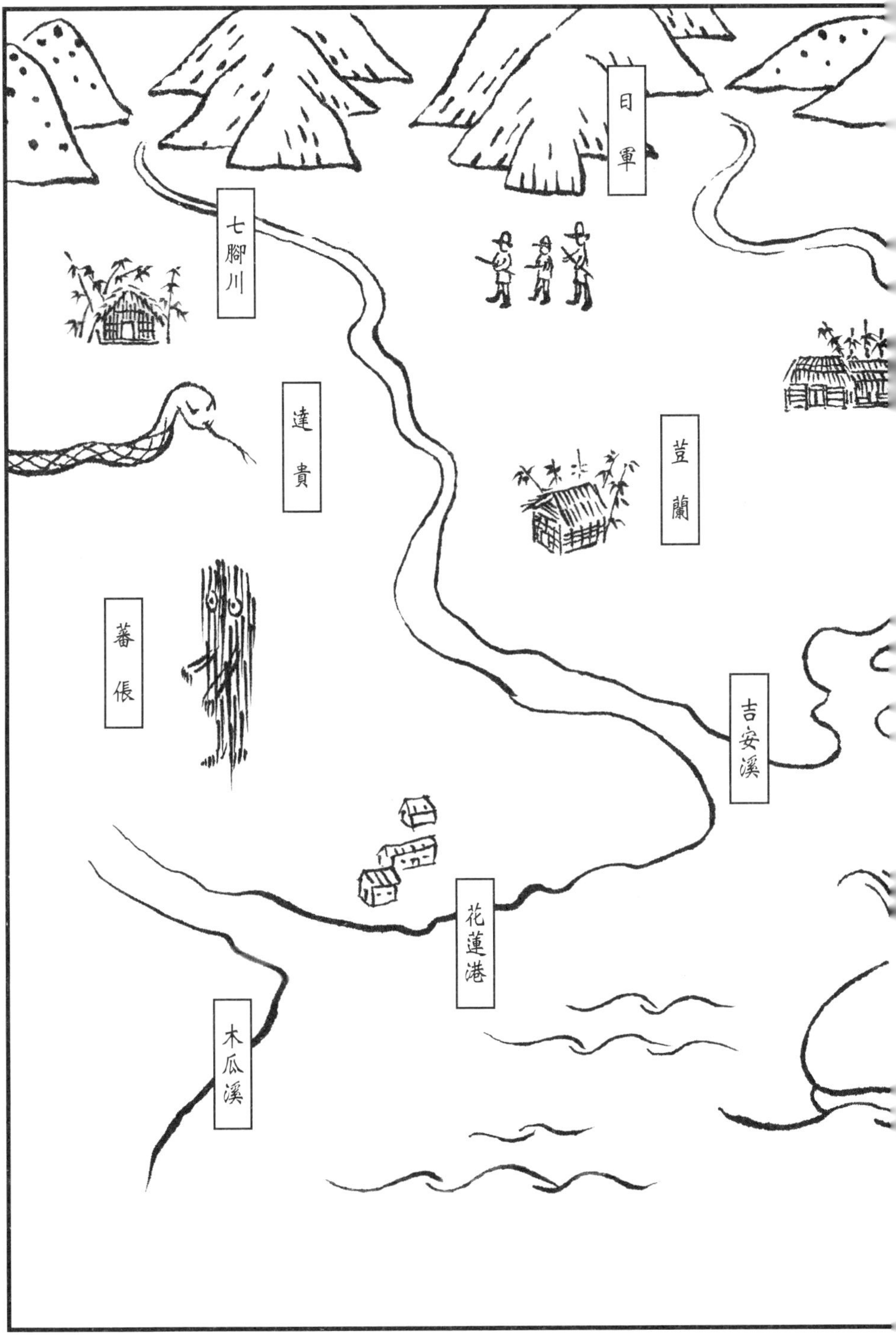

日軍
七腳川
達貴
荳蘭
蕃俵
吉安溪
花蓮港
木瓜溪

從新城往南，很快就會進入「奇萊」，也就是現在的花蓮平原。據說「奇萊」之稱，來自撒奇萊雅這個曾雄霸平原的族群；對早期漢人來說，這是神祕與恐怖之地，甚至流傳著「生蕃虎倀」之說——

您知道「倀鬼」嗎？

「為虎作倀」這句成語，指的是幫惡人做壞事，或許您也耳熟能詳。但這裡的「倀」究竟是什麼？其典故來自民間信仰，據說被老虎吃掉的人，反而會幫老虎做事，引誘其他人投向老虎的巨牙，成為新的受害者。

小時候聽到這故事，我怎麼也不明白。被老虎吃掉，死後應該向老虎復仇吧，為何要幫牠？後來才知道，這就像水鬼的抓交替，老虎的受害者必須幫忙找受害者，不然永世不得超生，甚至老虎還有折磨受害者鬼魂的魔力。總之，算是精準詮釋了共犯結構，結構內不見得任何人都享受利益，也有逼不得已，或只能拿些零星好處的。

但對被共犯結構迫害的人，全都很可怕，尤其是倀鬼。為什麼？因為老虎需要倀鬼，就是要人放下戒心。換言之，倀鬼是用來矇騙受害者，使其一步步走進陷阱的。

《東瀛紀事》記載了這樣一則故事。[1]奇萊有對兄弟，父親被原住民殺死，才剛安葬完，倆兄弟走在原野間，竟見到父親的鬼魂帶著原住民殺了過來。原本跟天人永隔的親人再會，應是感人場景，但死者的靈魂遭控制，那就是恐怖片的橋段了。總之，兄弟還來不及高興，馬上就意識到情況不對，但哥哥閃躲不及，轉眼間身首分離，弟弟嚇得鑽進草叢，好不容易才逃過一劫。

這已經夠恐怖，但當天晚上，弟弟竟聽到哥哥回來敲門！「弟弟啊，是我啊，快開門，怎麼不開門？我回來了啊！」聲音跟活人沒什麼兩樣，但弟弟親眼見到哥哥被殺，渾身發抖，害怕到連喘息、啜泣聲都不敢發出，就這樣假裝無人在家，沒多久哥哥的聲音才消失。

要說倀鬼為何恐怖，就在於此吧。原本信賴的親人，居然幫著外人來陷害自己，這種遭到背叛的心痛，說不定比死還可怕！據本書所稱，這傳說在奇萊平原的漢人族群間流傳甚廣，甚至讓遇害者的家屬不敢辦喪禮。

為何流傳這種故事？耐人尋味。尤其原住民文化裡應該沒有「倀鬼」概念。不過，人本就擅長用已知的觀念去詮釋未知的世界，因為陌生的事物，在狹隘的世界觀裡沒有作用，要點燃情緒，製造恍然大悟的錯覺，就必須向內探索，找出對接不熟悉世界的受體；像虎倀傳說，《東瀛紀事》稱「臺地無虎，生蕃即虎也」，將原住民比附為熟悉世界觀中的「虎」，妖魔化，非人化，既肯定其魔力，也合理化自身的畏懼，如此一來，便能將不熟悉的世界轉化為熟悉的，即使那不見得是事實。

不過，「倀鬼」這種想像，或許不是完全無中生有。

我聽朋友說，泰雅族出草後，有圍繞所獲頭顱的儀式，其中有段咒文是祈禱頭顱能為其所用，甚至帶更多人來，讓他們得到更多頭顱……雖然那更接近超自然作用，而非「倀鬼」那樣幻化騙

1 （清）林豪，《東瀛紀事》，中國哲學書電子化計劃：https://ctext.org/wiki.pl?if=gb&res=835955。

人，但要用「為虎作倀」來比附，倒也說得過去。奇萊平原周邊活動的族群中，太魯閣族是泛泰雅系統，或許有類似傳統，而這樣的咒語——或文化——輾轉被漢人打聽到，進而激出似是而非的聯想，也不是不可能。

但漢人有機會接觸太魯閣族嗎？

除了立霧溪流域，奇萊南方的木瓜溪流域也有太魯閣族活動。雖然現在提到花蓮市，想到的多半是以美崙山、花蓮港為中心的區域，但那其實是「新港」，舊港位於木瓜溪出海口北側，是漢人最早的聚落之一，也是木瓜群的活動範圍。「生蕃虎倀」之說，會不會是這些漢人遭遇太魯閣族才發展出來的呢？

自海上來

有一則傳說是這樣的。

太平洋有座神祕的島嶼，島上只有女性，她們健壯而美麗，遠離世間紛擾，過著與自然和諧互動的生活。這個島叫「巴萊依珊」，島上沒有任何男性，她們也不知男性為何物，彷彿世上只有一種人類，就是女人。女人自身即是圓滿和諧的宇宙，無須任何添加。

但某天，一位年輕的阿美族男子漂流到了巴萊依珊。

為何他會狼狽漂流至此？這點眾說紛紜，有出海捕魚遇到風浪，或被巨大的魚吞掉之類的，不過那不是重點，重點是他抵達這個國度，被女人發現。沒見過男人的女人相當驚奇，她們聚在海邊，圍觀這個被海沖上來的生物。真奇怪，這生物看來跟「人類」很像，甚至也跟「人類」一樣穿著衣服，只是胸脯平坦；直到她們把衣服掀開，看到陽具及睪丸，才恍然大悟——

啊！這生物長了尾巴，還有睪丸，跟豬圈裡的豬一樣。牠肯定是長得比較怪的豬吧！

「人類」如此判斷，並將青年帶到豬圈，用藤條綁在柵欄上，給他吃豬食。這段期間，青年當然試圖解釋，企圖證明自己也是人，畢竟他眼前的女人跟故鄉的女人並無差別，對方應能理解。然而，「人類」不懂他的話，或許也沒興趣懂，都已經判斷他是豬了，要是每次懷疑就要重新裁斷，根本沒完沒了。

這樣下去，青年總有一天會被當成豬吃掉。就在萬念俱灰時，他突然在食物裡發現一把很小很小的刀片，正好能拿來割斷藤條——為何會有這把刀？傳說並未解釋，也許是製作豬食的人太不小心，也可能某位「人類」懷疑青年也是人，但不敢反抗其他人睿智的見解，這才偷偷將逃走用的工具藏在食物裡。

無論如何，青年總算得到逃跑的機會。他割斷藤條，逃出豬圈，往大海的方向跑去。但這裡是座絕島，能跑到哪去？海灘邊，藍色海水一望無際，豔陽刺痛他全裸的身軀，像要抽乾每個毛孔內的水分。要是女人發現他逃跑了，肯定會率眾追來吧！即使現在身後仍安安靜靜，只有風聲與蟲鳴，青年也已下定決心，飛身跳入海中。

就算要死，他寧願溺死，也不願被「人類」吃掉，成為其養分。

青年奮力游泳，或許正好遇上離岸流，很快被帶離島嶼，身軀在汪洋上載浮載沉。這是令人絕望的，因為舉目所及都是大海，連該往哪個方向游都不知道；但死裡逃生的青年並未放棄希望，即使根本不知道自己前往何處，他仍專心致意，划水向前，也不知過了多久，他看到遠方有一座小小的島嶼……

總算發現希望了。

青年游到島上，發現島上竟有乾燥可用的薪柴，便設法生火，為自己取暖。此時，島嶼突然開始移動──像坐船一樣──驚異之際，腳底傳來宏大的聲音，彷彿地面都在震動。

「你是何人？」

那個聲音問。

青年這才發現，雖然這座島有海灘、有薪柴、甚至有樹，但這不是一座普通的島，而是大魚的背！青年誠惶誠恐地表明自己的遭遇，大魚體貼地說：「原來如此，我有聽說你落海的事。我是賽尼，可以帶你回家。」

這相當不可思議。

為何神奇的大魚知道青年落海？或許能解釋成大海情報往來非常頻繁，每道浪都是消息的波，將遠方的訊息帶向另一個遠方，所有祕密都無法偽裝自己。青年也很驚奇，不願放過這樣的好機會，連忙跟賽尼說自己住的地方是什麼樣子，於是賽尼便要他抓緊，身軀扭動起來，開始向西前進。

這段旅程說長不長，說短不短，青年幾乎沒有睡眠，怕被高速前進的賽尼拋下。三天後，賽尼依約將他帶回熟悉的海岸，青年大喜若狂，再三感謝，賽尼說：「如果你真心感謝，以後每五年就照我說的祭祀我吧！」

賽尼說明祭儀的方法，青年則將這個方法帶回陸地，回歸家園；據說南勢阿美中最靠近海的里漏部落，有一艘古老的獨木舟，那個獨木舟就是用來紀念青年的遭遇，因為他在巴萊依珊島上被當成豬豢養，而獨木舟的造型，就是模仿他吃豬食的容器。

✤ ✤ ✤

這個「女人島」傳說，流傳於奇萊平原的眾多族群間，以上改編自其中一個版本，實際上版本眾多，青年的遭遇也各不相同；譬如賽尼魚並非每個版本都有，有的版本是乘坐鯨魚。有些版本中青年不是被當豬養，雖然是被關在豬圈，但女人發現他「作為男人的功能」，紛紛以性行為榨取青年。

至於只有女性的群體如何傳宗接代，有些版本沒提到，有些則說是因風受孕——張開雙腿讓風吹拂陰部即可受孕，這顯然受到其他族群「女人國」的影響。在撒奇萊雅族的版本中，巴萊依珊是龍宮般的樂園，有富麗堂皇的宮殿，青年則過著君王般的後宮生活，直到想家了才回去，但回去後物是人非，已過百年——頗有浦島太郎的味道。

里漏部落確實有獨木舟。因為這艘古老的船，部落每隔幾年就要舉辦船祭。大部分傳說中，這艘船都與起源有關，譬如大洪水時搭乘此船來到奇萊平原，或古老的頭目坐在船上從天而降，跟女人國結合的版本頗為少見，這或許反映人們已不太清楚這艘船的來歷，才賦予新的解釋。

如果青年乘坐大魚回奇萊平原，會在哪裡上岸？或許是美崙溪到吉安溪之間的海岸，比起舊港，更靠近新港的位置。會如此判斷，是因為南勢阿美大概就分布在這附近——雖然叫「南勢」，但他們是最北方的阿美族。在南勢的眾多部落中，最靠近海的是里漏，再內陸是薄薄，最後則是「古老的家」荳蘭——荷蘭人到哆囉滿時，立刻被哆囉滿通知的部落。據說過去里漏部落不得與荳蘭、薄薄的住民通婚，雖都是南勢阿美，卻有某種明顯的位階差異；不知是否這種封閉性，讓里漏保留最多神祕性質，包括巫術的傳承。

一口氣講了這麼多，或許您會感到混亂吧？連奇萊平原的族群史都不清楚，突然講起南勢阿美，是不是太快了？這安排確實有待商榷，但都已經說了，就請您先放在心上，或當成接下來故事的「錨」——

在繼續往下說前，我想先談談「新港」。

根據日本時代的《花蓮港廳勢》，花蓮「舊港」是一八五七年，一群漢人來花蓮溪北畔建立的，當時人數不過三十左右。[2]而且舊花蓮港並非良港，北路開通後，漢人們便討論要搬到美崙溪出海口，即所謂「新港」。然而打開古地圖，便知新港在不同原住民族的群雄環伺下，不是能久居的環境。原住民以暴力表達領域被侵犯的憤怒，漢人們難以負荷，不知何時，又搬回了舊港；等日本人來，舊港只有三十戶人家，共八十一人，換算成小學班級人數，才三個班而已，這是一八九六年——日本統治臺灣隔年的統計。

馬偕自南方澳抵達花蓮，是在新港或舊港上岸？根據回憶錄，該港口附近有營區，也有平埔族，較可能是新港。如果以上推測無誤，那漢人放棄新港的時間，大概就在一八九〇到一八九六之間。無論如何，雖然已有聚落，卻只有這麼點人，表示漢人在奇萊平原沒什麼影響力。從這點來看，說現代花蓮市是日本人建設的也不為過。

但除了花蓮港，真的沒有其他漢人勢力嗎？答案是有的。一八五一年，一批漢人遷徙到離美崙山不遠的平原，那裡現在被稱為「十六股」，或許是十六名商人合資開墾之意。據說，當時移民領袖為祈禱開墾順利，特別到臺南請來鄭成功神像，或許是這原因，現在當地仍流傳鄭成功與原住民國王大戰的傳說。

不過，現實是鄭成功並未發揮神力。

由於水土不服，移民領袖沒幾個月就病逝，剩下的人群龍無首，加上與原住民衝突，時有殺傷事件，而且北方還有個仇敵，難免有所衝突。您可能會想，這群人新來乍到，怎麼會有仇敵？這點還請容我賣個關子。總之，最後大部分的人撤離，雖有人留下，也難以影響平原局勢。

不像遭漢人侵墾的噶瑪蘭，在「現代」來臨前，奇萊平原眾多族群的根底仍深植於土地，漢

2 花蓮港廳，《花蓮港廳勢》（花蓮：花蓮港廳，一九二八）。

人移民尚不能觸及平原眾多勢力的中心，直到日本人到來，才以「現代」為武器，出面弭平包括漢人的一切。

美崙山的巨人

前面提到的女人島傳說，與島嶼般巨大的魚密不可分，就像浦島太郎的故事，總會出現一隻海龜。為見識大魚，我搭賞鯨船出海，可惜只遠遠看到海豚，還是在閃著波光、很難看清的遙遠海面上一閃而逝，由背鰭划出些許浪花。雖然導遊熱切地說那是一大群海豚，我們已很幸運了，但這份幸運與我的興奮未成正比。

說起來，您知道鯨魚跟海豚其實是同一種生物嗎？決定牠們差異的，並非生物構造，而是大小。四公尺以下的稱為海豚，以上則稱為鯨魚。對人類來說，物種的本質並不重要，反而感官體驗的規模，才會成為概念的分野。

那次出海賞鯨，不意外又暈得一塌糊塗，甚至沒心力看海，只能暈死在船艙，但有件事讓我印象深刻。

那天雖然晴朗，明暗清晰的積雲卻囤聚在平原盡頭的七腳川山，緊緊包覆，安靜而壯闊，像蓄勢待發的軍隊。雲與山的陰影銜接密合，彼此交融，打破山本有的形狀，彷彿雄偉的群峰之上，還有什麼更崇高的存在。我在船上想，或許幾百年前的荷蘭人、西班牙人，也曾看過類似景色。

花蓮港近美崙溪口處，有個小小廣場，中央放了「花蓮縣二二八和平紀念碑」，是書的形狀，記載軍隊、官方抓捕當地名醫張七郎父子，未經審訊就殺害之事。而花蓮失蹤、死亡、逃亡者，亦高達兩百多人。

雖然沒太多掩飾，但在我看來，猶有避重就輕之嫌；譬如碑文說軍隊是「對地方情形並未深悉，誤聽不實之言」，頗有為其開脫之意。就像有人瞞著對象偷偷外遇，這分明是背叛，外遇者的家長卻說「這孩子就是心軟，容易被騙，沒有傷害你的意思」，或「這孩子會這樣做，你也有錯吧」之類的。雖然為自己人緩頰，其情可憫，但旁觀者沒必要隨之起舞。

從溪口廣場往內陸看，不遠處有向右平緩爬升的地形——那就是美崙山。據說過去山腳住了一群恐怖的巨人，被稱為「阿里嘎該」。這些巨人有多高大？這點眾說紛紜。據說巨人曾為了向南勢阿美借火，竟破壞別人屋頂，將手伸進去，要族人幫他點菸。如果傳說為真，就表示屋子的高度，大概只比巨人指尖到手肘的距離高一些，這樣算起來，巨人大概有三層樓高。另一個傳說中，阿里嘎該離開臺灣時，海水只淹到巨人腳踝，而東部離岸不遠處，水深就可達一公里，這若是事實，那巨人光用腳就能踏平村莊。

阿里嘎該不只高大，最恐怖的是能幻化成不同樣貌。他們曾化身為阿美族女子的丈夫，欺騙她們與其發生關係，讓她們生下巨人的後代。花蓮的幾個阿美族部落，至今仍流傳阿里嘎該後代的傳說。但性侵不是最可怕的，據說曾有少女到田裡工作，揹著還需照顧的弟弟或妹妹，沒多久，母親來找少女，要她專心工作，自己來照顧孩子。

少女答應了。

過了一段期間，母親再度出現，看到少女隻身一人，便疑惑地問孩子到哪去了？少女大吃一驚，說不是被母親帶走了嗎？母親連忙說沒這回事，她們察覺不對，到處找孩子，最後在附近發現孩子的殘骸——那嬰孩的死狀，或許慘不忍睹吧，因為這個傳說，是阿里嘎該會吃嬰兒的佐證。

如果是推理迷，看到這或許已然起疑：犯人真的是阿里嘎該嗎？

即使阿里嘎該會變幻樣貌，但這故事中，巨人連一次都沒登場，所以還有別的可能。真相難道不是誰失手摔死嬰孩，為推卸責任，才栽贓到不在場的阿里嘎該身上嗎？其實不只阿里嘎該，許多妖精、怪物都有「推卸責任」的性質。譬如家裡東西不見，明明是自己沒收好，卻說是小精靈偷走的，如果今天少女或母親當真意外害死嬰孩，驚惶之中，或許也很想怪罪給他人。

傳說中的巨人就是很好的替罪羊。

當然，這不表示關於阿里嘎該的一切都是虛構的。即使某些怪事並非阿里嘎該所為，他們的傳聞也可能不是空穴來風；根據日本時代紀錄，阿美族流傳的阿里嘎該皮膚白皙，全身毛髮很長，有貓眼——貓眼這個特徵，在奇幻小說中常出現，但花蓮的原住民這麼說，多少讓我們聯想到西方人；難道巨人阿里嘎該並非妖怪，而是落難於此的異民族？

老實說，可能性並不低。

還記得噶瑪蘭之夜在加禮宛登陸的貝紐夫斯基伯爵嗎？他在加禮宛港遇到從馬尼拉逃亡而來的西班牙人，但那時早已不是大航海時代，為何這裡還有西班牙人的蹤跡？

如果我們只注意臺灣與中國的關係，就很難意識到西班牙對菲律賓的殖民一直持續到十九世紀。不只西班牙，荷蘭對印尼的殖民統治也持續到第二次世界大戰。對這些在殖民地犯法的西方人來說，若要逃出法律追捕，最好是逃到法律無法介入之地；即使那地方有自己的法律，只要跟母國沒有外交關係，沒有引渡問題即可。

換言之，臺灣後山是很好的選擇。

別說其他國家，就連清帝國治下的逃犯，也將後山視為逃亡的選項。這不算祕密，斯文豪遊歷東臺灣時，也認為後山的漢人都是逃犯。這未必是事實，但反映了當時的國際想像。

如果這群「巨人」是異民族，只是住在美崙山腳的普通人，或許他們的心境是有些悲涼吧！沒有魔法，頂多只有一些不同文明難以理解的技術，雖能用來嚇唬他人、保護自己，那些技術也不會帶來未來。如果是落難商人，大概會絞盡腦汁離開，但這些人滯留美崙山西側的洞窟，或許真的無家可歸。他們連鬍子跟胸毛也不剪，只是日復一日任由奇萊平原的風雨擺布，空有魔法的幻影，卻只是耗費光陰——

他們最後的下場為何？

不知道。

根據阿美族傳說，最後阿美族不堪其擾，與阿里嘎該族發生大戰；最初阿美族屈居下風，但幾番戰爭後得到神靈託夢，傳授對付巨人之法，這才將巨人打敗。之後，巨人們同意離開這塊土地，向東而行。

✤ ✤ ✤

巨人住在美崙山的哪個洞窟，我沒特別調查。倒是第一次到美崙山山頂，我聽見貓叫——不，還不到山頂，前一個轉角就聽到了。

或許有些人不清楚，不過貓是不需要叫的。如果我們觀察野貓，會發現牠們幾乎不用「聲音」互動，除非是很緊迫的情況；既然如此，為何我們常聽到貓叫？答案是，貓學會用這種方式來跟人類互動。

為了生存，幾乎所有野生動物都得學會隱藏自己，但那隻貓遠遠聽到腳步聲就開始叫，而且叫的方式，跟我家那隻抱怨沒有人陪她吃飼料的貓如出一轍，我猜是有好心人常到山頂餵貓吧？貓習慣了，就把所有登山客當成潛在的餵食者，即使我完全不認識牠，牠也不斷對著我喵喵叫，提示我交出該交出的東西。

我沒理牠。連自己養的貓都無視了，這種叫法我早已習慣，況且餵食野貓也不值得鼓勵。但為了免除愧疚，我還是避開視線，自顧自欣賞風景，沒多久牠便消失了，重新成為野生動物，將自己隱藏起來。

山頂的樹林掩蓋了視野。不過朝西北看，能隱約看到河堤——那是美崙溪。雖然現在溪畔蓋滿四層樓以上的建築，密密麻麻，宛如蟻巢，但百年多前，這裡是一望無際的平原，還有眾多原住民聚落。譬如往上游追溯，北方有條支流，支流旁公園裡的碑文，紀錄某個族群曾在此地壯大的歷史：

據傳，「噶瑪蘭」的祖先叫阿蚊（AVON），原是從東方海外的「馬瑞利願」坐船到臺灣北部登陸，然後才到宜蘭平原，後因漢人開墾進逼，開始往南方的奇萊平原遷徙。

花蓮縣志記載一八五三年噶瑪蘭人在花蓮最早建立的加禮宛、竹林、武暖、瑤歌、七節、談秉等六社在現今的新城鄉嘉里一帶建立聚落致力開山墾荒，最多時人口達六千人左右，成為奇萊開發史上的農業先鋒。後因加禮宛事件遭流放到縱谷的馬佛（光復西復村）、建平（光復大全村）、打馬燕（瑞穗瑞北村）；東海岸的磯崎、新社、姑律（立德）、石梯等地，加禮宛六社的壯大族勢從此瓦解。

噶瑪蘭，信仰中充滿著祖靈的民族。如同臺灣其他原住民族一樣，傳統文化正在一點一滴地凋零，希望噶瑪蘭族群的文化傳統能夠持續傳承，並爭取成為臺灣真正第十一大原住民族。

加禮宛人在此再度登場。

前面提到十六股北方的仇敵，就是這些加禮宛人。身為來自噶瑪蘭的倖存者，他們想必對漢人移民沒好感。不過，真驚人。明明十九世紀中葉才出現在奇萊平原，到了十九世紀下旬，竟已如此壯大！對附近其他部落來說，他們也算入侵者吧，難道沒人反抗他們？

最初似乎跟撒奇萊雅有些衝突，但最後相安無事。有個解釋是，這塊位於美崙溪北方的土地，正好是南勢阿美與北方太魯閣族的中間地帶。加禮宛人來此開墾，成為兩大勢力的緩衝，這才沒引發激烈衝突。北路剛開通時，清軍甚至想招撫噶瑪蘭人對抗太魯閣族，這說明加禮宛確實就位於太魯閣勢力的邊界。

不過，碑文裡提到的「加禮宛事件」是怎麼回事？

說也奇怪，這趟考察之旅，我時不時會在官方碑文、解說牌上看到「加禮宛事件」，但多半只提名稱，此事件的性質、細節則被忽略，簡直像《哈利波特》（*Harry Potter*）中不能說名字的那個人。譬如花蓮運動公園的碑文，僅說該塊地過去曾是撒奇萊雅族的土地，「及至清光緒年間加禮宛事件而遷移」，如果只看這句話，或許會覺得加禮宛事件相當溫和，像發生什麼天災，族人是自願遷移的吧。當然，您若有興趣，馬上就能查到加禮宛事件的大概輪廓，但為何官方說法如此含糊曖昧？這點頗值得玩味。

也不是所有紀念碑都語焉不詳。繼續沿美崙溪走，來到剛剛提到的運動公園北方。那附近雖有人煙，卻遠離鬧區，某條路旁的林蔭底下，草地頗為荒涼，那裡有以〈紀念一八七八〉為題的碑文：

光緒初，清帝國覬覦台灣東土揮軍侵略。一八七八年農曆五月初一，撒奇萊雅族與噶瑪蘭族埋石締盟共禦外侮。九九重陽奇萊平野失守，文獻載為「加禮宛事件」。兩族史觀自主，各以「達固部灣戰役」，及「加禮宛戰役」謂之。五至九月，聯盟地利人和勝多敗少。清軍幾經增兵，九月初三，台北、基隆援軍部署就緒。初五，砲擊美崙溪沿岸重創撒族。初六，於須美基溪伏擊示警救援之噶族青壯，頭目 Tabi Wanlu 出師未捷捐軀留憾。初七，南北兩路火燒圍攻達固部灣，撒族頭目 Kumud Pazik 憂心滅族慟令撤離，並為緩敵偕妻 Icep Kanasaw 赴營議降詎料被俘；軍父 Bakah Tiway 銜命突圍魂斷茄苳腳。初八，噶族加禮宛六社寡不敵眾，遭抄斬數百人並焚村滅社，Kulu Tawan、Kulu Semen、Kuyliw Uray、Titay Lulu 等父長壯烈犧牲；撒族五社十地同遭駢戮。攜手鏖戰又二十五日，枝幹殆盡殉難數千。末日，清軍為儆效尤，凌遲碎身頭目夫婦示眾，並勒遷嚴管兩族餘眾。族人從此漂泊孤隱，幸阿美族人扶濟庇護得保血脈。百年奮起終復族名，今回顧歷史面對未來，訓勉後世謹記：勇敢謙卑寬恕，永誌友盟情義。特立碑紀文——

由此可知，加禮宛事件是噶瑪蘭族與撒奇萊雅同盟對抗清軍的事蹟。如果您還記得北路開通的時間是一八七五年，就能將此一事件理解為「牡丹社事件」的餘波；換言之，是清帝國力圖控制後山的軍事行動。光看這碑文，慘烈的煙硝味已撲面而來，但細究下去，這件事其實比碑文描述的還要殘酷。

奇萊平原的戰國時代

加禮宛事件的開端是什麼？老實說，我的調查不會比學者更深入，勉強轉述也沒什麼意思，要是您有興趣，應能查到不少資料。但，如果硬把那千頭萬緒濃縮起來，大概能簡化成這樣：北路荒廢後，屯兵奇萊的清兵缺糧，他們向加禮宛人購買糧食，卻態度強硬，雙方起了衝突，甚至欺凌加禮宛的婦女。這對母系社會的加禮宛人來說相當過分。然而到軍營討公道時，軍方卻維護自己人，甚至殺害來使，最後終於群情激憤——

真諷刺。北路剛開之時，加禮宛人對清軍頗為友善，短短幾年的時間，局勢卻演變成想反抗清軍。在我看來，這起事件最值得注意之處，不是兩大勢力聯合起來抵抗清軍，而是宛如牽一髮動全身，奇萊平原全部勢力都被牽扯進來。

請您打開地圖。奇萊平原上有三條溪流：美崙溪、吉安溪、木瓜溪。

沿美崙溪而上，位於十六股北方，跨越美崙溪的嘉里一帶，是加禮宛的勢力範圍。而十六股西方，未跨越美崙溪，大概現在花蓮體育公園位置的，則是撒奇萊雅。

南方是南勢阿美的領域。沿吉安溪而上，會依序經過里漏、薄薄、荳蘭等阿美族部落，最後則是七腳川。再南方的木瓜溪流域，是太魯閣族木瓜群出沒之地，以上就是奇萊平原的勢力分布。

值得一提的是，七腳川雖被歸類在阿美族，卻跟以荳蘭為中心的南勢阿美關係不睦，雙方時有衝突。會提到這件事，只是想說以族群為單位，很容易有族群內部是鐵板一塊的錯覺，其實並非如此。總之，圍繞著三條溪，平原共有加禮宛、撒奇萊雅、七腳川、南勢阿美、木瓜群等勢力，當加禮宛事件發生時，難道其他族群都毫無反應，只是旁觀嗎？

當然不是。

其實在加禮宛事件前，加禮宛曾趁清軍鬧瘟疫，教唆七腳川等部落與清軍為敵，但這事被清軍壓下。根據傳說，開北路的羅大春將奇萊平原的商人、百姓召集起來，讓他們穿上軍服，捏造軍隊人數眾多的錯覺，再讓通事以此說服諸部落，要他們不要與清軍為敵。[3] 歷史上，羅大春有沒有使用此計不得而知，我是覺得太戲劇性了，但透過通事威壓諸部落，羅大春本人確實說過，應該屬實。

隔年，加禮宛又暗中串連荳蘭、木瓜群襲擊清軍。雖然事後加禮宛試圖撇清關係，甚至獻上木瓜群的首級，表示與木瓜群的襲擊無關，卻已引起清帝國注意，認為這群人忽和忽仇，並不可信。顯然某種險惡的氛圍已在奇萊平原瀰漫開來。但為何加禮宛人有這麼多動作？在某本專著中，作者說了以下這段話：

加禮宛人似乎有一種企圖，極度希望凝聚奇萊平原上的各大社族，形成結盟關係……（中略）……然而這裡卻存在一個問題：為什麼各族社沒有強烈的結盟需求，唯獨加禮宛人一再

3　森丑之助著，楊南郡譯，《生蕃行腳：森丑之助的台灣探險》（臺北：遠流，二〇一二）。

探尋在地結盟，終於導致「喪身滅社」（吳光亮語）的處境？這是值得深思的。[4]

該書作者並未直接回答，但我隱約覺得答案已藏在問題中。十九世紀末，加禮宛人是奇萊平原上唯一沒有「通事」的部族。為什麼？因為他們會說漢語。他們是奇萊平原上唯一經歷過漢人侵墾，並跟清帝國交涉過的族群，只有他們知道清帝國的侵略何等危險！對原住民來說，遷徙不是什麼罕見之事。那時遷徙的成本沒有現代國家這麼高。或許他們認為就算被清帝國打敗，也不過是另一次遷徙。但只有加禮宛人知道，清帝國有能力系統性地將人逼到絕境——

他們面對的敵人，有著截然不同的「規模」。

至於加禮宛事件時，奇萊平原各族群的實際動向如何？加禮宛與撒奇萊雅結盟，木瓜群也站在同一陣營；以荳蘭為中心的阿美族採旁觀態度，七腳川與北方太魯閣族卻趁亂襲擊。戰爭期間，七腳川攔截木瓜群，讓他們無法救援加、撒聯軍，太魯閣族則襲擊加禮宛後方。

在慘烈的廝殺後，清軍戰勝。荳蘭等部落見大勢已定，為免受牽連，不讓加禮宛與撒奇萊雅的落難者進入部落。之後，大部分加禮宛人與撒奇萊雅人被清帝國強制遷離居住地，跟日本時代處置霧社事件的做法類似。而與清軍站在同一陣線的七腳川，一口氣成為奇萊平原上最大的勢力，北方太魯閣族的勢力也南擴，直到加禮宛的領地。

原本奇萊平原均衡的勢力版圖改變了。

仔細想想，這裡頭可能潛藏著更多暗潮。表面看來，原住民部落間的關係也太無常了吧！既然加禮宛曾唆使七腳川部落與清軍為敵，就表示雙方並非死仇，且七腳川部落也不是清帝國的盟友。為了撇清關係，加禮宛曾獻上木瓜群的頭顱，但加禮宛事件時，木瓜群竟願意協助加禮宛，這些部落的關係是不是太反覆了？

但在我看來，與其說反覆，不如說缺失了太多細節，以致原本那些心機盤算、運籌帷幄都在歷史的洪流中失落了。這些部落平常怎麼聯繫？彼此有沒有通婚或結怨？他們的領導者是誰？有沒有挑戰他們權力的人？對部落來說最大的利益是什麼？當他們決定要背叛，是理性盤算過的結果，還是在人性的弱點上失足？

舉例來說，如果將敘事集中在木瓜群——加禮宛曾交出他們族人的頭顱，但頭顱是怎麼來的？是為了撇清，特別出草木瓜群嗎？還是木瓜群與清軍交戰有了戰死者，加禮宛人砍下這些戰死者的頭？獻上頭顱是加禮宛人自作主張，還是雙方祕密溝通過，其實木瓜群事前就知道加禮宛打算撇清關係，也認同這種做法？如果真有其事，密談的人是誰？他們又是基於何種動機做出決策……

——荒唐透頂，或許有人會這麼想吧。

4　康培德、陳俊男、李宜憲、林宜儒，《加禮宛事件》（新北：原住民族委員會，二〇一五）。

對。都只是想像、臆測、胡說八道，這些指摘十分正確！但，真相也可能更離奇、更戲劇性，不是嗎？問題不在離奇與否，而是我們根本無從得知；我的意思是，請想像一下，這塊土地有這麼多部落，歷史久遠，怎麼可能沒有複雜的合縱連橫？譬如加禮宛人煽動七腳川等部落敵視清軍的場景，那位說客是誰？用何種理論說服？如果不是深知各部落利害關係的人，不可能提出有說服力的理據。那麼，這位成功的說客，怎會不是英雄人物？

日本戰國時代的故事，時不時被拍成精彩的大河劇，加禮宛事件的前因後果，相信也能演出五十幾集大河劇吧！視角在七個不同族群間切換，有著各種恩怨情仇，諸部落的英雄與政治家輪番登場，甚至有負面人物（對戲劇來說是必要的），大格局敘事加上小人物組成的情節，有人重視大義，有人重視私利……這一切人性勾勒出的歷史劇，恐怕是夠蕩氣回腸的。

✤ ✤ ✤

早在抵達奇萊平原前，馬偕牧師就聽說當地有加禮宛人。他說，那是他很久以前就想造訪的部落，但初次造訪時，已是加禮宛事件的十三年後；看回憶錄時，我曾對他在加禮宛遇上的異事感到震撼——不，馬偕牧師恐怕不覺得異常，但看他描述，我有些許毛骨悚然。

會到加禮宛，當然不是去遊山玩水，而是傳教。在他之前，就已有人在加禮宛的部落傳教，因此族人對教義並不陌生；而赫赫有名的馬偕牧師到來，也是來詢問部落族人信教的意願。

那天晚上，他們在空地上舉行了一個會議，這是個很熱烈的聚會。每個村的頭目都以他們的土語講得很大聲，我走進他們中間，問他們談論的情形，並問有沒有不同的意見。馬上獲得答案，就是五個村都一致同意歸於上帝，他們要敬拜耶和華上帝。他們更決定把一座由他們花了兩千元蓋的神廟拿來做為教堂。隔天是個歡樂的日子，沒有人去工作，頭人邀請我們一行人和他一起，叫了四個男孩每個人挑著兩個籃子跟在後面，我們每個村子的家家戶戶都去，讓他們把拜偶像的一切行頭都丟到籃子裡，然後挑到廟的附近一個大空地，把金紙、神像、神主牌、香及旗幟等堆成一大堆，很多人都圍過來，還有好幾個人互相競賽點火來燒這一堆東西。有很多人對於又髒又油膩的神像表示輕蔑，有一個頭目特別覺得撥弄在燒的東西好玩，而每當有正在燃燒的「觀音」被撥出舉起來時，大家就哄然大笑。整個廟在天還未黑就已由熊熊紅光照亮著。[5]

對漢人來說，這或許是充滿「異教徒」風情的場面。燃燒神像，對漢人信徒來說難以想像吧！馬偕牧師竟如此平實地記載，還認為這是「歡樂的日子」；我最驚訝的是，既然加禮宛人對漢人神祇毫無忠誠心，那為何要祭拜，直到此時才燒掉？

5　馬偕著，林晚生譯，《福爾摩沙紀事》。

還以這麼輕蔑的態度，不畏懼神罰嗎？

還是說，在族人心中，那些神根本不是神？

其實馬偕牧師已寫出答案。在這段文字的前幾行，提到清國官員要求加禮宛人必須「拜偶像」，以表他們對清國的忠誠；但或許是清國對後山的掌握力度越來越弱，且馬偕牧師名聲良好，他到加禮宛傳教，地方官員有特別召見他，竟未加刁難，因此這些加禮宛人覺得「時機已到」。什麼時機？當然是毀棄仇人強迫他們信仰敵方神祇的時機。

原本看到這，我還有些五味雜陳，覺得加禮宛人焚燒神像並圍觀取笑太過分了，但意識到加禮宛事件到底發生了什麼，我恍然大悟。那些輕蔑背後真正的情緒，恐怕是對清軍當年所為，隱忍了十幾年的憤怒吧。

七腳川事件

雖然太魯閣族在加禮宛事件後壯大起來，但如您所知，後來日本發起太魯閣戰爭，迫使他們臣服——七腳川也面臨相似的命運。

倒不是因果報應。只是，七腳川與太魯閣因加禮宛事件獲益的事實，讓他們成為日本時代最有本錢抵抗日本統治的勢力，對殖民者來說，確實是不得不忌憚的存在。

日本時代的七腳川規模頗大，書本這麼記載：

……最早有刺竹（fitomay）保護部落，共有四層圍繞著部落居住的地方，每一層中間各有路可以通行，這三條環繞該社的通路，每條大約一個人肩膀寬，全社共有四個門，東門是主要的出入口，南門則為婦女外出耕作進出的門。因經常與山上的太魯閣族群戰鬥，戰勝之際對敵人也進行馘首，其中東北門置放首棚架，顯示七腳川社是相當強悍的一個社，是當時太魯閣群的主要敵對勢力，其生活領域極其遼闊，從北部新城至南方的溪口。[6]

以刺竹作為城牆，似乎不少東臺灣部落有此文化。雖只有短短描述，但已能想像那時井然有序的生活。他們盤踞在七腳川山下，幾乎半個平原都是他們的勢力範圍；附帶一提，七腳川部落信仰神祕的蛇神「達貴」，有說法認為達貴是阿里嘎該的一員，這些巨人被阿美族擊敗後，達貴逃到了七腳川，不知怎麼回事，巨人竟成了蛇。

這傳說頗為有趣。或許七腳川跟其他南勢阿美確實不同陣營，才接受敗於其他阿美族的神。不過，達貴信仰似乎也流傳在南勢阿美中較邊緣的里漏；由於里漏近海，是產鹽的部落，七腳川也要跟他們交易，這是不是里漏流傳相同信仰的原因，不得而知。

但前面引文最值得注意的，是七腳川與太魯閣族不睦。北花蓮最強大的兩個勢力彼此為敵，

6 林素珍，《七腳川事件》（新北：原住民族委員會，二〇〇五）。

自然合殖民者心意；事實上，日本人甚至提供槍械給七腳川，讓他們跟太魯閣族作戰。

光從這些跡象，七腳川跟總督府的關係似乎不錯，甚至頗為配合。日本繼承清國時代的隘勇線觀念，將不受其管轄的原住民「隔離」於山上，這條線後來變成通高壓電的鐵絲網，觸碰便有生命危險，與牢籠無異。不過尚未通電時，需要有人在隘勇線的邊緣看守，而七腳川部落的青年，就是監視太魯閣族的最佳人選。

明明都配合到這種程度了，為何日本人還是決定剷除七腳川？時間來到一九〇八年——離加禮宛事件不過三十年而已。那年年底，七腳川部落發生了一件小事……

不，對當事人來說，恐怕不小。但後續如此發展，大概誰都始料未及。簡單說，有幾個七腳川青年隘勇擅離職守，逃到山裡去了。

那不是突發事件。原本隘勇就工作繁多，而日本給隘勇的薪水卻不多，讓七腳川的青年感到不滿。而且徵調的人員頗眾，大家被迫離開部落，更難保持平和的心境。

事件的引爆點，是有些隘勇沒拿到薪水。那時薪水是警察交給頭目統一發放，這些青年找頭目要，頭目說警察沒給，但去追問警察，卻說已經給頭目了。

這件事的真相究竟如何？其實警察確實可能故意扣住工資不發。根據文獻，他們對七腳川隘勇的態度頗有怨言，認為這些人常擅離職守，跑回家裡，是南勢阿美中最難以控制，甚至態度倨傲的。奇妙的是，這些青年不滿日本警察就算了，他們竟認為是頭目與警察聯手壓榨，一氣之下就逃進山裡，煽動其他部落的隘勇也放棄職責，還襲擊日警。

事情發展至此，恐怕是積年累月的不滿造成。日本時代許多原住民抵抗，都有警察壓榨勞力的成分，包括霧社事件。但傳統領袖竟不被部落青年信賴，或許是殖民國家體制與部落文化這兩種不同的「型態」彼此輾壓，領導者作為兩者的中介，反而難以得到雙方信任吧。

說到底，不過就是薪資問題，應該有大事化小的空間。雖然後來襲擊員警，甚至有殺傷，難道不是交出犯人即可？

但官方沒這麼做。

為何如此，原因很多，這裡只說接下來發生了什麼事：日方判斷七腳川部落全體叛變，出動軍隊。

面對壓境的大軍，七腳川攜家帶眷逃亡。日方要求其他南勢阿美證明自己的忠誠，命令他們進七腳川放火燒屋，搬走剩下的糧食與可用之物。雖然七腳川與其他南勢阿美關係不好，但被命令去燒屋搜刮，恐怕也不是痛快之事。

不，說不定更接近恐懼。這次是七腳川，下一個呢？會不會輪到其他阿美族部落？或許這些族人邊放火邊戰戰兢兢，生怕步上七腳川的後塵。值得一提的是，這段期間有漢人進入荳蘭、薄薄部落，說現在日本人攻擊七腳川，接下來就要攻擊你們了，快逃吧！我可以便宜購買你們的財產，雖然遠遠不及市價，但戰爭在即，你們也沒得選吧？這人就這樣巧舌如簧地煽動阿美族變賣飼養的豬雞，發了一筆戰爭財。

我認識的朋友說，有考古團隊在七腳川古戰場挖出了子彈。雖沒證據顯示那是日軍留下的，但殺伐之氣也夠濃了。那次行動將七腳川人住的地方、財產掠奪一空，後來躲藏山中的七腳川人因糧食不足，不得不歸順，但再也無法回到原本的土地。

為什麼？因為那塊地成了官營的移民村——吉野村。二〇一五年，臺灣上映紀錄片《灣生回家》，不少灣生就是吉野村出生；如果現在您到花蓮吉安鄉，仍能看到日本移民的信仰遺跡，如地神碑、慶修院，後者濃厚的日本風情，至今依舊。

在臺灣出生的灣生，因戰敗而被驅逐到日本，無法回「故鄉」。雖然是日本人，也在日本生活，身在異鄉的感受卻揮之不去。《灣生回家》描繪了大時代的無奈，但他們的故鄉，原來也建立在剝奪他人的故鄉上嗎？

不，這不是追究是誰的錯。

只是歷史原本就隱藏著種種微小的驚愕，像是驀然回首，才猛然理解的某句話，並意識到過錯與錯過。世上有能為之負責的罪過，也有難以負責的。面對讓人手足無措的歷史，我們究竟該抱持怎樣的距離與姿態才好？

第十夜

新社

——船停泊之處

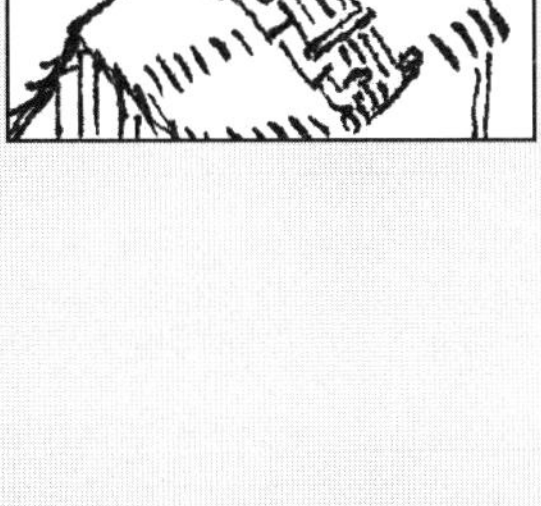

親不知子海上古道
冬瓜美人
梯田

新社
石棺
獸靈

您聽過「獸靈」嗎？

我說的不是《獸靈之詩》裡，在靈魂啃下印記的神祕之獸，而是噶瑪蘭人祭祀的獸之魔靈——薩里曼（Saliman）；這不是什麼已消逝的傳統，是現今仍時不時徘徊於部落間的魅影。記得最初看到薩里曼信仰，我有些驚訝，因為實在很像奇幻小說設定，明明如此，又確實存在於這座島。

據說噶瑪蘭村落中，有時身體出現什麼難以解釋的病痛，會認為是被「薩里曼」咬了。「咬」這個動詞很有意思。被咬的人持續疼痛，是因為獸靈咬住後就沒放開；超自然的牙齒根植痛覺神經，成為難以擺脫的不適。這時要解除疼痛，就要請獸靈的主人來，讓主人命令獸靈別再咬被害者。

所以獸靈有主人？

對。因為獸靈並非大自然憑空自生的靈體，是獵人祭祀而成形的。

當獵人狩得獵物，可將獸的部分遺骸保留，藏於某處祭祀，通常是頭蓋骨或下顎骨。此獸成為獸靈後，便能庇護獵人，使其狩獵的成績豐碩；換言之，明明是獵人的手下亡魂，只要死後受祭祀，便會成為無形無體之精靈，幫助獵人狩獵。[1]

聽來不可思議。但就像前一夜的軼聞，泰雅族圍繞著頭顱祈禱，希望得到更多頭顱；這背後說不定有某種人類共通的心理機制，只是我們尚未掌握洞悉原理的鑰匙。

有趣的是，獸靈之所以啃咬，不見得是主人的意願，更像自動攻擊、反擊的智慧裝置；就像獵人與獵犬，獵犬固然聽主人的話，但不是每個動作都要主人下令。有些人被獸靈咬，不是獸靈之主蓄意害人，而是獸靈遵循某種不可捉摸、近乎共識的法則，自行攻擊。譬如不告而取，或擅自觸碰獸靈之主的東西，又或拿他家的果實來吃，或在住處附近有冒犯行為。總之，獸靈之所以噬咬，是為了守護其主。

人類與動物靈體的內在聯繫——這樣的關係令我著迷。與流傳於泛泰雅體系的「魔鳥」不同，雖都是動物型態的使役精靈，「魔鳥」帶來的不幸多半是毀滅性的，飼主更不可能現身；而「薩里曼」就像內有惡犬，有著狩獵時代遺留的殘酷與浪漫，而延伸自飼主的領域性，甚至讓祭祀獸靈有一定程度的道德基礎。

學者說，「薩里曼」有防盜之用。[2]因為被「薩里曼」咬住，就連祭司都束手無策，只能請獸靈之主出面；換言之，如果有人是偷東西被咬，就不得不向當事人認罪，才能舒緩痛楚。

這樣看，獸靈也可說是秩序的維護者。

兩百多年前，這種魔靈在噶瑪蘭平原上處處可見嗎？我們不得而知。因為當代學者知道這些事，是在花蓮調查到的。還記得加禮宛之夜的餐廳老闆嗎？那位老闆說，當代最多噶瑪蘭人的地方，已不在噶瑪蘭平原——

1 清水純著，余萬居、吳得智譯，《噶瑪蘭族：變化中的一群人》（臺北：中央研究院民族學研究所，二〇一一）。

2 清水純著，余萬居、吳得智譯，《噶瑪蘭族：變化中的一群人》。

那就是「夜話」的下一個驛站，懸崖邊的濱海村落：新社。

親不知，子不知

從花蓮市往新社，途中有個「親不知子海上古道」，在大約一小時車程處。「親不知子」——好特別的語感，而且彷彿隱含著某種殘酷性，讓我不禁駐足。其實特殊地名不是我停留的唯一理由，但請容我賣個關子，稍後再述。

根據地圖，當地其實叫「親不知」，那麼「子」是哪來的？我懷疑這地名是日本時代所留下，稍作調查，果然如我所料。

日本也有名為「親不知」的地方，是臨海斷崖的海濱。

該海濱位於新潟縣，臨近富山縣。過去要往返這兩地，得穿過稱為「越路」的濱海古道，而「親不知」正是最大難關；旅人得走過懸崖底下的狹窄海灘，路上固然處處是亂石崩雲的奇景，卻也危險之至，不小心就會被海浪捲走。

其實古道全名是「親不知子不知」，以新潟的某個村落為界，西邊是「親不知」，東邊是「子不知」；臺灣在「親不知」後加上了「子」這個字，是根據這典故嗎？我難以判斷。只知道，這裡既有「親不知」之名，肯定是哪裡讓日本人想起了故鄉的風景。

為何有「親不知」這麼不吉利的名字？

據說該處極為險峻，即使親如親子，亦不能相顧。平安時代有位武將——我不知此事是真是假，只知有這樣的傳說——他的夫人帶孩子路過此海，結果孩子被海浪捲走，夫人悲痛地唸起詩歌：

親不知，子安眠灘頭浪枕，與越路磯石的海沫同消逝。[3]

也有「親不知」源於這首詩歌之說。

✤　✤　✤

我沒去過日本的「親不知」，前面說的只是查詢網路資料，現學現賣。不過要是我理解無誤，現在花蓮的「親不知子海上古道」，與日本的「親不知」並不相同。

日本的「親不知」是懸崖底下的亂石海岸，或許是懸崖直逼大海，漲潮時海水緊鄰懸崖底部的亂石群，這才難以通過。但花蓮的「海上古道」並非如此，而是如字面所述，瀕臨遼闊大海的懸崖道路。在接近垂直的斷崖中間，有段不知是不是開鑿出來的狹窄立足處，在沒有護欄的年代，

3　原文是「親知らず、子はこの浦の波枕、越路の磯の泡と消え行く」。

得緊貼著山壁才能通過，要是不小心失足，就會掉進斷崖底下的大海。

這確實險峻到「親子無暇相顧」。

現在古道流傳一則傳說。據說過去有原住民婦女背著孩子，由於這段路太危險，婦女全神貫注地通過，竟沒發現不知不覺間，孩子已不在背後——正是所謂的「親不知」。

聽了這故事，我不禁想，日本殖民者將此地取名「親不知」，真是因為風景相似嗎？

當然可能是日本人挪移地名，將武將夫人的傳說也移過來，脫胎成為原住民婦女失去孩子的故事，或有人是望文生義，因名創造出這故事。但有沒有可能確有原住民婦女失去孩子一事，日本人聽了，聯想到故鄉的「親不知」，才這麼命名？

這只是胡思亂想，難以查證。[4]也可能日本人確是根據母國風景命名，而原住民婦女也確實失去孩子，兩者偶然重疊。畢竟面對這樣的險境，不同民族的人也可能有同樣遭遇。

現在，海上古道已加上護欄，腳下是以鋼鐵為骨架的半透明玻璃棧道，安全許多。可惜距離驚人的短，只有幾分鐘路程，如果懷著冒險之心走上去，說不定會失望。

✤ ✤ ✤

步道盡頭是個廢棄隧道，現已重新布置為展示空間。其中某面牆上有浮雕，是東海岸族群的神話、傳說、歷史事件，包括前面提到的巨人阿里嘎該；有意思，這隧道就像花蓮記憶的縮影，我雖能認出部分傳說，有些則證明我孤陋寡聞，還有很多要學。

有個浮雕是少女在屋頂織布——這是噶瑪蘭族的「冬瓜美人」。我會停留古道，另一個理由，就是想跟您介紹這則故事。

「冬瓜美人」開頭有點像日本的「瓜子姬」，有位農夫種了一條冬瓜，要切的時候，瓜裡突然傳出「不要切」的聲音。農夫嚇了一跳，既不敢切，也不敢吃，就放置在那。冬瓜成熟後，裡面出現一位美麗的女孩，那就是冬瓜美人。

冬瓜美人非常美麗，附近的男性對她有好感，故意趁她取水時跟她要水，她每次回家，取來的水已一點不剩。看到這，實在很想跟男性們說：「不要造成心上人困擾。」

此外，冬瓜美人還喜歡織布，但男人們總是圍觀過來，讓她心煩意亂，難以專注，因此農夫就蓋了間房子，讓冬瓜美人在屋頂織布——接下來的發展眾說紛紜，有個版本是某位男人趁冬瓜美人沒注意，碰了織布機，觸犯禁忌，後來冬瓜美人的梭子掉下屋頂，她為了撿，不小心摔下去，就摔死了。有的版本沒提到禁忌，但冬瓜美人同樣跌落而死。這個注定死亡的結局，其實缺乏強

4 其實翻閱日本時代的文獻，「親不知子不知」確實是海岸，而非海上古道；光這麼看，似乎只可能是殖民者對母國風景的移植。但我們不妨假使，如果真有某位日本人，因為原住民傳說而聯想到「親不知」並命名，卻沒將自己聯想的因果告訴他人，其他人看到地名，不就只能認為是源於母國的風景嗎？我並非主張這才是正解，而是基於推理小說家的嗜好，提出也有這樣的詮釋空間。當然，要是有更熟悉地方史的耆老指出並非如此，這胡思亂想便不攻自破。

烈的因果或必然性，讓人覺得是不是有什麼情節在流傳過程中失落。

有意思的是，如果看日本「瓜子姫」的故事，瓜子姫也擅長織布——不是說「冬瓜美人」肯定受瓜子姫影響，畢竟接下來的故事截然不同，但就算有受影響，重點也不在相同，而是不同處。譬如瓜子姫取水與織布，傳統的解釋是，這反映了噶瑪蘭族的性別分工。不過，我覺得最有意思的是在屋頂織布。

為何在屋頂？

這讓我想到另一件事，這裡先按下不表。總之，在說這些故事時，幻想列車並未停下，不知不覺間，我們已離開隧道，來到南邊不遠處的「新社」。

新社岩棺

新社離海上古道只有幾分鐘車程。靠村落南邊的地方，有間單層的獨棟建築——「噶瑪蘭文化展示中心」；看名稱，應是個博物館，但我去的時候已歇業，從窗外看空空如也，裝滿旅人心中的遺憾之情。

不過，我的目標並非博物館，而是建築後方的史前遺物：新社岩棺。

看到「岩棺」二字，或許讓您毛骨悚然，因為「棺」與死亡的想像太過緊密。原本我也覺得有些不吉利，但實際看到岩棺後，我只疑惑為何將這東西稱為「棺」？要我說的話，那更像某種水槽。

這麼說也不夠精準。

總之，那是比雙手張開還寬的巨型岩製容器，一體成形，中間的凹槽不知是用何種方式鑿空。我覺得最不像「棺」的部分，是容器兩邊有難以解釋用途的三個突起構造，憑直覺想像，或許是用來固定在某個支架上，讓岩棺保持懸空。

凹槽底部有孔洞，或許是排水孔。

這個岩棺是兩千到三千年前的遺物，當時的人是怎麼製作如此巨大的岩石容器？這不是我能知道的。而且具體工法並非唯一的謎，雖稱「岩棺」，其實迄今並未在裡頭發現骨骸或陪葬品，那這巨大容器到底有何用途？不只是新社被發現岩棺，從花蓮到臺東的廣大範圍，都曾發現這類岩棺，彷彿有廣大的使用需求，為什麼？

唯一知道的是，阿美族會敲下岩棺的碎片來祈雨——這是對岩棺的再利用，還是確實跟兩千多年前的史前人類活動有關？現在一切都在謎團中。

✤　✤　✤

關於岩棺，當地流傳一則傳說。

雖然現在岩棺被展示在「噶瑪蘭文化展示中心」後方，其實更早是放在山坡那裡，長時間置於梯田田埂間，成為部落景觀。即使沒人知道岩棺的作用，也因長期放在那，成為某種讓人懷念，精神上的原始風景。

然而四、五十年前，發生了一件怪事。以下所說，是根據某篇新聞報導改寫而成，或許與當地人的記憶有落差，還請理解。[5]總之，當時有村人在田裡工作，或許是在農忙時期，好幾個晚上都住工寮。不可思議的是，那幾個晚上，他都在夜裡聽到嬰兒的哭聲——

嬰兒夜啼，並不奇怪，但附近有剛出生的孩子嗎？要是沒有，哭聲是怎麼來的？最初這位村人也不在意，畢竟可能是哪戶人家的親戚帶來孩子，唯一讓人困擾的是孩子一哭就哭整夜，彷彿有用不完的氣。然而幾天之後，他開始覺得不對。

為何每天晚上，哭聲都離得越來越遠？

要是有人抱著哭泣的孩子走來走去，便該時遠時近，但連續幾天晚上，孩子都在同一個地方哭，隔一天，聲音就變遠，如此連續七、八天，孩子的哭聲已遠在山腳；村人感到不可思議，那天晚上終於忍不住，循著哭聲找去，卻發現哭聲就在公路旁。

到那邊一看，不知何時，部落的岩棺居然被移動到公路，而且哭聲就是從岩棺裡發出的！村人大吃一驚，連忙聯絡公家機關，搞了半天，才知道是有不肖商人要偷走岩棺，賣到日本；由於岩棺太重，竊盜者一天只能移動一小段距離，哭聲才越來越遠。要是當天沒在公路攔截到，岩棺就要流落到異國了。因此，人們說那就是岩棺的哭聲，岩棺不想離開故鄉，才用哭聲引起注意。

實際情況如何，我當然無從得知。不過在那之後，岩棺也沒放回原處，而是收藏於鄉公所，甚至有段期間被臺灣博物館借走展示，放在二二八公園的大樹下，也沒好好保存，長滿青苔。

但我不禁想，這不也是離開故鄉嗎？為何在博物館外如此安分？還是岩棺也懾於當時政府的威壓，不敢夜哭？畢竟被借到博物館那年，正好是解嚴的同一年，戒嚴的迷霧仍未消散，依然濃烈……

遠古的稻田

新社有個濱海懸崖，從馬路到崖邊延伸了大片梯田。據旁邊的牌子，此部落名為「巴特虹岸」，花蓮文化局說是噶瑪蘭語，為「船停泊靠岸」之意。靠近馬路這一側，有竹子搭建的小門與圍籬，門上寫著「新社稻田」，或許是雨水洗刷，已看不太清楚。

穿越竹製圍籬的門，不會直接抵達梯田，而是先進入擺了許多裝置藝術的庭院。這些藝術品取材自天然材料，如竹子、稻草、黃藤等，滿溢著田園之感。

左側有兩個用稻草紮起的結實稻草人。

它們頭部畫著卡通般的笑臉，但經過風吹雨打，表情被水洗淡，原本固定頭髮的部位，如今只剩固定用的銹蝕鐵釘。即使是萬里無雲的晴天，看來也有些恐怖。

5　花孟璟，〈史前文物「新社岩棺」暗夜嬰啼傳說〉，《自由時報》，二〇一五年七月十九日。

豔陽下，我到旁邊搭起的鐵皮屋買了杯冬瓜檸檬，在棚子底下坐著喝。棚底有幾隻蒼蠅，水泥地有螞蟻、蟲子爬行，但不知為何，我並未感到厭惡。或許是植物混合著泥土的香氣與悶熱，讓我覺得理所當然吧。冀望稻田旁邊能像遠離自然的現代城市同樣整潔，未免太荒唐了。

鳥鳴自不遠處響起，不絕於耳。

看著稻田風光，我不禁想，從噶瑪蘭遷徙到花蓮的加禮宛人，又因加禮宛事件再度離鄉背井。這個濱海的新社村，就是旅程的終點嗎？不，是希望成為終點吧。像加禮宛事件那樣的災難，誰都不想再經歷，從這個角度，「船停泊靠岸」的村落，可說意義深遠。

從南方看，新社梯田的地形頗為奇特。從海岸山脈延伸出來的小山，在沉入大海前，地勢唐突地轉為平坦。其唐突的程度就像彎曲的手肘，能明確看出折角。

如此恰到好處的坡度，簡直像上天設計來專門開闢為梯田的。

到了臨海之地，地形又急速下墜，變成懸崖，就像上天從雲端伸出一隻手，在那裡畫一條線，說「到此為止」。學術上，這稱為海階地形。雖然只是旅人不負責的聯想，不過這似乎在說，即使如此豐饒的土地，也有自我節制的性格。

✤ ✤ ✤

說到稻田，我想到一則噶瑪蘭族神話。

據說非常久遠的時代，還沒有別的人類，只有女神與她的丈夫；雖是女神，卻不是坐享人類供奉的存在，畢竟世上只有兩人，得自力更生，因此生下小孩後，就由女神耕種稻米、除去雜草，而丈夫則在家裡照顧小孩。

由於雜草眾多，一時三刻實在除不完，女神就對丈夫說：「小孩給你照顧了，不過無論小孩如何哭鬧，都絕對不能餵他吃螃蟹喔！你只要揹著他，帶他去玩，他就會安靜了。」

雖然女神如此囑咐，但她離開後，丈夫卻沒有揹小孩出去玩。

當小孩哭鬧，丈夫覺得小孩很吵，而且無論如何都不肯睡，就想著不如給他吃螃蟹。這麼做之後，小孩確實不哭了，但那是因為螃蟹在小孩肚裡，用鉗子夾住小孩的肚子——如果這是吃壞肚子的比喻，實在精妙。

女神回來後，發現孩子肚裡有螃蟹，大吃一驚，連忙用法術把螃蟹拿出來，並責怪丈夫：「怎麼給小孩吃螃蟹呢？我不是說你揹他就好了嗎！」

丈夫則是一臉無辜：「因為他一直哭，不肯休息，我一氣之下才餵了螃蟹。」

女神餵飽孩子後，對丈夫說：「因為你沒辦法完成我交代的事，所以你去除草吧，我來照顧孩子。」

看這段落時，即使沒明講，我也感到女神幽幽的怨氣。然而丈夫拒絕這提案，他說：「除草不是男人做的事。」

與其說逞男子氣概，說不定是古老的家庭分工。女神無可奈何，隔天出門前不斷吩咐：「絕對不能再餵小孩吃螃蟹，他會死的！如果你真的不喜歡帶小孩，就揹小孩來找我。」

後來怎樣了呢？

正如您所猜想——不如說，如果丈夫真的照辦，故事就無法進展了——沒錯，隔天女神去種田，小孩再度哭泣，丈夫又給小孩吃了螃蟹，還吃了三隻；這次女神回來，雖然立刻用法術把螃蟹取出，但來不及了，小孩的肚子已被螃蟹鉗子剪得碎碎的。女神哭著責怪丈夫：「你不是答應我了嗎？你明明說『好』了，為何還是讓他吃螃蟹？」

內臟被剪斷的孩子失去生命，女神不肯放棄，三番兩次施展法術，還是回天乏術。女神悲痛莫名，就用別的儀式呼喚小孩的靈魂，讓小孩吃飽。但幾次之後，她覺得不能繼續下去，因為小孩已跟他們走上不同的路，於是她最後一次召喚小孩的靈魂，餵飽他後，就與他道別。之後，女神割草聚在一起，點燃，燃燒的煙到達天空，她跟丈夫說：「既然你不聽我的話，我們也走不同的路吧，現在我要上天了，你就留在地下吧。」然後就乘著煙上天。

不過幾天後，丈夫模仿女神的做法，也割草點燃，居然學她的方法上天了。女神在天上看到他，啞口無言，「我不是說你留在地上，不可以上來嗎？」丈夫卻說：「沒辦法啊，地上只有我一個人，很無聊耶！」女神拿他沒辦法，最後兩個神祇就一起住在天上了……[6]

✤ ✤ ✤

剛看完這則傳說，我不禁想，這也太寫實了。

不只是男人不想照顧孩子，而是採訪稿本身就有種哀怨控訴之情，讓人覺得這不只是神話，傳承者還將自身的觀察與經驗轉化到神話中。當然，這不過是我一介旅人以現代價值觀詮釋的見解，這樣輕率的解讀，或許是有些傲慢吧！

對我這樣的現代人來說，只想吐槽故事中的男性，但採集這則傳說的學者更具慧眼，以學術分析出傳說的幾個功能，像解釋祭祀死者儀式之由來，也就是女神在孩童死後，召喚其靈魂回來、將其餵飽的儀式。其實這神話還有後續，後來女神回到凡間，陸續教人一些儀式，像是人們若因鬼怪而生病，要用怎樣的儀式才能痊癒等。因此這則展示人類早期世界的神話，其實是在說明眾多儀式的神聖起源。

若是如此，對最早的男人或許是無妄之災，因為總得有人死亡，祭祀死者的儀式才能成立。考量到登場人物，孩子死亡是可理解的安排。話是這麼說，這則神話還有其他版本，其中一個版本，螃蟹是由丈夫的母親餵食，因此衝突聚焦在女神與婆婆身上——這讓我腦中的性別意識警察搖了搖手中警棍。丈夫不但沒調解紛爭，甚至在情節中毫無功能，這同樣讓人感到太過寫實。

附帶一提，噶瑪蘭族的成巫儀式中，女性要在屋頂上跳舞，呼喚前面這位女神。為何又是屋

6 改寫自清水純著，王順隆譯，《噶瑪蘭族神話傳說集》（臺北：南天書局，一九九八）。參考新社耆老「朱烏吉」的版本。

頂？身為完全搞不清情況的外行人，不禁覺得冬瓜美人在屋頂上織布，似乎與此有某種隱微的聯繫。

回到農耕話題，為何我會從梯田想到這故事？因為前面提到的那位學者指出，在噶瑪蘭族的眾多儀式裡，多半以農作物為祭品，這代表農業——尤其女神最早進行的稻作——有神聖性。相比之下，從自然中直接取食的漁獵行為，可說是另一種文化；因此帶來惡果的「漁獵」，與具有神聖性的「農耕」，會不會是兩種不同文化的對決呢？

或許有漢人認為噶瑪蘭族的傳統是漁獵，稻作則是向漢人學習的；至少，曾任臺灣兵備道的姚瑩便這麼想。若是如此，以「稻作」為傲的漢人，或許會因自身技術出現在噶瑪蘭神話中而得意。但經過前幾夜，相信您早已清楚，早在「開蘭」前，噶瑪蘭平原就是個糧倉，連荷蘭人跟西班牙人都向噶瑪蘭族購買稻米，證明這種技術並非源於漢人。

或許有人不以為然。

有人可能質疑，稻米這種作物是怎麼傳進噶瑪蘭平原的？真的不是開蘭前，就已冒險前往噶瑪蘭的漢人帶來的嗎？老實說，我不是專家，無法說出斬釘截鐵的答案。但說到底，稻作不是被漢人壟斷的技術。東南亞的稻作歷史也非常久遠，考慮到菲律賓人跟臺灣原住民有貿易關係，不也可能來自那邊？而且漢人耕作以水稻為主，臺灣原住民早期的稻作，則多半是旱稻，根據考古證據，臺灣至少在五千年前就種植旱稻——

照華人世界觀，那已是黃帝時代的事。

新社梯田是水稻，而非旱稻。

雖聽過一種說法，這裡原本也種植旱稻，但山上水源開通，便開始種水稻了；這或許證明噶瑪蘭族確實有「種植旱稻」的記憶，與女神種稻的神話一致——前面那位學者採訪噶瑪蘭族傳說時，有特別確認女神種植的是不是旱稻，並得到肯定的答案。

臺灣曾有稻作，而且是旱稻，這對臺灣的稻米史有不小影響。

有什麼影響？真的不是誇大其詞嗎？

我想您應該都聽過「蓬萊米」吧！那是日本時代，由學者引進日本稻米，在臺灣雜交育種，培養出的全新品種。因為親代品種來自蓬萊仙島——日本——故稱為「蓬萊米」。而這麼多蓬萊米品種中，最知名的是「臺中65號」；這個新品種非常強悍，因為它與親代不同，對日照時間極不敏感，能夠一年兩穫，這帶來不解之謎：為何「臺中65號」對日照的敏感度，跟兩個親代完全不同？

這謎團直到本世紀才解開。

調查「臺中65號」基因後，發現裡面竟混入了山地旱稻的基因，那才是一年兩穫的真正原因！雖然我們一直以為是日本品種，其實早已「血統不純」；想必是百年前，在相當偶然的情況下，旱稻的花粉飄進了鄰近的臺中農事試驗場，意外造就了如此適合臺灣的傳奇品種吧。[7]

當然，此品種是在臺中種出來的，跟噶瑪蘭無關。但最初聽聞這故事，我不禁想，明明原住民長久耕種的旱稻，才是造就這個傳奇品種的關鍵，但漫長的百年間，人們卻以為那都是外來品種自身的優勢；在這個多元族群的島嶼上，文化應是彼此影響的，但就算優勢族群承襲了適應這塊土地的文化，也會將其獨占，宣稱自己本來就這麼優秀。

某種程度上，抹除噶瑪蘭族漫長的稻作歷史，也是這種心態造成的吧。

巴特虹岸的未來

說起來，我對新社梯田並非種植旱稻感到有點遺憾，彷彿古老的傳承就此失傳。但，這種想法也是種傲慢。我憑什麼預期某個族群該表現出怎樣的文化姿態？而且輪不到我關心，新社農民自會找到新的道路。

梯田旁有個「新社里海紀事」解說牌，上面是這麼寫的：

> 從２０１７年起新社部落自主發起海底監測的識題，引進科學的方式，希望能找到一些數據能證明人的因數是造成海洋環境惡化的主因，進而改變一些作為，事實證明我們部落是往前邁進了。從改變耕作方式到照顧生態，新社不一樣了！２０１７年雖然我們的海底世

界屬於國際標準的「不佳」，原因為礁盤的位置在新社半島凸出處，沒有遮蔽，不論颱風季節、冬天東北季風時都容易起大浪，因而觀察到的珊瑚數量塊型或平鋪型為主。然而根據族人描述，以前新社半島外的海域，還有許多大顆珊瑚，後來不知道是否因為有人過度採集，因此現在的珊瑚已經不像以前多。我們並未因此放棄我們的海洋，未來會持續的監測、紀錄！[8]

只看這段文字，好像少了點前因後果，或許只有回到二〇一七年的特定社群裡，才能明白解說牌的意義。不過，「里海」是專有名詞，源於日本的「里山」——指的是在日本淵遠流長的永續經營觀念。真要詳細說明，就連您也會感到無趣，這裡就姑且簡化成人與自然和諧共生的理念。在我的想像中，人類不是霸道地主導自然的一切，而是坐下來，跟對面的自然好好談談，將自然當成一個值得尊重的對象；在人們為自己努力時，也願意為自然盡綿薄之力，維護其尊嚴，而不是像蝗蟲般挖掘自然的內部，榨取一切後摸摸錢包，覺得賺夠了，聳肩離開。

回家後，我查了「新社里海」，找到一篇報導，才大略瞭解事情的脈絡。

7 張容瑱，〈山地陸稻很有事！破解臺灣蓬萊米身世，發現南島語族遷徙線索〉，中研院「研之有物」：https://research.sinica.edu.tw/hsing-yue-le-rice-gene-austronesian/。

8 這解說牌似有誤字，身為旅人當然沒有立場修改，這裡是保留原文。

原來新社梯田——也就是這塊海階的正下方，曾有豐富的珊瑚礁。部落居民在農閒時從事漁業，很熟悉海底樣貌，當時曾親眼見過各種顏色、形狀的璀燦珊瑚礁。但不知何時開始，海底下已看不見那樣豔麗的風景，珊瑚礁變得蒼白無色，最初還以為是新品種，後來才知道是珊瑚死了。

研究員表示，就像人死後成為白骨，珊瑚死後也成為那種顏色。

為何會這樣？據推測，是化學農藥與除草劑所致。

農藥危害珊瑚的化學機制是什麼，不是我的專業，但既然當地如此猜測，或許是時間對得上吧。不知是不是工業化帶動的風氣，二十世紀的行業發展就像揠苗助長，不斷鼓舞表面的成績，卻不追求永續；其他地方我不清楚，但臺灣大概就是如此。既然化學肥料能增加產量，自然沒有不用的道理。

不過到了二十一世紀，新社居民注意到海洋變化，便有年輕人推行有機農法，定期檢測海底珊瑚的情況，試圖驗證農法與珊瑚死亡的關聯。如果證明有關，施行有機農法也確有成效，就有機會說服上游農民改用有機農法——畢竟梯田就是從上游開始灌溉，依序而下，農藥當然也會累積。要是上游不改變，下游的努力也成效有限。

瞭解這背景，再回頭看看「新社里海紀事」，其意義就相當明朗了。當然，梯田的有機農法能不能成功，不得而知，畢竟就算成功，顯然也還在中途；能確定的只有一點——就是部落正以自己的步調前進。

哎呀呀，像我這樣的旅人，果然還是太淺薄了！當我還在糾結傳統與否，是不是早稻更好的時候，部落早已針對自己的問題，找到屬於自己的回答；某某民族這樣的稱呼所帶來的想像，固然便於辨識、區隔彼此，卻也帶來不便的刻板印象。然而偏見是死的，活生生的主體卻能超克，就像我們無法預測樹枝長成怎樣的構造，花又會在哪裡長出來，即使都能用「一叢花」來形容，終究是各不相同，也各有妙處吧。

第十一夜

大港口

——月之井，仙山，海岸的門戶

月之井
港口部落
大聖宮
海外仙山

大港口
秀姑巒溪
奚卜蘭島

一八〇三年，漢人勢力才剛進入噶瑪蘭，有艘落難的日本商船飄到東海岸。他們遇到風暴，不知身在何處，而且大部分船具都被風暴破壞，無可奈何之下，甚至把已經無法固定的檣桅扔進海裡，當作祭祀海神的祭品。

此一舉動，等於接受接下來發生的所有命運。

這艘落難船曾在加禮宛遇見噶瑪蘭人——加禮宛之夜提過這件事——但雙方有了誤會，他們跟噶瑪蘭人發生衝突，好不容易逃脫，幾天後才在被稱為「奚卜蘭」的地方上岸。

那時，他們的心情只能用絕望形容。

在海上漂流六十多天，糧食只剩一包，勉強還能用的船具，居然只剩船錨與一根繩子！換言之，不上岸就會死。曾遇上噶瑪蘭族的日本人非常害怕，覺得島上的居民都是強盜，但接下來不是死在當地居民手中，就是死在船上，仔細權衡後，船長文助決定帶大家下船，走進「奚卜蘭」的部落。

雖試圖溝通，但雙方語言不通，成效有限。文助來自北海道，會說愛努人的語言，但這裡的人當然不懂。意外的是，這些居民中，有人遞來一張紙——

是漢字。

原來部落有漢字文化圈的人！他連忙表達自己來自日本，於是這群船員被帶到使用漢字的「頭人」家裡。頭人收留了他們，但幾天後，因為實在無法收容這麼多人，頭人便請部落居民認領一些人回去，文助則住在頭人家中。

根據當地風俗，遇難至此的人無論身分為何，都必須服四年勞役，因此船員們便在部落住下，以工作換取生活資源。但在那之後，幾場瘟疫襲擊部落，死亡人數超過百人，好不容易四年過去，得以離開部落的船員，竟只剩文助一人……

這個「奚卜蘭」，就是現在秀姑巒溪出海口。奚卜蘭，秀姑巒，其實是同一個詞的不同音譯；在清國文獻裡，還有芝舞蘭、繡孤鸞等寫法。而文助帶著船員下船，最後在那邊住了四年的部落，則是「阿綿山部落」。

雖然這兩百年間，部落遭逢戰爭、遷徙等情況，與當年的「阿綿山部落」，未必有直接的傳承關係，但以位置論，相當於現在秀姑巒溪北側，也就是「港口部落」[1]之所在。

月亮與港口

前往秀姑巒溪路上，有個叫「月洞」的遊憩地，是天然鐘乳石洞，洞內棲息無數蝙蝠，山泉水深不見底，據說高五公尺，遊客得坐在船上聽導覽講解。

1　現在的秀姑巒溪口有大港口、港口兩部落，實際上，大港口離溪口更近，但如前所述，我沒有能力確知阿綿山部落與當代部落是否有傳承關係，且查資料時，兩個部落都有提到大港口事件，因此我粗略地以「港口部落」稱之。這是我能力不足所致，在此說明。

還沒跟妻子結婚時，她在花蓮工作。有年元旦去找她，便提議到月洞去，因為我討厭人擠人的地方。

當時我想，元旦耶，大家都去熱鬧的地方了吧！誰會想去月洞？結果大錯特錯，那天我們排了一個多小時的隊。

會知道「月洞」，其實是一位編劇告訴我的。那位編劇說，月洞是附近阿美族的聖地，又稱「月亮之井」；據說過去不下雨時，族人會到洞裡進行祈雨的儀式。至於「月亮之井」的由來，原本我以為是看得到月亮，然而真正原因是洞內的山泉水會隨著月亮的圓缺而有水位高低之變化，就像月亮從井裡取水，實在是美麗的比喻。

不過，這其實相當神祕。月洞底部是封閉的，為何水位會變化？有人懷疑此洞與海洋相通，受海平面的高低影響，然而洞內是淡水，與海無關。雖然理論上是該有對外通道，但迄今為止，還沒發現任何科學證據。

怪不得月洞有某種神聖性，畢竟現代科學也僅能做出推論，無法實證。對古人來說，那更像徵兆，還是無法理解的徵兆；面對明明揭露了徵兆，卻始終沉默的龐大自然，是會興起一股崇高的神聖之情吧。

可惜現在月洞的導覽重點，都是蝙蝠棲息地，過去的神祕之感完全掃盡。明明是阿美族聖地，為何園區內的解說牌都快速帶過？或許是我多慮了，不過入口解說牌的這段文字，讓我腦中警鈴大作：

夫月洞，固有荒廢矣，幸有賴鄉公所及地方人士之努力，始有今日，顧自計畫建設以來，與原占地耕作者數度協調，反對聲浪莫不可遏，於是乃有爭地之訟，致開發計畫數度延宕停擺。然為鄉民福祉及促進地方經濟繁榮，本所決意盡全力實現公平正義，藉以恢復續建月洞休憩區，終得底定，是即定經界，籌經費，興土宜，綱舉目張，百事俱興，而月洞氣象煥然一新矣。

老實說，當年情況如何，我完全不知。但政府指控老百姓「占地」，讓人不安。明明反對聲浪莫不可遏，卻自稱全力實現公平正義？看了這些，實在不曉得該聽信多少，只希望是我多心。

✤ ✤ ✤

「月亮之井」和港口部落只有短短一公里，過去乾旱到月洞祈雨的，或許就是港口部落吧！最初到部落時，當地似乎舉辦什麼祭典，可惜我抵達時已結束，雖還有種躍動的氣氛瀰漫在空氣中，卻無緣參與。

秀姑巒出海口附近，有港口部落的海祭場，那裡的牌子寫著：

敬告遊客

依部落會議決議通過：

一、本場所為部落海祭活動場地，祭祀祖靈、海神之傳統文化。

二、每年五月上旬為海祭期間，非部落村民禁止進入。

三、海祭場非遊憩區域，請勿擅自隨意進入露營、升火、瀏覽使用。

四、為維護海祭場內及周邊環境清潔，請勿任意大小便亂丟垃圾、煙蒂、檳榔渣等。

五、海祭場域，嚴禁汽車進入。

港口村海祭場管理委員會敬啟

幾乎都是禁止事項。

觀光客看到這則告示，有些人或許會覺得「不受歡迎」。但為何不快？這都是主人的意願，於情於理應當遵從，不然難道要反客為主？

之前看過一則新聞，有部落在狩獵季節封路，遭觀光業者抗議，指責原住民可以這樣說封路就封路嗎？為何對外人這麼不友善？部落方澄清，封路是為了遊客安全。想想也是，隨便進入別人正在狩獵的地方，當然有風險。

或許有人會說，都什麼時代了還狩獵——這有太多能討論的了。事實上，即使是刻板印象中最文明的國家，至今仍有狩獵活動；說狩獵落後云云，其實只是無法與自然建立關係的現代人之弊病，既非真理，也沒什麼值得驕傲的。

況且狩獵不僅是獲取物資，還是文化的一環。對他人生活方式指指點點，不過是將非物質資源當成水與空氣那樣，想拿就拿，這難道不是一種掠奪？倒也不是想責難，但請您想像一下，如果接受觀光客的予取予求，那社群的主體性何在？這讓文化延續成為不可能，甚至淪為表演給觀光客看的小丑。

這些先按下。前面說過阿美族有五大族群，花蓮平原上的是南勢阿美，鄰近秀姑巒出海口的港口部落與靜浦部落，是海岸阿美，從這條溪再往上的部落，則多半屬於秀姑巒阿美。兩百多年前，文助遇上的就是海岸阿美的一支。

落難船是在哪裡靠岸？不曉得。不過那份遇難紀錄，留下了許多有意思的訊息。

譬如，為何阿美族部落裡有漢字文化圈的人？

根據紀錄，當時有季節性商船從恆春半島前來秀姑巒出海口，因此收容文助的「頭人」，可能是恆春來此的漢商。當時阿綿山部落應該不只一位漢商，他們識字，並祭拜「福德神」，也將自己的文化帶進部落。早在清帝國的勢力進入前，就已有漢人跟阿美族通商，甚至住在當地。

有意思的是，後來文助要返國，剛好又遇到落難漂流而來的日本商人，[2]便決定隨他們到恆春，求助於清政府。這時有位往返兩地的季節商旅特別叮嚀文助，要他千萬不要把「頭人」收容

2　落難船到底是有多容易漂流到這！

他的事告訴清政府。

這種忌諱的態度，難道收容日本人是犯法的？還是後山根本不該有漢人，出現在後山就是違法？還是那位頭人其實犯了什麼法，逃到後山？如果他是因逃亡，才在後山學了阿美語，這就會是新生的機會；只要能代阿美族與外地來的漢商溝通，就能搖身一變，成為漢族與阿美族的商業橋樑。

這似乎能解釋為何那位漢商在阿綿山部落頗有權勢。要是沒有他，貿易會麻煩許多。既然那位「頭人」掌握了物流的部分關鍵——語言——自然也受當地人倚賴；從這個角度看，十九世紀初的秀姑巒出海口，可說是海岸阿美、秀姑巒阿美與漢族世界的貿易門戶。

東方仙山

> 繡孤鸞山麓，皆菊花，有能結實者。老番不知幾百歲。相傳，海中有一浮嶼，上皆仙人所居，奇花異草，珍畜馴獸。每歲初冬，則遣一童子駕獨木小舟，到繡孤鸞偏采菊實。番有從童子至其處者，歸則壽數百歲，猶依稀能憶其概。或童子不來，欲自駕舟往尋，終迷失水路，莫知其處。惟童子往返者，登舟瞬息即到。山無城市，祇有人家，至今相傳以為仙山云。

這傳說出自《彰化縣誌》。該書完成之際，文助都已經回家二十幾年了，而清政府卻還不夠瞭解秀姑巒，才將其幻想為通往仙山的異境。

不過，這究竟是官府的幻想，還是秀姑巒當地確實流傳這樣的傳說？我的推測是，這版本或許在無數的轉述中扭曲了。如果您有轉述故事的經驗，想必知道人在重述故事時，會依記憶與偏好，強化或弱化某些情節，甚至說到一半覺得不合理，硬是加入了什麼設定使其合理化。就算秀姑巒真有類似傳說，肯定也有落差；但既然紀錄明講了「秀姑巒山麓」，即使當地沒有這則傳說，應該也不是完全無關。

當地居民隨著仙人派遣的童子到仙山，回來後「則壽數百歲」，這「壽數百歲」是怎麼回事？是變成能活幾百歲的體質，還是變成幾百歲的老人家？若是後者，難免讓人想到浦島太郎；浦島太郎在海底龍宮走了一遭，回家鄉時已過數百年，後來打開龍宮人贈送的箱子，自己也變成老人——成為與歲月相符的人了。

照仙山敘事的常理，應該是前者。但「依稀能憶其概」頗為玄妙。如果是指隱約能想起仙島景緻，那才是重點不是嗎？人們最大的好奇，正是仙島究竟是何樣貌，接下來卻沒詳加記述，具體程度還不如〈桃花源記〉。我不禁想是否有另一種可能，就像浦島太郎，某人過了幾百年才回到了故鄉，但要怎麼證明他當真回到故鄉，而不是回到很像的地方？這時就需要有人出面作證，想起聽誰說過，幾百年前這裡確實有某號人物。

依稀能憶其概，是不是故鄉對「曾經生活在此」的某人的記憶？

當然，我不是說這則傳說與浦島太郎有關，只是原文確實留下了詮釋空間。不過，浦島太郎的早期版本並不是到龍宮，而是稱為「蓬山」的仙境——仙島。奇萊平原的女人島傳說，也有主角從女人島回來已過數十年的版本，這似乎都在說海上有個神祕島嶼，那裡的時間流逝與現實不同。我不禁妄想，會不會浦島太郎的故事也不是最初版本？在這些故事外，還有別的故事，那才是三個不同故事的源頭，是現已無人知曉的「最初傳說」……

✤ ✤ ✤

且不說海外仙山在哪，秀姑巒溪的盡頭還真有座小山浮於溪口，名獅球嶼，又名奚卜蘭島，日本時代名之「辨天島」。日本有許多「辨天島」，多半與「辨財天」信仰有關；不過秀姑巒的阿美族不信奉辨財天，或許是這座島看來像日本的哪個辨天島，因此被殖民母國的地名移植吧。[3]

當然，這座島不是前面說的仙山，因為仙山肯定在無法輕易觸及之處，幻想是透過「距離」維持的。即使如此，奚卜蘭島本身就很奇特——

您打開地圖就知道。這座島竟能毫不客氣地佇立在秀姑巒溪的出海口中央，傲然挺拔。幾萬年間，它怎麼沒被溪流給夷平？到底是怎樣的力量讓它堅持在此？至少在我看來，這座山若被視為什麼神祕不可思議的異境，也沒什麼好奇怪。

從地圖看，奚卜蘭島獨立於出海口，但我到出海口南側的靜浦部落時，發現其實能從河岸走過去。我猜只有在水量最充沛的夏季，這座島才會被徹底封鎖。

奚卜蘭島鬱鬱蒼蒼。面對海的那側地勢和緩，但上游方向是懸崖般的陡坡，或許是河流侵蝕的成果。這一帶的海灘盡是難以行走的石礫，讓奚卜蘭島看起來近，實際走過去，卻花了想像以上的時間。

到靜浦部落那天，天色並不算好。

北方的港口部落方向一片迷濛。那不是水氣冷凝成的霧氣，而是海浪撞到石頭激起的海霧；我穿越奚卜蘭島後方的海灘，走到腳跟發疼，好不容易才在瀰漫著的灰白色水氣中看清彼岸。遠方的山看似溫順，像要毫無窒礙地滑進大海，卻在盡頭化為與海激烈衝突的巨石群。彼此不帶絲毫惡意，卻能自然地摧毀彼此的型態。

溪口北岸有座古樸的漢人廟宇，乍看簡直像山水畫。我有些意外，沒想到在東海岸的溪口看到這麼具有華人風情的景色。

那是「大聖宮」，主神是齊天大聖孫悟空，據說是十八世紀意外來此的福建人所建。換言之，是文助落難至此前的事。對福建人來說，後山應該不是首選，為何不離開呢？是不是他們也按本地傳統服了四年勞役，融入這裡生活，這才沒打算離開，甚至建了自己的廟？

3　《臺灣地名辭書（卷二）花蓮縣》指出「辨天島」有可能源於文助的姓氏，但我沒查到文助姓氏為何，還是在此補充。

這我無從知曉。

不過現今大聖宮已不只是漢人廟宇，當地的阿美族也會祭拜猴神；據說悉卜蘭島住滿猴群，我當天沒看到，不過這些猴子會到大聖宮偷吃祭品。某種意義上，這神化了大聖宮——猴子成了美猴王的神聖化身。

大港口的謀殺

文助離開阿綿山部落之後幾十年，一場悲劇降臨此地——不，或許說慘案更適當。之前寫《殖民地之旅》時，我已觸及此事，直到撰寫此書，才終於親臨這個慘案現場。

以下是我在當地見到的碑文：

大港口（Cepo'）事件

同治13年（1874）牡丹社事件之後，清廷採行「開山撫番」政策，廢除禁止漢人入山後的禁令，有計畫的移墾漢民。1875至1876年中路（彰化的林圮埔至璞石閣）開路由台灣總兵兼後山駐軍統領吳光亮主持，完工後著手開闢水尾至大港口間的道路。開路期間兵員伙食、營房建築、築路等工程，均悉數由阿美族供應或服勞役，因過度壓榨勞力和軍隊屯駐壓縮族人的生活空間，引起族人不滿。

光緒3年（1877）7月，清廷練勇前、左兩營陸續駐軍東部，後山中路清兵逐漸擴張，清廷對靜浦（Cepo'）一帶，因其地理位置有駐軍和糧運上的需求，發動三次攻打大港口阿美族人，族人誓守家園，前兩次戰勝了清兵，第三次因柯福鷗主將戰死而敗退。

此後，清廷因應情勢採懷柔政策，不再開戰，經協商清軍在納納社西邊（現靜浦國小操場西邊）興建營房，阿美族協助清兵所需勞役。後來臺灣總兵吳光亮囑咐頭目馬耀珥炳派一百六十五名青年再赴臺東成功營小港（Folalacay）搬運米糧或彈藥等補給物資。光緒4年（1878）1月27日，納納社青年返回靜浦營區交差，清軍饗以酒宴，族人不疑有他，清兵趁阿美族青年宴飲休憩之際，關閉營房將之全數射殺，根據族人口述僅1人負傷倖存，趁黑夜逃跑並告知族人此事，族人老弱婦孺驚惶悲憤下逃難，當地稱為Cepo'事件，亦即是大港口事件。

大港口事件是東部阿美族人與國家勢力遭逢而發生的慘痛事件，影響所及原本世居此處的阿美族各氏族Cilangasan、Pacidal、Sadipogan、Monari、Cikatopay、Ciwidian、Foladan等，因此事件逃亡遷徙各處。近年來適值中央原住民族委員會積極推動還原原住民族重大歷史事件的政策，爰協請花蓮縣政府、豐濱鄉公所及Cepo'族人共商建碑紀念，並撰文鐫刻，紀念族人及其氏族起源地，緬懷部落族長捍衛家園奮勇作戰之精神，藉以提醒後世子孫不忘本源，惕勵族人精進不懈，以延續本族命脈和文化。

這段碑文就放在靜浦國小，換言之，是教育的一環。或許不會被收錄在課本裡，但這是日常生活就看到、接觸到，像母語般深入骨髓的記憶。

或許有人覺得，為何要教小孩「仇恨」？但這不是仇恨——完全不是——是實際發生過的事。而且若有人做了值得恨的事，為何不能恨？如果不能傳承痛苦的歷史，非得忘掉什麼事才行，那不是虛偽的和平？

真正的和平，難道不是彼此對等，承認過去傷痛，即使如此，卻仍有著跨越傷痛的覺悟嗎？無知的手是軟弱無力的，就像嬰孩，可以輕易去握任何人，也會輕易放開；但有著記憶，能夠選擇的手，當這隻手決定握住誰，那才是穩定有力的吧！那麼，為何不追求真正的和平，反而一昧隱瞞？

對，傳承了來自過去的憤怒，是會讓和平變得艱難吧。

但也正是艱難，和平才有價值。虛偽的和平終會破滅，因為記憶不會消失，只是被壓抑，就像埋在土裡的龍蛋，即使蟄伏，也會在適當的時機啄破蛋殼，噴出駭人的火燄。維持表面上的平穩，只是不用付出代價的一方，輕鬆享受安穩的天真想法罷了。

安穩並非輕鬆得到之物，要努力才能維繫。

老實說，不過是區區旅人，卻在這裡大放厥詞，實在令人面紅耳赤。但一個不能訴說傷痛、不能憤怒的社會，該如何保持真誠？而要是沒有真誠，我們又該如何相信彼此呢？

✤
✤
✤

話說回來，只看這段碑文，很難不覺得清廷莫名其妙。

有群莫名其妙的外人來了，逼迫地方人士為其服務，還得自己出錢出力，這誰能忍？而為了占領這塊地，那些外人用軍隊逼迫，逼迫不成，改為懷柔，那確實生效了。但既然阿美族已無敵意，甚至還出力運送物資，為何要把這些青年關起來殺掉？這其中沒半點人性與情理，到底是基於什麼動機做出這種事？

翻閱《大港口事件》，背後動機依然成謎。[4]

其實大港口事件的起點不在秀姑巒溪出海口，而是更上游的烏漏部落；由於清兵進駐，阿美族青年憤而破壞軍營，雙方嫌隙日深。秀姑巒出海口的部落，與烏漏部落同一氏族；因此當烏漏部落與清軍開戰，同氏族的奇美部落、阿綿山部落、納納部落便紛紛參戰。

考慮到開山撫番政策，清軍有理由占領此地——他們需要能運送物資的港口。但即使如此，誘騙某個族群的青壯年到某處進行大屠殺，是另一回事。事實上，吳光亮沒跟朝廷坦承真相，由於一百六十幾名阿美族犧牲，死傷太過慘重，就連清廷都懷疑濫殺，因此調查，最後報告稱阿綿山部落帶人來投降，卻發現清兵早有防備，因此竄逃，清兵追殺過去，才造成如此慘重的死傷——

4　李宜憲、莊雅仲，《大港口事件》（新北：原住民族委員會，二〇一九）。

這疑點未免太多。

清兵有所防備？防備什麼？如果對方要投降，哪需要防備？阿美族又有什麼理由害怕防備？

如果是阿美族埋伏進攻，就有道理防備了，但有什麼理由不這麼說？因此真相也不會是阿美族主動襲擊。事實上，連《吳光亮傳》的作者也認為官方說法不能盡信，這是不是表示吳光明自己都知道不應該，才無法回報真相？

那天到底發生了什麼事？大量殺人是事先預謀，還是擦槍走火？是何等機緣導致事情變成如此？造成如此大量的殺傷，吳光亮是享受嗜血的喜悅，還是內心掙扎著捏一把冷汗？這場位於大港口事件正中心的殘虐屠殺，越是試著接近，就越感到隱藏著謎團……

無論促成吳光亮屠殺的原因為何，他顯然嚐到了甜頭，知道殘虐的打擊有效。大港口事件讓阿美族不敢輕舉妄動，害怕被屠殺，因此短短幾個月後——

加禮宛事件發生了。一切都環環相扣。

領軍的吳光亮，確實懷著要讓原住民「喪身滅社」的想法，用現代說法就是「種族滅絕」，只是當時的科技手段做不到而已。要是能做到，為了殺一儆百，說不定吳光亮會將某個部落徹底殲滅，一條生命也不留。

幾年後，清廷依舊無法掌握後山，就從大港口撤軍。那場屠殺徒勞無功，只剩殘虐。之後，四散的阿美族才能陸續回到故鄉，重建家園，成為現在的港口部落、靜浦部落。

✤ ✤ ✤

大港口事件的碑文對面，立著八個石碑，上面寫了幾個阿美族氏族的簡介。鳥巢氏族、太陽氏族、茅草氏族、月亮氏族、木舟氏族、水蛭氏族、奇拉雅山氏族、大葉山欖氏族……對我這樣懷著獵奇之心的旅人來說，甚至覺得有種奇幻小說的夢幻感；如果這些氏族在奇幻遊戲中登場，肯定有自己的圖騰與超能力吧！不過，他們應該就是碑文提到，因大港口事件不得不四散的眾多部落。這並非幻想，沒有半點浪漫與美好，而是鐵一般現實，甚至是某種證據——

是「我們確實存在於此」，還有歷史不會被遺忘的證明。

第十二夜

小馬海蝕洞

——三萬年前的矮黑人之謎

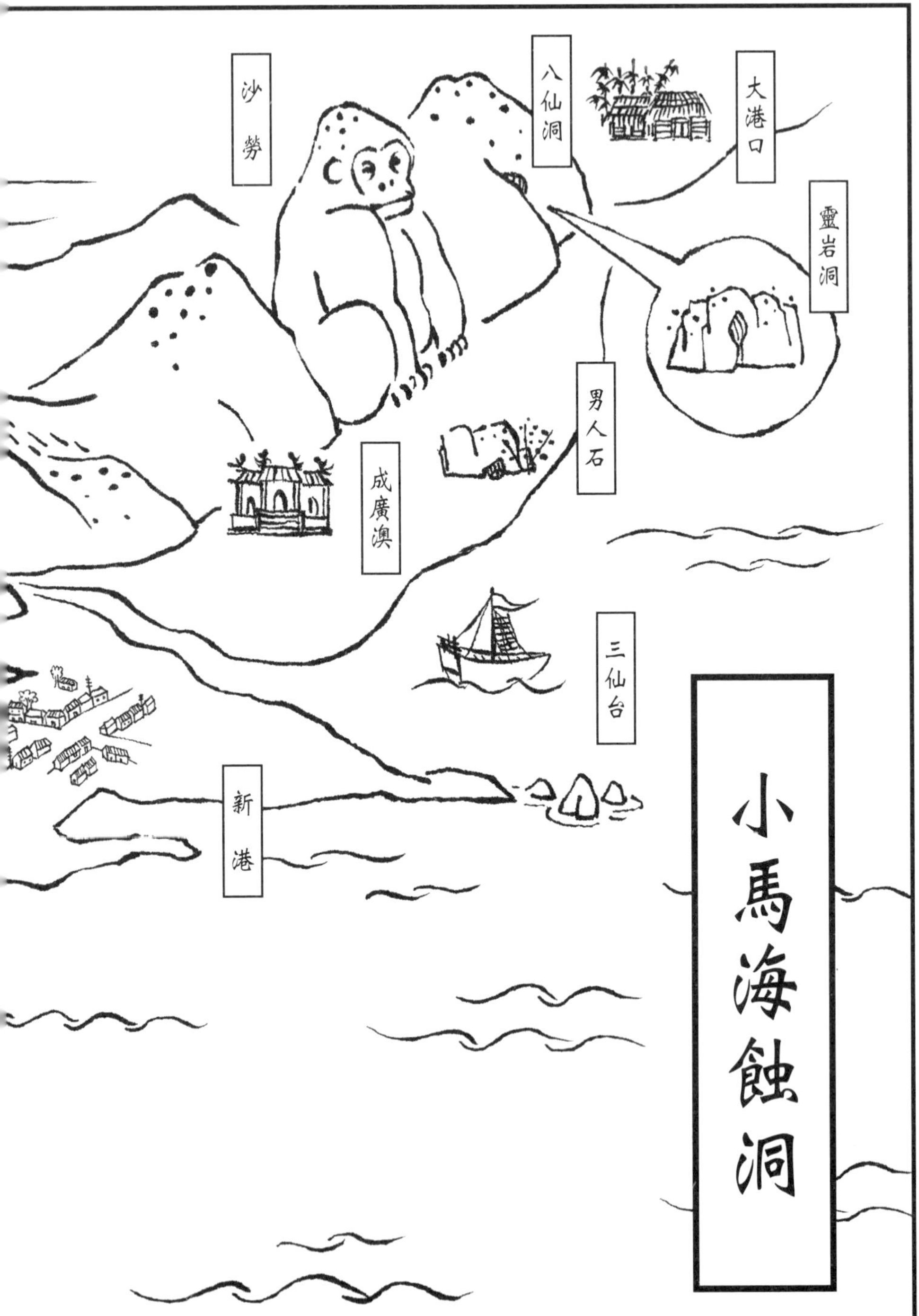
小馬海蝕洞
沙勞
八仙洞
大港口
靈岩洞
男人石
成廣澳
三仙台
新港

小馬天主堂
矮黑人

您聽過矮黑人嗎？

臺灣最知名的矮黑人傳說，或許是賽夏族矮靈祭的背景故事——相當慘烈。據說遠古時代，賽夏族與被稱為「達隘」的矮人族比鄰而居，原本他們相處融洽，甚至達隘族幫了賽夏族不少忙。但或許是恩情帶來了傲慢，達隘族對賽夏族逐漸放肆，甚至騷擾他們，讓賽夏族群情激憤；於是一次祭典中，賽夏族決意報復，居然在達隘族過橋時斬斷繩索，讓他們跌落山谷。

根據傳說，達隘族只剩兩人。這兩人憤怒地詛咒賽夏族，而賽夏族也後悔如此過激，向達隘祈求原諒。奇妙的是，達隘人並未咒殺全體賽夏族，反而傳授矮靈祭的細節，吩咐賽夏族以此儀式安撫達隘族的亡魂。隨著最後的矮靈離開，他們下落不明，再也沒人見過。

作為祭典，這似乎有些不可思議，因為其主旨並非帶來幸福，而是謝罪、清算、償還過去的血債。最神奇的是，儀式還是受害者傳授的！但話說回來，要傳授懺悔儀式，有誰比受害者更有資格？我不曉得世上還有沒有類似的祭儀，如果有，這或許讓人類的未來多了一點點希望。

不過，達隘族不是臺灣唯一的矮黑人。

考察各族群傳說，幾乎全臺原住民族都有跟矮黑人相處的古老事蹟，而且名稱各異；有些矮人會法術，有些未強調此面向，有些對部落友善，有些彼此為敵。大約九十年前，日本人類學家鹿野忠雄發表知名的論文〈居住在臺灣島的小人傳說〉，考察了數十個與矮人相關的遺址——

什麼？矮人居然不只是傳說，還有遺址？

是的。在我看來，這是充滿魅力的謎團。如果矮黑人真的存在，怎會連一具骸骨都沒挖到？

要是矮黑人不存在，怎麼有這麼多類似的傳說，甚至有遺址？但遺址真的屬於矮黑人嗎？還是承載了傳說，其實是不同族群的遺跡？只要沒有生物學證據，這些問題就能永遠吵下去，有無限的反論。

然而意外的是——證據出現了。

二〇二二年，以澳洲國立大學的研究員為首，眾多學者聯合發表一篇論文，[1]指出過去在臺東小馬海蝕洞發現的女性骸骨，很可能就是「矮黑人」。這是怎麼回事？矮黑人的存在真的被證明了嗎？

請先別急。在帶您去考古現場前，我想先跟您聊聊八仙洞，還有我在那裡遭遇的驚險事蹟。

三萬年的遺跡

八仙洞離大港口沒多遠，騎機車不到二十分鐘。穿過一條不存在於物理空間的界線，就從花蓮到了臺東。沒多久，右側的山逐漸朝海岸靠近，奇特的岩石裸露，就像岩峰受魔法影響，被迫

1 Hsiao-chun Hung, Hirofumi Matsumura, Lan Cuong Nguyen, Tsunehiko Hanihara, Shih-Chiang Huang & Mike T. Carson, "Negritos in Taiwan and the wider prehistory of Southeast Asia: new discovery from the Xiaoma Caves", *World Archaeology*, Volume 54, 2022, P207-228.

成長，將自己身上的樹擠開，露出像是洗刷過的圓滑石壁，宛如被撕裂的毛皮。

八仙洞就在那片石壁間。

如果只聽「八仙洞」三字，或許會想像有座高大洞窟，裡面祭祀八仙，至少我最初是這麼想的。但事實上，「八仙洞」是一系列大小不一、高低不同的海蝕洞，分布於整片山壁間；由於陸地抬升，古老的海蝕洞被推往高處，下方則形成新的海蝕洞，其中最大的海蝕洞甚至幾十層樓高！這是數千萬年造化之痕跡。

底層最大的洞窟目測有五、六層樓高，石壁外大約三層樓高處，刻著「靈岩洞」三字。不是石碑那種刻法，沒有毛筆的按、提、收尖，是純粹的直線，像用石器割出。

根據解說牌，這座洞曾是廟宇。

在天然洞窟裡建廟，對臺灣來說並不罕見。據我見聞，無論多小的洞窟都能放神像，如果是能容信徒進出的大小，就會擺出更多像「廟宇」的陳設，如香爐。而靈岩洞如此高大，自然會成為頗具規模的廟；其實不只靈岩洞，此地大大小小的洞窟，幾乎都曾是廟宇。

曾經如此——為何現在不是了？這點容後再提。

靈岩洞前能聽見海濤聲。

明明已經離海一段距離，為何走到洞前，反而從裡面聽到浪濤聲？這是因為回聲在洞內被捕捉、蒐集，才讓原本已渺不可聞的聲音如在耳邊，甚至比起真正的浪潮，還有種溫柔夢幻之感。不明原理的人，恐怕會認為洞穴深處真有潮水吧！但那是無論如何都遍尋不得的海，這份感官與現實的落差，或許只能用「神」來描述——此地肯定曾發生過什麼不可思議之事，才配得上這份神祕。

根據另一塊解說牌，過去曾有一位阿美族的美女 Llin 在此被處死，結果平地不可思議地隆起，成為岩山與洞窟。我孤陋寡聞，沒聽過這傳說，翻遍文獻也沒找到細節。不過此地「隆起」是地質學上的事實，將其關聯到美女身亡的命運，簡直將數千萬年的時光壓縮為一瞬，日出日落，山海變遷……[2]

雖不知神話全貌，但僅僅這吉光片羽，就已留下劇力萬鈞的印象。

✤ ✤ ✤

2 值得一提的是，有些日本文獻將此洞描繪為女性陰部，稱為「靈陰洞」，而石雨傘附近則有形似陽具的「靈陽岩」，即現在的「男人石」；這是日本人的聯想，還是此地早有的傳說呢？我難下定論。不過，這傳說顯然是當代某些變體的原型，譬如《長濱鄉志》裡〈三仙台神話故事中的八仙洞〉，稱曾任國大代表的李華棟創作了以下故事：「當八仙過海時，呂洞賓、李鐵拐、何仙姑曾在此休息，並因島上有三峰，故名三仙台。島上北邊山峰內有一寬大的山洞，相傳從前有男女二仙在此休憩時，一時凡心大動，竟談起戀愛，不意為看守南天門的天神發現，怒其有違天規，遂持劍向下砍，雖未傷及二仙，但將山峰劈為兩半，是為島上的『仙劍峽』。二仙在倉惶中向北而逃，男仙逃至石雨傘，變成如今稱男人石的石柱，女仙則逃至長濱鄉水母丁，變成如今稱八仙洞的山洞。」

就是在這樣的神話之地，我遇上了差點回不來的危險。當然也可能是我想太多，但我歸來時雙腳發顫，腎上腺素分泌最亢進的時候，甚至連自己在顫抖都沒注意到。

事情是這樣的。由於眾多海蝕洞分布的高度不同，要遍覽所有洞窟，得走上階梯，左彎右拐，在海拔一百多公尺的高度間上上下下。茂密的樹林會遮住前方視線，還時不時有巨石擋路。所謂危險，倒不是說這路多難走，而是才走上第一段階梯，旁邊就有個警示牌，警告附近有猴子，並詳細列舉遇到猴子該怎麼辦，譬如不要對上視線，迅速離開，手上不要拿東西，以免引起猴子好奇等。在那之後，我又看到幾個類似的警示牌。

但我沒認真放在心上。

對，我知道猴子會攻擊人。但與此同時，我有種獨屬於現代人的萬能感；雖然人類不是無敵的，但區區猴子，看到人類不該自行退散嗎？被現代社會豢養得好好的，沒遇過危險的我，有這樣的不切實際的幻想也無可奈何。

不過，這種信念果然經不起考驗。

來到「乾元洞」[3]附近——那是現在八仙洞僅存的廟宇——廟方在樹上釘了告示牌，以紅字寫著「安全第一，請勿靠近猴子」。老實說，在看到告示牌前，我就感覺到附近有猴子，沒親眼看見，但聽樹上動靜、移動時發出的聲響，能大概推測動物的大小與重量。聽猴子一路閃躲，多少應證了我心裡的萬能感，猴子果然忌憚人類。

然而從「乾元洞」往「潮辰洞」的方向走時，那段步道更加崎嶇，階梯上行幾步，有塊裸露的山岩，大概與我的視線同高，這時，突然有猴子不知從哪跳出，兩隻、三隻，牠們在樹木後方觀察我。

不對勁。

這些猴子沒有迴避，而是戒備著我。牠們發出某種短暫的低鳴，聽來像「鳴」，只有一個音節的長度。那不是警告或威嚇，至少牠們沒有露出牙齦——據說猴子是這樣威嚇的——那聲音更像在溝通，換言之，是「語言」。

牠們在討論怎麼處置我這個不速之客。

怎麼辦呢？牠們埋伏在通往「潮辰洞」的必經道路，不可能繞開；但我想法很天真，以為牠們只是經過，等牠們離開就好。因此我回到乾元洞附近，等待片刻，再重返前行的通道。

然而沒走幾步，那種低鳴又出現了。我抬頭一看，裸露的山岩上竟坐著好幾隻猴子！牠們睨著我，氣定神閒，姿態像黑道老大。我幾乎看呆，因為牠們實在太過冷漠、悠然，居高臨下，彷彿是森林之王。

——不能對視。

3 乾元洞是最後的海蝕洞廟宇，那裡的廟公看起來像乾癟瘦弱的龜仙人；廟裡除了神明，居然還有「洞神」的神位。跟我原本想像的不同，由於乾元洞本身不夠大，因此廟宇主體更像是由海蝕洞延伸出來，以鐵皮架成的棚子。

我想起警示牌的建議，連忙低頭，繼續向前。只要快速通過就沒事了，我心想。但那種短暫的低鳴沒有停下，反而在森林間來來回回，不過短短幾秒，一隻猴子發出口哨般的聲音，從樹上躍下，竄到水泥階梯，毫無畏懼地朝我走來。

老實說，我嚇壞了。轉眼間那隻猴子已在一公尺內。牠朝我伸出手，卻在一段距離外停下。我意識到牠並非好奇，而是在試探，確認我能造成多大威脅。我轉過頭，發現另一隻猴子竟站在扶手上，已靜悄悄貼近我！

我被包圍了。除了牠們，肯定還有好幾隻圍住我，我甚至不敢確認！

我強作鎮定，二話不說掉頭離開。這一切發生得太快，沒時間思考，我在本能的驅使下落荒而逃。等回到地面，我發現鞋帶鬆了，彎下腰來，才察覺自己在顫抖。

後來跟當獸醫的妻子分享這件事，她說幸好我全身而退，因為有些傳染病很麻煩。猴子能傳染狂犬病，還有種傳染病，致死率超過百分之七十，即使存活也有嚴重後遺症；被猴子襲擊，可不只是區區皮肉傷，我能平安離開，除了遵照警示牌上的建議，還有運氣成分。因此，如果您也想探訪八仙洞，請千萬注意，告示牌上的警語不是隨口說說——

真的要小心猴子。[4]

✤ ✤ ✤

讓我們回到山腳吧！其實原本「八仙洞」不叫「八仙洞」，日本時代，洞前有叫「水母丁」的庄頭，住的是馬卡道族；馬卡道原本居住在嘉南平原，後來部分遷到屏東，也有一部分遷至此地。八仙洞南方有個「加走灣」，其地名起源，就有源於屏東「加走山」之說。人們就算遷徙到新天地，也往往攜帶了整個故鄉，或許是不這麼做，就難以撫慰陌生所帶來的寂寥之情。

日本人也是如此。在《臺東景觀鳥瞰圖》[5]裡，「八仙洞」被稱為「靈巖洞」——顯然是最底層的洞窟；雖然只是推測，但這稱呼說不定來自熊本的靈巖禪寺。[6]

靈巖禪寺也是高大洞窟中的廟宇。據說劍豪宮本武藏去世前，曾在該洞尋求悟道；如果這地名確是從日本挪轉過來，很可能洞窟早有宗教行為，才引發聯想——事實正是如此。根據文獻，此地早期祭拜觀音，每當天災、風災，居民就到洞裡避難，尋求觀音庇護。一九二七年，洞裡正式蓋了間寺廟，就是靈巖寺。

身為現代人，或許很難明白為何天災要躲進洞裡，畢竟我們已習慣鋼筋水泥。但稍微想像，以磚頭、瓦片砌成，或以竹子、茅草架成的傳統房舍，是否每次都能平安抵抗狂風、雷霆，甚至

4 跟評論家C提起此事時，他說猴子也不見得有敵意，而是想跟我討東西吃，也就是「若想打此過，留下買路財」——或許如此吧，但猴子行動的集團性仍讓我印象深刻。有時數量本身就是暴力，跟意圖無關。

5 〈臺東廳下鳥瞰圖〉，《臺東景觀鳥瞰圖》（臺東：臺東廳，一九三五）。

6 必須強調的是，這真的只是猜測。以臺灣傳統來說，將寺廟命名為「巖」算是常態，靈巖二字也不是什麼很難想到的組合，雖然構造確實與靈巖禪寺相似，但也沒有排除巧合的可能。

自然激起的巨浪？要是屋子被破壞，即使只有半毀，也無法繼續留在裡面，逃進洞窟非常合理。事實上，洞窟是最古老的庇護所，大港口事件時，據說也有阿美族躲進這些海蝕洞，更別說幾千、幾萬年前的人類。在還沒發展出「建築」這種技術前，洞窟就是守護生命的堡壘。

這樣的歷史，就是海蝕洞群的廟宇幾乎消失殆盡的原因——

因為考古學家在八仙洞發現了遠古人類的生活痕跡。事實上，是臺灣最早的人類活動證據，能追溯到三萬年前！那時，人類用海蝕洞遮風避雨，留下墓穴與文化痕跡，這些考古證據既珍貴又無可取代，但信徒進進出出，會破壞這些史前證據；因此政府一聲令下，驅離「乾元洞」以外的所有廟宇，「乾元洞」之所以能逃過一劫，只因是私有地，政府無法出手。

為了解開史前謎團，就能瓦解當地累積了幾十年的信仰嗎？還是說有更溫和的做法？老實說，我沒有答案，或許這也不是區區旅人能夠回答的。

✤ ✤ ✤

三萬年前住在海蝕洞裡的人們，不是只以狩獵為生，僅滿足最基本的需求，還有自己的生活秩序與儀式；換言之，他們有文化，考古學家稱之為「長濱文化」。那麼，這些長濱人是原住民族——至少部分原住民族的祖先嗎？

答案是「否」。

意外嗎？至少我很意外。我下意識覺得原住民當然跟臺灣最早的人類有聯繫。不過，原住民族的祖先是五、六千年前來到臺灣，目前臺灣找到最接近原住民族起源的遺址，是新北市八里的大坌坑；所謂起源，不是說所有原住民都來自這裡，而是已發現的遺址裡，大坌坑能看出跟現代原住民的文化連續性。

換言之，更早就出現在臺灣的長濱人，其實跟現在的原住民族無關。兩者是不同的文化體。那些長濱人究竟怎麼了？沒人知道，只知道長濱文化在五千年前突然絕跡。說不定將來的研究能揭露他們的命運吧！這不是著急就能知道答案的。

不過，為何突然說起長濱人的故事？是的，答案如您所想，跟前面提到的「矮人傳說」有關。小馬海蝕洞裡發現的矮人遺骸，就與八仙洞遺址同樣屬於長濱文化。

新港小鎮

前往小馬洞期間，我在成功鎮附近找了間民宿。那是非常舒適的小鎮，夜市就在濱海公園旁，您能想像逛夜市時聽到濤聲嗎？這讓我想到漫畫《夏日時光》，[7]故事場景在某個海島，盛大的

7 《夏日時光》，由田中靖規創作的漫畫。這個翻譯很容易讓人以為是什麼青春愛情故事，但原文「Summer time rendering」，可粗略解釋為將夏日時光以科技「渲染」出來。這是個結合民俗學、風土病、精神科學與時空跳躍等科幻設定，並以鬥智為主軸的精彩故事。

祭典上，男主角與女主角於海灘重逢，那時煙火綻放，照亮夜空……當我拿著夜市買的布丁燒，獨自走在濱海公園，聽著黑暗中的浪潮之聲，想到的就是那個場景。

這個小鎮有多舒服？日治時代，菅宮勝太郎被派來此地擔任新港支廳長——新港是成功的舊名——[8]他盡心盡力，還引進標槍獵捕旗魚的技術，發展當地漁業。十年後，一紙公文要將菅宮調到別處任職，菅宮不願離開新港，居然直接辭職。為何他這麼想留下？想來不是義務之類的情感，若說住久了有感情，也得那地方夠舒服。現在，成功鎮裡有菅宮勝太郎故居，據說他很喜歡在二樓吹海風，邊喝咖啡邊欣賞海景。我從二樓看出去，頗能體會他的心情，只可惜現在二樓無法看到整面海，對面的建築遮蓋了港口景色。

對面是間兼營腳底按摩的簡餐店。用餐處對港口敞開，沒有牆與窗戶，是能看到海港的吧檯式座位，十分暢爽。不過，為何用餐要結合腳底按摩？原本我以為是邊吃飯邊按摩，這誰受得了？幸好並非如此。向店裡的人打聽，才知道原本是專營腳底按摩，但客人不多，就賣餐點補貼，誰知生意不錯，就同時經營了。據說，店裡師傅是每天從長濱天主堂過來的——我有些驚訝，這也太正宗。

雖只是閒談，但您知道腳底按摩其實發源於長濱天主堂嗎？

有些人以為腳底按摩是華人傳統技藝，我也曾這麼想，畢竟刺激腳底活絡內臟什麼的，像是中醫的領域，更別說坊間還有「穴道」之類的說法。

但實際上，腳底按摩，正式名稱「足部反射健康法」，是由白冷會神父引進臺灣。別說跟中醫無關，這位神父還是瑞士人；現代反射療法是二十世紀的產物，重鎮則在英美，為何我們會將這樣的技術當成華人傳統？這問題看來不大，其實能延伸的議題不少，像我們如何看待世界，信念來自何方，何謂真理，甚至民族、文化的邊界。但請容我說到這，正因能探討的頗多，要是明確點出，就太沒意思。

說到白冷會，這宗教組織與戰後的臺東淵源頗深。妻子是臺東人，我調查時提起幾位白冷會神父的名字，她都聽過，有時還能告訴我相關事蹟。我自己任職於原住民研究中心時，曾整理雅美族歷史，因此知曉有位紀守常（Alfred Giger）神父，在臺東深具影響力。有張照片我印象很深，畫面中，紀守常神父站在雅美族傳統船隻——拼板舟上祈禱，他閉著雙眼，微微仰頭，眉頭輕鎖，誠懇而正直，彷彿正敞開自己的靈魂。

對雅美人來說，拼板舟是神聖的，有諸多禁忌，不是隨隨便便就能上去，更別說外國人。然而，紀守常卻被「允許」登上拼板舟。在我看來，這比羅列他的助人事蹟更能說明一切，是無形的冠冕。

許多來到臺灣的白冷會神父，包括紀守常神父，去世後都被葬在小馬天主堂的墓園。這座教

8　既然叫新港，肯定有相對的舊港。舊港在哪呢？或許是北方的小港，舊名成廣澳。我在當地看到一段標語，說成廣澳是漢人開墾東部最早的據點——但沒找到支持這種說法的文獻。又，在成為日本人口中的「新港」前，這裡是阿美族的部落「麻荖漏」。

堂位於成功鎮南方的小馬部落，主要居民是阿美族，而發現「矮人」遺骸的小馬海蝕洞，就在離部落兩、三公里遠之處，走路半小時就能到。

雖然三番兩次離題，但我們終於抵達這個五千年前的遺址。

小馬海蝕洞

其實第一次看到那座有海蝕洞的山，就有種不可思議的感受。

勉強要說，就是哪裡違反了我對「山」的印象。可我左思右想，都想不出哪裡不對。如果這是小說，作者會在提出「不對勁感」的幾個段落後，給出讓人恍然大悟的答案，但請見諒，這是遊記，我自己也沒答案的疑問，當然無法跟您說明。

從產業道路進去，沒多久就能抵達山腳。那裡挖了條水溝，或許是農業用途。水溝旁建了大概膝蓋這麼高的水泥護欄，擋住海蝕洞，因此最初我有些疑惑，這地方哪裡有洞？

但靜下心觀察，不但有，還有好幾個，大大小小，有些甚至兩、三層樓高。洞口通常被侵蝕成尖銳的三角形，灌木與樹冠遮掩，有的長了粗壯的藤蔓，很難看到坑洞內部；數千年前，遠古人類就住在這些洞裡嗎……？

是的。因為發現了墓穴與生活痕跡。

那位墓主的遺骸，其實早在三十幾年前就挖掘出來了，但關於她的體質分析，卻是近幾年才有結果。科學家發現，那是位成年女性，而且只有一百三十九公分，顯然是個矮人——矮黑人。

沒錯，即使這一、兩百年間有無數矮黑人傳說，但直到這份研究結果出來，才算真正有了證據。不過，這表示長濱人就是矮黑人嗎？也很難說，這不過是解謎旅途的起點罷了。但確定矮黑人存在後，疑問相應而來：他們到底發生了什麼事？為何現在臺灣沒有它們的蹤跡？

考古證據顯示，大約四千五百年前，另一群有著不同文化的人遷徙到長濱，取代了長濱人，因此不同文化的遺物被覆蓋在長濱文化上。考慮到長濱文化差不多在同一時期消失，這帶來有些危險的聯想——

難道曾存在於臺灣的矮人族，是被南島語族的祖先消滅，就像賽夏族傳說那樣？

這是很自然的想像，但要我說，想像力稍微有些單薄。

族群間的互動極為複雜，不是只有消滅與被消滅的二元關係。考察眾多部落與矮人互動的傳說，顯示兩者共存了很長一段時間。有些部落確實與矮人為敵，甚至有矮人如何攻進部落、使用何種戰鬥技巧的記憶，但也有不少部落與矮人關係良好，甚至有部落認為矮人族是其祖先。由此可知，不是所有族群都與矮人為敵，主張是原住民將他們趕盡殺絕，恐怕難以成立。

✤ ✤ ✤

還有另一種想像力的單薄，就是無視族群的複雜性，直接將族群史或考古證據當成界定民族邊界的工具。讓我們回到八仙洞。過去靈巖寺還在時，洞外曾有碑文，由於全文太長，這裡只節錄一小段：

臺灣大學考古隊長宋教授於現在海拔三十公尺以上之第二三四五洞內挖掘出土許多舊石器時代先民各種生活石器之遺物，證明該諸洞穴於先民時期原為海平面上洞穴，且為舊石器時代人類之遺址，距今約壹萬伍仟年之前，其歷史比北京周口店所發現之遺址歷史更為悠久，並證實古臺灣與中國大陸乃一脈相連也。[9]

匪夷所思，為何佛教寺廟沿革突然秀一段與中華文化的淵源？但考察立碑時間一九七九年，還在戒嚴，或許是不得不配合官方宣揚中華文化敘事吧。即使如此，這番論證也太跳躍，到底哪裡證明「一脈相連」了？還是說，這也是撰文者的溫柔，刻意說出謬論，既符合國策，又讓它顯而易見地經不起考驗？當然，這不是我能知道的。

或許有人覺得合理，畢竟人類不是無中生有，肯定是從某地來的，因此從「中國大陸」來也不奇怪。確實，若問長濱人有沒有可能經過亞洲大陸，當然可能。畢竟現在最主流的人類起源理論，是「現代人類晚近非洲起源說」，這理論認為現代人類從十萬年前開始，就分成好幾批陸續離開非洲，並逐步取代了各地的「人類」。從非洲出發的現代人，要抵達臺灣，自然可能經過亞洲大陸。

但長濱人經過亞洲大陸，也只是經過，若問起源在哪，當然是非洲；包括中國人在內，全世界都來自非洲。而且三萬年前，被視為華夏始祖的黃帝都還沒登場，要用長濱文化的史前遺址論證臺灣與中國的聯繫，不是比「腳底按摩是中華傳統文化」更天真嗎？

最重要的是，長濱文化在五千年前消失了。即使長濱人真的是經亞洲大陸而來，這不反而證明現代臺灣跟中國的關係早在五千年前就斷絕了？而且說到底，也可能根本沒經過亞洲大陸。根據研究，小馬海蝕洞墓主的骨骼型態最接近菲律賓的尼陀利格人——[10]長濱人可能是從東南亞來的。

當然，這不表示長濱人就「是」尼陀利格人。說到底，對文化來說，血緣、體質也可能不代表什麼。難道不同長相的人就不能生活在一起，共用同一種文化？現代智人跟尼安德塔人甚至是不同人種，連他們都混居過。

再仔細想，中國與臺灣的關係，是需要特別去論證嗎？誰跟誰友好，彼此心知肚明，難道還需要證明？越需要論證，其實越證明關係疏遠。請想像，

9　葉志杰等編著，〈《八仙洞靈巖寺沿革》碑文〉，《長濱鄉志》（臺東：臺東縣長濱鄉公所，二〇一五）。

10　尼格利陀人（Negrito）是一群生活在東南亞等地的原住民族群。雖然共同特徵是矮小、深膚色和頭髮捲曲，但基因上是由幾個獨立的群體組成。值得一提的是，「尼格利陀」這個詞源自西班牙語，意指「小黑人」。

絕交十幾年的朋友，如果其中一人拿著雙方二十年前拍的照片，想證明彼此關係很好，這不是令人莞爾？更別說，為何我們要詮釋幾千、幾萬年前的長濱人，幫他們主張自己的身世，說他們「跟中國大陸一脈相連」？

在遙遠的史前時代，有群人生活在這塊土地，他們在艱鉅的自然中求生，那時海蝕洞還離海不遠，能看見太陽從海洋升起，聽見雨水沿著山壁滴落，如果他們會用火，就能在幽暗洞窟裡取得溫暖，彷彿殘暴無情的宇宙裡也有一絲希望。這樣的一群人，恐怕從未想過這個島嶼跟亞洲大陸的關係，也沒想過非洲——

為何不能給他們一點尊重，讓長濱人就只是長濱人呢？

第十三夜

加路蘭

——鬼火的海岸

風箏石
志航空軍基地
鬼火
加路蘭

沙勞
石山部落
石山部落舊址
猴子山
海神廟
加路蘭

在遍布奇岩怪石的蒼藍海邊，乾燥的漂流木橫躺，惆悵海風習習吹來，居然有不可思議的野火，像是潑了石油般燃燒。沒人點燃它，甚至沒有東西可供點燃，它就像幽靈，以不可能的姿態從岩縫間竄出。

猛烈的熱力蒸騰空氣，扭曲視野。恍惚間，光亮照出四周的鬼靈，鬼靈跳著舞，繞著火焰旋轉，繼而像交換舞伴般滑進火焰內核，又像遭到排斥般彈出。野火遭受刺激，如野獸般猛然起立，比人還高。鬼靈的笑聲此起彼落，瀰漫在幽暗的海霧之間……

這是閱讀某份文獻後，我腦中浮現的景象。

據說每年三月在kawasan海岸焚火時，可看到群集眾多sarau飛入火中。據說現今流行於卑南街的台灣人之過火，即是模仿此sarau之玩火遊戲。此外，還有稱為mulibung的青火球，是biruwa的子彈，以此火焰之出現為戰爭之徵兆，自古以來其實例不少。[1]

日本時代，人類學家留下了這樣的紀錄，其中嘎哇桑（Kawasan）這地名頗有意思。無論善惡，阿美族將所有「靈」統稱為Kawas，而-an結尾，代表「某某之地」；因此視「靈」的性質不同，嘎哇桑可譯成鬼靈之地或祖靈之地。由於文中提到的沙勞（Saraw）[2]是流傳於阿美、卑南族間的鬼靈，依我之見，至少在沙勞登場的脈絡中，還是譯為鬼靈之地吧。

不過這燃燒著火焰的海岸——鬼靈之地在哪？根據百年前的地圖，嘎哇桑就在臺東的「猴仔山」附近。而更晚期的人類學文獻，該部落被紀錄為「嘎嘎哇桑」，且該部落現今也如此自稱，因此，即使古地圖的紀錄多半是「嘎哇桑」，以下行文仍以「嘎嘎哇桑」稱之。

嘎嘎哇桑舊址鄰近富岡漁港，這讓我既興奮又驚奇，鬼靈之地居然離現代漁港這麼近？幽冥之火綻放的冷光就像危險的野生動物，帶有陰沉的暴力性質，理應令人害怕，怎麼會興奮？但持續出現鬼火，讓我懷疑是否有科學解釋。

譬如恆春有「出火」之地，現在是知名風景區，天然氣從地底流瀉而出，不知為何，竟被點燃，燃燒至今。雖然當地說是中油開採造成，但清國時代就有「出火」這地名，顯見早有出火現象；《東瀛識略》說「獨台灣出火之區多且異」，證明這絕不罕見。

如果嘎嘎哇桑真有燃燒的天然氣，為何不像「出火」那樣有名？這地方真的存在嗎？還是火已消滅？要解開這謎團，至少得實際走一遭鬼靈之地。事不宜遲，讓我們走一趟「猴仔山」吧！不過在此之前，戲火的「沙勞」究竟是怎樣的鬼怪？我們得先弄清這點。

1　臺灣總督府臨時臺灣舊慣調查會原著，中央研究院民族學研究所編譯，〈第四編臺東廳 Puyuma 族，第二章，第四節〉，《番族慣習調查報告書第二卷：阿美族、卑南族》（臺北：中央研究院民族學研究所，二〇〇〇）。

2　Saraw 這個拼寫參考《阿美族語辭典》，前面的日治時代文獻拼成 Sarau，是因為譯自サラウ。有趣的是，サラウ可以寫成「攫う」，意思是搶奪、擄掠，正好符合沙勞這種鬼怪會擄人的性質，實在是有趣的巧合。

鬼靈沙勞

所謂 sarau 是住在山中，每年三月時出現，在路上從行人背後像是以衣服包裹似的，讓那個行人迷失方向不知自己該去的地方，到處彷徨達數日，或爬到樹上，或坐在池邊。據說，最近 pinaski 社有一老媼在行路的途中，被此 sarau 所迷，爬到多莉巨竹之頂上，待其自覺時已無法下來，而由數人救助，總算免於危難。[3]

Saraw 棲息山中，身材高大足可達天，任何人若與之相遇，就會莫名奇妙地發狂起來。祂偶爾還會將人帶到山中藏起來。[4]

在臺灣鬼怪傳說中，我認為沙勞的魅力數一數二。祂會將人帶到遠方，或難以抵達之處，如懸崖、樹頂，有時還會讓人發狂。您可能覺得這聽來跟漢人的「魔神仔」有點像——我覺得確實值得探究，但這裡先放一邊。[5]

要說沙勞和魔神仔最大的差異，就是後者形象普遍矮小，而前者比山還高。為何比山還高？這其實符合直覺。想像一下，如果沙勞是高大怪物，手伸出去就有好幾公里，那要將人帶到遠方、放到高處，不是輕而易舉嗎？

說到這，我想到一則流傳在阿美族長光部落的故事——

老實說，原本我猶豫要不要說這故事。因為長光部落在長濱，位於八仙洞到成功鎮間，換言之，地理位置屬於前一夜；但就像人無法控制何時想起什麼，如果這是最適合提到長濱傳說的場合，有什麼好抗拒的？總之，事情從長光部落發生一連串怪事開始。

最初事情發生在幾位婦女身上。她們出門農耕，突然刮起掀裙子的怪風，甚至露出私處；男人也遇上怪事，他們上山打獵，突然昏迷，醒來後發現自己在竹林高處或斷崖，卻想不起自己是怎麼到那裡的。沒多久，眾人就意識到事情必有古怪，而且必須解決，因為這已影響日常生活。

部落耆老派年輕人觀察工作的男女。年輕人躲藏在暗處，發現人們遇上怪事前，附近都會出現巨大的沙勞；祂既壯碩又高大，兩眼明亮，鼻子噴出的怪風能吹起裙子，遇到男人時，則用手指將人彈昏，再將他們放到奇怪的地方——說也奇怪，明明沙勞如此巨大，卻像有魔法般，當事人都無法意識到祂。

但回報這件事後，眾人卻陷入苦惱。這該怎麼解決？誰能對抗巨人？此時，有位年輕人說話

3　臺灣總督府臨時臺灣舊慣調查會原著，中央研究院民族學研究所編譯，〈第四編臺東廳 Puyuma 族，第二章，第四節〉，《番族慣習調查報告書第二卷：阿美族、卑南族》。

4　臺灣總督府臨時臺灣舊慣調查會原著，中央研究院民族學研究所編譯，〈第二篇阿美族馬蘭社，第四章〉，《蕃族調查報告書第一冊：阿美族南勢蕃、阿美族馬蘭社、卑南族卑南社》（臺北：中央研究院民族學研究所，二〇〇七）。

5　關於不同文化體都流傳「魔神仔類型」的鬼怪，我在《魔神仔：被牽走的巨人》裡約略提及。如果將來還有機會，會再深入討論這種跨族群的傳說。

了。

「我遠遠看著，覺得沙勞就像是個大猴子。既然是猴子，應該喜歡吃香蕉吧？我們可以用假香蕉誘捕祂，將香蕉果肉替換為泥巴，沙勞吃下後行動不便，就能逮住祂了！」[6]

由於無計可施，部落眾人商量後，決定一試。年輕人們開始製造假香蕉，堆在某處，並營造有事離開的假象，實則躲在附近的草叢埋伏；沒多久，沙勞還真的大搖大擺地來了，祂毫無戒備地跳進陷阱，大口大口將假香蕉往嘴裡塞，很快就吃完，與此同時，埋伏好的族人屏氣凝神，都在等沙勞最大意的時刻。轉眼間，耆老一聲令下，族人同時從草叢躍出，用泥巴團攻擊巨獸，展開一場大戰。

沙勞雖巨大，但身體被泥巴拖累，動作緩慢的祂在這場爭鬥中並無優勢，反不斷挨打；受重傷的沙勞勉強逃回森林，族人知道不能放過祂，就算祂不來復仇，光是繼續那些惡劣行徑也夠困擾了，於是他們進入森林搜索，準備趕盡殺絕，這時——

「你們看！那不是沙勞嗎？」

不知誰喊了出來。族人一看，只見那隻巨獸沙勞，竟變成了一座山！原來沙勞被那些泥土裹住，再也動彈不得。從此，族人就沒再遇到沙勞作亂，而那座山則被命名「金剛山」，因為遠遠看著，就像是電影《金剛》（*King Kong*）裡的巨大猩猩。沒錯，沙勞不是什麼猴子，是猩猩；那為何傳說中，族裡的年輕人不說是猩猩？很簡單，臺灣沒有原生的猩猩，因此年輕人覺得是「像猴子的生物」，沒發現沙勞的真面目。[7]

✤ ✤ ✤

現在長光部落[8]的入口對面，有個「金剛好事館」，賣的是長濱農產品，商品包裝上處處金剛；真想不到，金剛在此居然已觀光化，成為討喜的商業圖騰。

「老闆，這裡怎麼這麼多金剛？」

「喔！你到正門看就知道了。」

老闆帶著我到門口，那裡還有張提醒可以遠觀金剛山的告示，看來金剛山真的是此地重要的觀光資源。

「你看那座山，看來像是金剛……哎呀，可惜，今天天氣不好，雲都降下來了，看不太出來。你可以夏天再來，那時就能看清楚了。不過沒關係，那邊有張照片，你可以看看照片裡的金剛山。」

6　這段話令人莞爾。猴子喜歡吃香蕉是刻板印象，其實猴子什麼都吃，出現在這則傳說裡，或許與香蕉的農耕方式現代化有關——現代化後才能大量生產，集中成小山。

7　這個故事也被我改得面目全非，或許有些超譯，或偏離文化情境，如果對原版有興趣，可閱讀〈Saraw（大巨人）與金剛山的故事〉，《長濱鄉志下冊》。

8　值得一提的是，長光部落其實跟大港口之夜提到的「大港口事件」有關。當時一部分港口部落的人逃到長濱，促使這個聚落形成。

雲降下來了——這正是看慣山裡雲相的人會說的話。

或許是怕觀光客看不出哪裡像金剛，旁邊有個像公車站牌的牌子，印了金剛山照片。如老闆所言，確有金剛的輪廓，尤其是巨大雙臂撐住地面，讓肩膀聳起的身形。不過，要看成別的東西也很容易。如果不是大家早已熟知猩猩的樣貌，根本不會聯想到「金剛」吧！

知道猩猩的存在是一回事，人們是何時認識金剛的？最早的《金剛》電影是一九三三年——九十多年前的事。接著再掀起熱潮，要等一九七六年的重製電影。長濱的「金剛山」，理應在那之後，甚至很可能是到彼得．傑克森（Peter Jackson）二〇〇五年的版本後才流行。[9] 我覺得最有意思之處，是沒有大眾娛樂電影，這傳說就不會是如此面貌。

✤
✤
✤

如果只說沙勞與魔神仔相似，或許會讓人以為這類鬼怪是臺灣的特產吧。但有趣的是，造成迷路或失蹤的鬼怪所在多有，甚至可說是普世現象；譬如中國有山魈，福建人認為魔神仔是山魈的一種，而日本的天狗也被認為是離奇失蹤的主嫌，因為祂們會飛。凱爾特人相信有另一個世界，妖精會將人們引誘到那裡，進而失蹤。當代美國有本《失蹤四一一》（*Missing 411*），搜羅了發生在美國國家公園裡的離奇失蹤，要是您翻閱這本書，會發現許多讓人聯想到魔神仔的案例，而美國坊間的解釋，則是超自然存在「大腳怪」，或外星人——

對，外星人是一種民俗敘事。乍看來科學，其實只是以這個時代的幻想取代傳統以來的妖精解釋罷了。

稍微離題，還請見諒。但在這樣的閒談夜話間，幻想列車也徐徐前進，我們即將抵達下一站：傳說中的鬼靈之地。

猴子山腳的海岸

富岡漁港——光看「富岡」兩字，或許會以為是日本地名吧！畢竟日本確有「富岡」這個姓氏，近幾年流行的《鬼滅之刃》，也有位姓富岡的角色。

不過我翻遍日本時代資料，都沒找到「富岡」之稱。當時這個漁港被稱為「加路蘭港」或「伽藍港」，前者是既有的阿美族地名，後者則是附庸風雅的借字，表面是「巨大佛寺」之意，發音則接近加路蘭。這就帶來一個疑問，既然「富岡」不是日本人命名，難道是國民政府命名的？

這並非不可能，譬如桃園伯公岡，也是戰後才改稱富岡。但為何改名，還如此具日本風味？這緣由不是我能知道的。

我抵達富岡漁港那天，不算陰天，但天空也不是寶石般清澈的藍色，而是鋪著霧般，帶灰的

9　我在舊報紙上找到最早提及長濱有「金剛山」的新聞，是二〇一六年。

淺藍。據說天氣好時，這段海岸能看到綠島，但那天我只看到淺藍色的霧延伸到地平線，與海交融。

港口停滿快艇與漁船。

部分阿美族傳說中，他們從海外遷徙到臺灣，是經由綠島與猴仔山。有過去海比較淺，能直接從綠島走來的傳說。也有綠島跟猴仔山間曾有許多礁岩，眾人能踏著礁岩而來之說。或是綠島到猴仔山之間有長長的橋，甚至神奇的樹將兩者連起來。[10]說起來，在阿美族語中，綠島的發音是「Sanasay」，音近「薩那賽」——難道流傳於東北海岸的故鄉之島，其真面目就是綠島嗎？

有此可能，但我不會這麼快下結論。

問題是先後順序。有可能綠島本不叫Sanasay，是「薩那賽」傳說流傳開來後才得到這名字；畢竟海上有座這麼顯眼的島，在聽聞故鄉之島的傳說後，有什麼理由不認為那座島就是「薩那賽」？如果綠島是因薩那賽傳說得名，這只反映了故鄉之島的傳說有多強悍。至少在我看來，薩那賽仍在神話迷霧中，未固定於海的彼方。

「加路蘭」是嘎嘎哇桑以北的阿美族部落，意思是「洗頭髮的地方」。奇怪的是，明明最靠近漁港的部落是嘎嘎哇桑，為何命名為加路蘭港，不是嘎嘎哇桑港？

老實說，我也不知道。稍加推敲，或許是加路蘭部落更有指標性。我看過一種說法，嘎嘎哇桑跟加路蘭本是同一部落，但各自發展後，當地逐漸以加路蘭為中心。

「猴仔山」是漢人稱呼，現在地圖上專指富岡漁港後方的那座山；為何有此名呢？是因為山上有很多猴子，還是看起來像猴子？有種解釋是這樣的：這可能是音譯。猴仔山唸作「kâu á suann」，與嘎哇桑相近。有時巧妙的翻譯能保留發音，但字面另有意涵，這就是一例。

對照古地圖，曾是鬼靈之地的部落已被濱海公路輾過，從公路到海岸線，每寸土地都被徹底開發、利用，海岸線外甚至不是大海，是一座又一座的消波塊丘陵；為了尋找海岸的鬼靈之火，我與妻子趁初二回娘家，騎機車沿著海岸來回尋找，但風景已跟百年前截然不同。如果傳說本就是游移在現實夾縫間的低語，這裡的夾縫也已裝不下多少古老的夢境。

✤ ✤ ✤

從文獻來看，築加路蘭港似乎有其重要性。

至少翻閱當時報刊雜誌，有「開發臺東的生命線」、「掌握臺東興廢的關鍵」等說法。雖都是義正辭嚴的呼籲，但官方真正開始築港，已是第二次世界大戰期間；根據《臺灣日日新報》，加路蘭的船塢直到一九四三年才完成，並擠出一段官宣氣息濃厚的文字：「在決戰時期，臺東作

10 楊南郡譯註，《臺灣原住民族系統所屬之研究》（新北：原住民族委員會，二〇一〇）。版本很多，也有從蘭嶼到猴仔山，相關傳說也不限於阿美族。

為生產國承擔的使命將由此得到強力推進。」這座港在歷史中慢慢被拼湊起來，接合每塊磚頭的水泥，都飄著些許軍國主義的煙硝味。

從臺東的發展來看，加路蘭港或許重要，但港口預定地在嘎嘎哇桑部落的地盤上，接下來的發展就不難想像。為了掌握這塊地，官方下令那塊土地的居民遷走。畢竟大義在前，沒什麼不能貶低，進入現代社會後，這也是國家常用的手段。

新的秩序擠進這片海，把嘎嘎哇桑的居民推向北方，到加路蘭附近。如果連部落都遭迫遷了，鬼靈的火焰還有棲息之處嗎？翻閱這段歷史，我心中興起不好的預感，恐怕這次的追尋徒勞無功。

戰爭結束後，國家的巨輪也沒停下。

六〇年代，因國共內戰撤退到臺灣的國民政府，好不容易在中共的威脅下苟延殘喘。這或許得益於韓戰與之後的越戰，讓美國將這座島視為同盟，不然若美國放棄中華民國，臺灣或許是中共的俎上肉——誰知道呢？無論如何，當時臺灣西側的軍事基地已暴露在共軍雷達下，這讓國防部決定在東部尋找建立空軍基地的適當地點……

是的，如您所想，他們又找上了嘎嘎哇桑部落的居住地。

不在加路蘭。因為他們後來又遷村了一次。這次他們住的地方，在現在的「志航空軍基地」。空軍基地涉及國家安危，這麼理直氣壯的大義，當然沒人能抵抗，於是祖靈的墓被挖開，填平為機場跑道，嘎嘎哇桑部落則再度遷徙，到了遠離故地，位於卑南溪北岸的山間。

那是有著美麗田地，時不時能聽見鵁鶬鳴叫的地方。

✣ ✣ ✣

寫《殖民地之旅》時，我就知道發生在嘎嘎哇桑部落的這類事蹟並不罕見，只是有時還有大義的名分，有時連大義都沒有，就只是利益。問題是，是誰的利益？

加路蘭北方不遠處，有片叫「杉原」的海灣，據說沙跟雪一樣白。本世紀初，那裡開始興建「美麗灣渡假旅館」。這旅館爭議重重，環評和建照都有問題，而且杉原是阿美族的祖靈之地，阿美族為此抗議了十幾年。記得事情鬧大時，我看報導，某位地方行政首長語重心長地說「原住民不能這樣占據國有地」——

我感到震驚。

那是傳統領域。國家奪走別人的土地，還要踩他們一腳？當然，不同的立場彼此衝突，恐怕不能輕易斷言是非，不過對覺得開發很重要的人，我忍不住有個疑問：為何是要求別人犧牲，來成全你的開發？

就像一百個橘子分給十個人，每人拿十顆，這時有人指著角落那位，說：「那傢伙跟我們不同，沒什麼人在意，我們瓜分他的橘子吧？這樣每人都能多拿，多棒啊！剩下一顆給他自己，算客氣了。」接著投票表決，說這就是民主。聽到這些，任何有公義之心的人都會氣憤吧？

而且這種強盜行為並非民主。

因為民主不只是計算票數，重點是承認每個人都值得被保護；許多人覺得民主制度麻煩、沒效率，沒錯。但為何沒效率？就是因為我們擁有「生而為人」的權利，不是當權者想拿就拿的。有誰要拿，那就協商，這提高辦事的成本，才讓效率減損。但依我之見，這交換是值得的。

不然，因強盜行為嚐到甜頭的人，會就此停下嗎？

當然不會。剩下的九個人裡，會再選出一個祭品，投票瓜分。接著八人、七人、六人……直到橘子被壟斷在少數人手中。當然，這是非常簡化的模型，沒考慮拉幫結派等變數；但我是說，如果每次都同意掠奪，那總有一天，掠奪會降臨到我們頭上。不是「報應」，沒那麼超自然，是我們的行為縱容了潛規則，如此簡單。

現實世界裡，不同人或不同集團間的磨合、爭鬥更為複雜，有時甚至很難以是非論。非黑即白雖然爽快，卻有傲慢之嫌；我們不能喪失正義感，但不能讓偽裝成正義的暴力快感凌駕其上。爭鬥是必然的，生而在世，幾乎不能避免，但即使爭鬥，也不表示不能彼此尊重。

只因某些人不屬於我們集團，就覺得他們「可以犧牲」，長遠來看，只會將彼此推進誰都不想待的地獄。

✤ ✤ ✤

如今的杉原海灣似乎已被縣政府收回，轉為海水浴場，重新開放給一般民眾。海灣邊，渡假旅館爬滿藤蔓，看似荒廢，不知不覺間已成為讓推理小說讀者著迷的故事舞臺。看著拉上窗簾的窗戶，我不禁想，如果此時有人從廢棄的房內拉開窗簾，究竟暗示了怎樣的事件？

旅館廁所與淋浴間還在運作，供遊憩的人沖身體。沙灘外側種了幾棵椰子樹，不遠處有竹子、茅草、木頭架起的棚子，供旅客休息之用——滿滿的南洋風情。

所謂船過水無痕，就是如此吧。

看這片海洋，穿著泳褲和比基尼，戴著墨鏡的男男女女，那些爭議彷彿都不存在，一切都被埋藏在海風與雪白的細砂底下。對沒跟上爭議的人來說，這片海水浴場或許從「最初」就是這樣，旁邊難以解釋的廢墟亦然，因為第一眼看到就是那樣的景觀，無需解釋。

但所謂遺忘，其實只是將社會衍生的重擔丟給還記得的人，因此時不時老話重提，有正義的基礎。若問歷史為何重要，這是其中一個解答：因為歷史衍生出來的影響至今迴盪，差別只是我們是否知情，而試圖瞭解——已經是最輕鬆的參與。

✤ ✤ ✤

回到猴仔山腳。我在富岡漁港附近追索，未能找到那神祕的冒火地。鬼靈之地真的存在嗎？根據一九五五年的《更生報》，當時猴仔山某個低矮處，只要將火柴丟下就有瓦斯燃燒，表示此處戰後依然存在。[11]另有說法，指該處位於猴仔山西北。[12]若真是如此，鬼火很可能已被封閉在志航空軍基地裡，像我這種閒雜人等，自然無從得見。

但到了空軍基地這麼深入之處，還算海岸嗎？我不禁懷疑起人類學家的紀錄，到底有多少是道聽塗說。但轉念一想，說不定是古今對海岸的定義不同。

現在的海岸不是比以前更窄嗎？在富岡漁港附近，動不動就有房子遮住視線，要是沒看到海，我就沒有「這是海岸」的感受，因此只有大海到建築物間的這段距離能算。然而百年前的景觀也是如此嗎？那時沒多少房子，海與山間更無窒礙，即使海拔高一點，只要能看到海，也算海岸吧！

這只是猜測。但若果真如此，就表示迴盪著鬼靈之火的海岸，無論在哪個層面都不存在了。[13]

不一樣的海神

離開富岡漁港，穿過一條上坡的小徑，那裡有間對著海的漢人廟宇——海神廟。廟埕前有高臺，或許是戲臺吧？如果有人在此酬神演戲，後方的或許不是布景，而是美麗的藍色海洋。

廟前有輛白色轎車，側面寫著「1997」、「飛越黃河」等字。才在想怎麼有這麼酷的車停在這，就看到旁邊說明牌寫著：「本村傑出青年導演柯受良智技雙全自導自演享名演藝界，尤以飛車特技飛躍長城跨過黃河揚名世界。」[14]

我有些驚奇。因為我聽過柯受良，原來他是在這村落出生？

不過稍加調查，便知曉他其實出生於浙江漁山列島，雖然無疑是在這個濱海村子長大。解說牌稱他「傑出青年」，或許給人一種錯覺，覺得年齡與我們相去不遠，但他是一九五三年出生，寫這塊牌子的人恐怕頗有年紀。

---

11 〈富岡猴子山上發現瓦斯噴火〉，《更生報》（一九五五年十二月二十八日）：「富岡猴子山上，一盆窩地，從地下冒著稀々烟霧，祇要將吸烟火柴拋地一擲，即燃起熱火是否有山山瓦斯的遺留存在，不得而知。該塊土地像隻猴子的庇股又似蜂巢一樣，恰好在蔗田的東南角，其直徑有二台尺寬，記者日昨曾親自上觀看，果然地把火柴一點即著，火如雹石，火勢不弱，難怪許多人走過時，無不提心吊膽。」

12 張健財，〈國家機器下的傳統領域：Kakawasan（石山）部落〉，《南島研究學報》，八：一（二〇一三年六月），頁六九－八八。

13 附帶一提，現在的嘎嘎哇桑部落前有塊石碑，說明部落由來，節錄於下：「石山部落 Kakawasan 之由來，係因『彩虹』（Tala kar Ni'Edek）而得名。我們小時候在雨過天晴之後，經常看到美麗的彩虹（Talakar Ni'Edek）由部落彎向綠島，族人由之命名為 Kakawasan，義為『祖靈之地』。後有謂之係由於部落北方因有瓦斯產生而經年有火，或偶有靈火產生而稱之鬼火，加以部落之墓地位於北方，而稱 Ka-ka-wa-san 為很多鬼神之地——或魔鬼村，即由之（因為有火）命名實有待商榷。Kawas 在阿美族義為『鬼神』，亦神亦鬼，很多鬼神之地實義為『祖靈之地』。」由此可見部落否定了鬼靈之火的解釋，我所追尋的幻想場景，可說更虛幻了。

14 由於解說牌是二十幾年前立的，已有些模糊，這裡是不是「智」這個字，我不確定，只是看剩下的字形與前後文推測。

大約二十年前，柯受良因故過世，其飛車絕技被登記在金氏世界紀錄上——從這角度看，這輛車或許算是種紀念碑。

海神廟前有兩隻石獅，塗了部分彩漆，也是柯受良所贈。

說起來，這座海神廟祭拜的是哪位海神？進去一看，陪祀的是池府王爺、福德正神，主神則是「如意娘娘」——老實說，在此之前，我沒聽過這位神祇；看到海神，原本我以為媽祖。或許您也不熟悉吧？畢竟在臺灣，這確實是相對罕見的信仰。

這是「大陳人」的信仰。

✤ ✤ ✤

一九五五年，國民政府發起了一場大撤退。

這場撤退規模浩大，因為要將中國浙江沿海大陳島跟鄰近島嶼的軍民全帶到臺灣，總人數高達兩萬八千人；雖然那時國民政府已將臺灣作為根據地，但包括金門、馬祖在內的沿海島嶼，還在其控制下，大陳島則是最前線，「江浙反共救國軍」的總部。然而，在共軍猛烈砲火下，大陳島幾乎就是下一個要被占領之處。這時，美國提議放棄大陳島，作為代價，他們會確保金門、馬祖的安全，接著便主導這次撤退，命名「金剛計畫」[15]——那時海空防衛的主力都由美軍負責，可見美軍在此事件的影響力。

我難以想像。這兩萬八千人，應該不少是普通老百姓，為何要放棄故鄉？故鄉是這麼容易割捨的嗎？這些人被稱為「大陳義胞」，根據官方說法，他們是反對共產勢力，忠於中華民國，不惜放棄家園也要跟隨政府的。

何等拋頭顱、灑熱血。

但事實上，大陳島民不見得都熱血到放棄故鄉。政府說撤退只是暫時的，不久後就能回來，離開故鄉時，他們甚至沒帶太多東西，反正馬上就能返鄉，輕裝就好，結果我們也知道了。

據說撤退前幾天，眾島嶼還廣播起〈臺灣好〉這首歌。但直到正式公告，島民才知道，啊，原來要去臺灣。

臺灣好，臺灣好，臺灣真是復興島！
愛國英雄英勇志士，都投到她的懷抱。
我們受溫暖的和風，我們聽雄壯的海濤，
我們愛國的情緒，比那阿里山高，阿里山高！
我們忘不了大陸上的同胞，
在死亡線上掙扎，在集中營裡苦惱。

15　對，就是King Kong，電影裡的金剛。至於為何如此稱呼，則不明。

他們在求救，他們在哀嚎，
你聽他們在求救，他們在哀嚎求救哀嚎！
我們的血湧如潮，我們的心在狂跳，
槍在肩刀出鞘，破敵城斬群妖。
我們的兄弟姊妹，我們的父老，
我們快要打回大陸來了，回來了快要回來了！

不過問題來了，這麼多人一口氣湧進臺灣，要怎麼安置？於是就有了眾多「大陳新村」，全臺共有三十幾處。政府是基於哪些考量選址？我不清楚，不過，其中一個大陳新村就在富岡漁港的嘎嘎哇桑舊址；據說這決定下來後，嘎嘎哇桑部落曾表達抗議，他們始終抱著能回故鄉的希望，而大陳新村會讓這份希望更渺茫。

顯然，政府並未理會。因此現在村子的信仰中心，是來自大陳的海神。海神廟旁的解說牌紀錄「富岡新村」的歷史，也沒隻字片語提到嘎嘎哇桑。

「義胞」這份榮耀沒給大陳人帶來多少幫助。那時有句俗話說「一包不如三包」——義胞不如山胞——大陳義胞的生活品質比原住民還差。畢竟他們是輕裝上路，甚至沒想過久住。我試著想像，那是多孤獨的困境？絕大部分的人對臺灣一無所知，只聽過那首〈臺灣好〉。

更別說語言不通。

許多大陳人不懂臺語。富岡新村算好，因為漁山人講的是閩東或閩南語，還能溝通，但更多大陳人是講台州話，那就難了。雖都被歸為漢族，但語言跟生活方式的隔閡，卻實實在在橫亙在族群間。

我跟本書編輯提到大陳人，她說了件往事。原來基隆也有大陳新村，小時候，有些大陳的老奶奶會到她家裡作客。當時她不知道大陳人，只知道在暗沉沉的燈光下，那些裹小腳、穿唐裝的老奶奶，會用她沒聽過的語言聊天。有些魔幻寫實，對吧？對她來說卻是熟悉的日常。

這樣的異鄉人，或許不得不形成強大的內聚力。

花蓮的大陳故事館，有展板說大陳人的認同就是「大陳人」。有意思，從本省人來看，大陳人應該算外省人吧？但外省人這樣的認同，似乎又跟大陳人不一樣。

畢竟他們處境特殊。半強迫地離開家鄉，被冠上義胞之名，那種遭遇不是其他外省人有的。要是沒有國民政府，根本不會離鄉背井，也不會有後續；有些人或許不滿吧！但也有人不得不在這種境遇中尋找意義。要是不追隨官方的樣板敘事，自己的人生算什麼？或許正是如此，才有大陳人建了「蔣公廟」，將那位統治者神格化，好讓自己的人生舒坦一點……

不，揣測到此為止吧。

就像搭上同一班列車，我們或許會對其他旅客好奇，推測他們的性格與目的，但想像就該停留在想像。光憑一閃而逝的徵兆斷言其他旅客是怎樣的人，多少有點踰越了。

第十四夜

發祥地

——人類起源與臺東之王

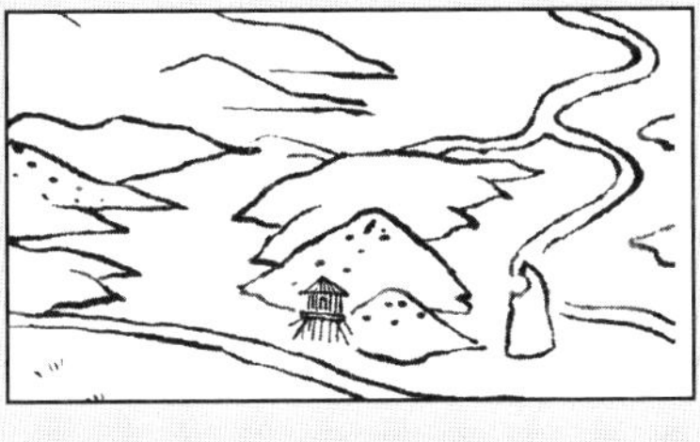

雷公火
風箏石
南王
鐵花村
卑南遺址
馬蘭
發祥地

知本
發祥地

第一次到臺東的人，走出車站或許會大感驚訝——也太山明水秀了。

一般來說，車站就算不在最繁華的位置，也會在舊鬧區，但臺東站不然。車站後重巒疊嶂，穿越前方車道，是一望無際的草坪，更遠則是被扔向蒼穹盡頭，宛如黛色剪影般的群山。景色雖美，但就算有親友接送，到市區也要十幾分鐘，搭公車更耗時，臺東的公車可不算密集。

後來聽妻子說，那是新站，舊站確實在市中心，也就是以音樂聚落聞名的「鐵花村」——[1]這位置就合理了。但為何新站離市區這麼遠？畢竟對旅客、居民來說，都不怎麼方便。

我沒有答案。雖然蓋新站是有理由的：為了銜接南迴線。舊站離海太近，鐵軌從花東縱谷出來，經舊站再往南彎，海岸線會壓迫轉彎空間，只有在離海更遠的位置蓋新站才能解決這問題。

這並未解釋所有謎團，畢竟還是太遠。據說曾有更好的選址，是臺鐵堅持現址，但為何臺鐵如此堅持？就是我所不瞭解的了。

不過在我看來，新站位置也沒什麼不好——先澄清，這完全是我這個旅人自私自利的觀點，受個人嗜好影響，與公益沒半點關係。要是說出原因，那些被交通不便所擾的人，肯定會冷笑三聲，不以為然吧！但身為寫作者，就算懷著讓人羞恥的念頭，也必須誠實。

所以我要說了。

我喜歡新站的位置，是因為離「卑南遺址」很近，走路十分鐘就能到。

對，我知道讓人傻眼，請饒了我吧！但作為夜話的停留處，我保證那裡夠有趣。

✤
✤
✤

卑南遺址，是我最早感到東部魅力的起點。這裡曾挖出列為國寶的「人獸形玉器」，看來有點像德國老牌刀具「雙人牌」的商標，頭上再頂一隻貓科動物，有些可愛，又讓人疑惑，這圖騰究竟意味著什麼？

「喔，這個啊，是外星人製造的喔。」

我曾向專攻人類學的朋友請教這玉器的意義，她卻這樣回答我。我呆住，想說她是專業人士，這是認真的嗎？她開始解釋。

「哈哈，開玩笑的啦！因為那不是當地人製作的，沒有廢玉料。製作玉器一定會有些邊角料嘛，但卑南遺址沒發現這些東西。」[2]

「不是他們做的，那是誰做的？」

「玉本身來自花蓮，應該是在花蓮做的吧。」

結果完全與外星人無關。但多少能理解為何開這種玩笑。就像「時代錯誤遺物」，有些技術

1　附帶一提，「鐵花」來自胡鐵花——胡適的父親。他是清國時代最後的臺東州直隸州知州，並寫了《臺東州採訪冊》。

2　其實卑南遺址還是有少量廢玉料，但為了重現當時對話給我的衝擊，我省略了後面的補充。

會讓人懷疑是不是有更高層次的文明介入；這些製造玉器的技術，即使沒有嚴重超出時代水準，技術仍高強到令人咋舌，有些玉器的製作方式之謎，直到現在也還沒解開。

而且，花蓮的玉，怎麼會出現在臺東？

對經過這麼多夜晚，旅行至此的您來說，或許會覺得「這有何難」？但當時，我是第一次知道史前時代的東海岸存在商業活動。我還不認識巴賽族，我無知到難以想像史前貿易圈有多廣。

這種人獸形玉器遍及全臺，許多遺址都曾挖到，不只東部，還有臺北、屏東、臺南，這帶來了謎團：為何這類玉器如此盛行？功能為何？經手這一切的貿易集團，又是群怎樣的人？這些浪漫的疑問衝擊著我，讓我開始思考人們如何生活、貿易、移動，就像看著美術館的畫，畫上的人竟然活過來。

其實不只臺灣，就連菲律賓、越南的考古遺跡，都曾發現花蓮玉。史前時代的貿易網路，實在遠遠超出我們想像。事實上，不只「材料」，花蓮有個支亞干遺址，曾出土大量廢玉料及製作工具，換言之，那是製造玉器的重鎮，聚落成員可能都參與產業鏈，包括開採玉石、製作、貿易。在某個我們不知道的時代，臺灣曾有這樣一個「玉器工廠」，不，或許該說「玉器王國」——

這實在稱得上奇幻小說題材。

✤ ✤ ✤

除了人獸形玉器，卑南遺址還有個知名遺物：月形石柱。那是座四公尺高的巨大片狀石塊，頂端穿了圓孔，不知何時，石板從圓孔處破裂，使其缺了部分的圓，形似彎月，才有月形石柱之名。考古學家推測，這可能是古代建築的部分構造，不過，神話有不同的解釋。對附近的南王部落來說，此地有某種禁忌性，因為曾有古老的天罰降臨於此；接下來要說的，就是這塊地如何荒蕪並出現石板的故事。

很久以前，南王部落有兩兄弟，他們想吃甘蔗，就用詭計欺騙附近的阿美族。最初雖然成功了，但三番兩次故技重施，終於引起阿美族懷疑，於是阿美族守株待兔，埋伏在田邊一湧而上，總算逮住他們；雖然哥哥幸運逃走，但弟弟落入阿美族手中，他們虐待這位俘虜，逼他吃毒蟲等穢物。

為救回兄弟，哥哥想到一個妙計。他找來風箏，將一端繫於大石，自己則借助北風，抓住風箏飛進敵營；看到這麼大的風箏，阿美族人被勾起好奇心，這時弟弟宣稱可以把風箏弄下來，要求他們解開束縛。不知為何，他們照辦了。結果弟弟伺機掙脫，跳上風箏，阿美族人只能眼睜睜看他們脫逃。之後，兄弟倆為了報復阿美族，就向天神祈求力量，降下天罰，於是落雷、洪水、地震輪番襲擊阿美族部落，終於將之摧毀——舊部落就位於現在的卑南遺址。[3]至於為何有石柱，

3　〈第四編臺東廳 Puyuma 族，第二節口碑傳說〉，《番族慣習調查報告書第二卷》。其實這是一系列傳說，整個故事很長，這裡只引述跟卑南遺址有關的部分。

有說法是兩兄弟化身而成，也有阿美族的房屋在遭天罰後變成石頭之說。

雖然難免想，一開始不要偷吃阿美族的甘蔗不就沒事了？竟還懲罰對方！不過，神話很難以當代的倫理揣度。附帶一提，那塊綁風箏的大石，確實存在。還記得前夜的杉原海灘嗎？在細雪般沙灘的幾棵樹底下，有塊低矮的巨石，差不多成年人腰部這麼高，卻相當寬大。石頭上有圈「擦痕」，就像曾經綁了一圈繩子，用力拉緊。

沒錯，那就是「風箏石」，擦痕即是綁風箏留下的。

有趣的是，阿美族也流傳同樣傳說。

風箏石其實位於阿美族的傳統領域。旁邊立的石碑，寫的是阿美族的版本，只是陣營互換，變成阿美族兄弟被卑南族抓走。因此，阿美、卑南還曾爭論這傳說到底屬於誰，到底是哪一族的人在杉原海灘留下如此神蹟。

現在風箏石旁有祭拜的痕跡——石頭前留下三個杯子。不知為何，好像還有漢人傳統混在裡面，當地留有紙錢。我想說的是，這不只是神話地景，至今仍有某種神聖性；風箏石不只是遙遠傳說，對活在當代的住民，依舊充滿意義。

✤ ✤ ✤

打開日本時代的地圖，會發現臺東平原上有三大聚落：卑南族的卑南社、阿美族的馬蘭社、漢人的卑南街；其中卑南社就是剛剛提到的南王部落，離臺東車站不遠，而馬蘭社與卑南街則構成現在的市區。說個題外話，前夜的人類學家曾說，流行於卑南街的過火，據說是模仿沙勞的戲火——這說法極有意思，但我覺得不太可能。

您或許知道，所謂「過火」是種潔淨儀式，為祛除不潔、不祥、厄運，過火者需赤腳走過熱燙的木炭，甚至直接走過火焰。其實這種漢人儀式在臺灣並不罕見，現在仍時不時舉行，很難認為是源於臺東。

不過，關鍵或許在人類學家的「據說」。他究竟是從哪裡，聽誰這麼說？

合理推測，是卑南人說的吧！畢竟那就是卑南族文化的調查報告。圍繞著這主題，採訪者甚至沒必要確認漢人的說法。這或許算穿鑿附會，卑南人看到過火儀式，聯想到猴子山下的鬼靈之地，就認為是模仿沙勞，不然好好的幹嘛沒事跳到火裡去？這合乎邏輯。

倒不是說這種誤解很可笑，因為這很常見。誤解其實比想像還容易發生，只是我們不見得知道那是誤解；因此，有件事我很在意，為何當時卑南人沒有深究？明明查證也不難。對此，我有些推測。

話說在前，這沒根據，連側寫都稱不上，比起推測或許更接近直覺。但我不禁想，會不會那時的卑南族，是臺東平原上的高度優勢族群，因此握有擅自詮釋他人文化的權力？

就像當代漢人也時常擅自詮釋原住民文化，並覺得沒有任何問題。處於優勢的一方，是不會把「誤解」當「冒犯」——甚至根本不覺得那是誤解的。

當然，這只是胡思亂想，請姑妄聽之，當成戲言吧。總之，經過漫長的海岸與眾多夜晚，我們終於來到卑南族的根據地；今夜，我們會聊聊臺東霸主的故事。

發祥地

接下來帶您去的地方，已離開臺東市區。經過知本溪，往太麻里方向，有處看得到海的山坡。山坡與道路間有方便停車的空地，從旁邊的樓梯拾階而上，是鋪天蓋地，自上方籠罩而來的竹林。不疾不徐的風自頭頂溜過，讓整片竹林發出「咿咿呀呀」的聲音，像承擔了某種重壓，卻仍堅韌地屹立著。地面全是枯黃的竹葉，像地毯。此處在日本時代就頗有名，根據《臺東廳要覽》，要是發生什麼天地異變、不祥之事，原住民就會在此地集會祈禱。4

根據該文獻，這塊靠海的山坡乃是普悠瑪族——即卑南族的發祥地。

✤　✤　✤

位於竹林底下的高臺，有眾多紀念碑沉默佇立，它們來自不同部落，還能發現祭祀的痕跡——竹杯、玻璃杯、酒瓶。這證實了此地的神聖性質。而這麼多紀念碑中，最引人注意的是位於平臺深處，有座比成年人還高出不少的石碑，上面以紅字寫著「台灣山地人祖先發祥地」。

山地人。這碑應該頗有年代吧？[5]因為自一九九四年原住民正名後，就已不再使用「山地人」一詞，至少法律條文是如此。

也許有人會冒出疑問，像為何要「正名」？為何「山地人」、「山胞」這種說法招人反感？對於這些，請原諒我不在此深究。畢竟本世紀已過將近四分之一，要是連這種事都還需要反覆討論、確認，那可能是教育還有不足之處。

根據附近石碑，這塊碑是卑南族的知本部落所立。稍微離題一下，請先記住「知本」。要認識卑南族，從「知本」與「南王」兩大勢力開始，我認為比較輕鬆。

身為卑南族一大勢力，知本人在此立了「台灣山地人祖先發祥地」碑。這挺有意思，對吧？畢竟立碑者不是說「知本祖先發祥地」，或「卑南族祖先發祥地」，而是「山地人」這個全稱量詞，彷彿臺灣所有原住民全都來自此地——這當然不可能。

雖然不可能，但要是您在這平臺上繞幾圈，就算不會改變想法，也會感到此地有不可思議的力量，能讓古老的族群推崇、膜拜，就像有黑洞般的引力，將周邊的部落全吸納進來。

譬如南邊的石碑，說此地是太麻里部落的發祥地。看似沒什麼，但太麻里可不是卑南族，是

4　臺東廳，《臺東廳要覽》（臺東：臺東廳，一九三一）。

5　根據卑南族史記載，是一九六〇年立的。宋龍生，《臺灣原住民史：卑南族史篇》（南投：國史館臺灣文獻館，一九九八）。

排灣族；明明其他排灣族的發祥地不在這裡，為何太麻里部落有不同的傳承？

另一塊石碑寫著阿美族的故事。阿美族稱此地為阿拉巴耐（Arapanay），又稱「倒竹遺址」；為何叫「倒竹」？據說族長曾在天有異象之時，將竹杖插於此地，使異變驟止。其後，有族人發現竹杖竟倒生枝葉——這也是某種神蹟。

對立下此碑的阿美族來說，阿拉巴耐無疑有神聖性，但不同版本中，還有更勝於此的重要性。之前提到的《臺東廳要覽》，說有女神現身於此，手持石頭與竹子。祂扔出右手石頭，石頭破裂，裡頭走出一位神人，就是阿美族祖先。要是相信這版本，連阿美族的發祥地都在此地了。

當然，這不是所有原住民的發祥地——不可能是。但為何這裡如此重要？實在是難解到深具魅力。

✤　✤　✤

讓我們走更深一點，走向最靠近那片竹林根部的位置。

在「山地人發祥地」碑後方，山腰平臺最高處，有個用石板搭蓋，只到成年人腰部高度的小型神殿，裡面以中文寫了三個名字：

派魯伍。

塔巴塔布。

索加索加伍。

他們是祭祀者的先祖，出自某個版本的發祥傳說；據說世界毀滅時，他們倖存下來，對這個新世界而言，他們或許是「最早的人類」。在遙遠古代，人們居住的陸地曾是海洋，海洋則是陸地，但不知發生了怎樣的浩劫，海與陸地居然顛倒，太陽與月亮消失，世界陷入無盡的黑暗。

這時，在黑暗的海上，有五名倖存者。他們在茫茫海上漂流，最後抵達臺灣，那裡被稱為「陸發岸」，也就是發祥地碑所在。然而光是上岸，還是難以生存，因為大地一片漆黑，於是，五人中就有兩人接受使命，走上山頂，成為新世界的太陽與月亮，剩下三人則在浩劫過後的土地上，尋找剩下的人類。

然而徒勞無功。

最後，小妹索加索加武走累了，留在北大武山，兄姊二人則返回陸發岸，成為知本人的始祖。現在，發祥地的樓梯基座旁有個石刻畫，標題寫「天地創始」，就是描繪這個故事：汪洋之上有二女一男，而天上則有長著人類手腳的太陽與月亮。[6]

不過，這不是發祥地傳說的唯一版本。

6　宋龍生，〈第二章卑南族歷史的上古時期〉，《臺灣原住民史：卑南族史篇》。

這是知本人的版本。南王人有不同故事，甚至連地名都不同，叫「巴拿巴拿樣」；其實在日本文獻中，這名稱還更常見。為何明明都是卑南族，卻有不同傳說與稱呼？說到底，「卑南」不過是人類學家擅自定義，與其說直指族群本色，不如說只是為了方便。因此，族群內有「不同之處」是理所當然的。根據現在的知識體系，卑南族可粗略分成兩系統，分別是「石生」與「竹生」——它們各自以「知本」與「南王」為代表。

石與竹

知本部落的「石生神話」，還有其他版本。據說遠古時代，陸發岸只有潮水與泡沫，久而久之，潮水累積起塵埃，變成石頭——這是不是潮水沖來砂礫的聯想呢？總之，石頭裂了開來，某種人形的存在從石頭內誕生。

這存在很不可思議。祂有前後兩張臉，膝蓋長了眼睛，因此全身上下共有六個眼睛；雖然連性別都不清楚，但祂懷了孕，而且不是肚子懷孕，是右腳小腿肚懷上的。之後，右腳生出了一男一女，分別是索加索加伍與塔巴塔布。

兩人在陸發岸生下石頭，石頭生出了女人。他們到北大武山，又生下一塊石頭，這次石頭變成了男人。以男人跟女人為始，人類出現了，他們生下子嗣，其中一個後代跟阿美族的美男子成親，就成了「知本」的先祖。[7]

這個不可思議的傳說，可說饒富興味，顯然是前面「天地創始」的不同版本，有相同的登場人物——索加索加伍與塔巴塔布——但沒有大災變；與其說從某處漂流過來，更像人類直接從石頭中誕生。

不過，為何兩個版本都提到北大武山？

北大武山是許多排灣族部落的發祥地，這表示知本人與排灣人早從遠古時代就開始往來，後來與阿美族通婚，更顯示這塊土地如何容納了眾多族群。事實上，大災變的版本也反映了族群關係，三先祖的其中一位留在北大武山後，剩下兩位先祖生下不同顏色的石頭，分別變成原住民、西方人、漢人、日本人。換言之，石生神話也是人類起源的神話，在漫長的歷史中，與知本接觸的族群被紛紛編排進神話，陸續在其世界觀占有一席之地。

✣　✣　✣

相較之下，竹生神話比較單純。

同樣是遠古時代，海上來了一位女神。女神拿著茅草，將茅草插在起源的海岸：巴拿巴拿樣。奇怪的是，女神似乎將茅草插反了，茅草的根部不是被埋進土裡，而是暴露在空氣中，結果這些

7　改寫自楊南郡譯註，〈卑南族〉，《臺灣原住民族系統所屬之研究》。

根部就長成了竹子——如此違反植物學的描述，或許來自樸實的觀察；傳承竹生神話的先民，大概是觀察到這兩種植物的相似之處。

剛獲得生命的竹子，開始摸索自己生命的形狀，恣意生長。沒多久，從竹子的上節誕生一名男子，下節誕生一名女子，他們就是最早的人類。此後，他們生下眾多子孫，成了「南王」的先祖。[8]

與石生神話相同，這故事也版本眾多，譬如最初從海上出現的神祇，有傳承指出並非女神，而是男神，又或是男女二神同時出現，而大多數版本的共通處，就是最早的人類乃由竹節所生——我不禁想到《竹取物語》。由茅草顛倒形成的竹子，也讓人想到阿美族稱此地為「倒竹遺址」。「竹生」與「倒竹」兩件事看似無關，但會不會其實有同一出處，或彼此影響呢？

有趣的是，雖然石生、竹生有不同後裔，但在蘭嶼，人類起源卻是石生、竹生並存。在那座島上，天神將自己的後代放到石頭與竹筒裡，後來兩人在蘭嶼重逢，相愛的他們頗為純情，不知男女之事，就這樣愉快地聊天，竟開始覺得膝蓋癢癢的，就從膝蓋生出了眾多人類。

很難想像這則神話跟臺灣島的竹生、石生傳說沒有關聯。

其實直到現在，遺留在臺東眾多族群裡的神話故事，仍能看到蘭嶼的蹤跡；無論是從蘭嶼帶回作物，或遠古時代有棵奇妙的榕樹，其樹根連結蘭嶼與發祥地，讓人們往來無礙。我不禁想，這片海、山脈、平原，是如何將這麼多不同脈絡融合在一起的？幾百年前，這些族群如何往來？

他們又是如何借鏡彼此的神話，編織出共同的歷史？

那個時代交流的規模，或許比我們想像得還要龐大。

✤ ✤ ✤

說起來，為何是「石生」跟「竹生」？

有學者認為，所謂「石生」，指的是誕生於石板屋裡，「竹生」則是誕生於竹屋中，換言之，是區分兩種不同的居住環境；繼承石生神話的知本人，族群往山上發展，因此以石板屋為主，反之，卑南人則往平原發展，部落被好幾重的竹林包圍，就像城牆。[9]

石生、竹生不只區分了居住環境，還暗示截然不同的生活方式，亦即不同文化；我不禁想，雖然現在都被分類在卑南族，但遠古時代，知本人與南王人，會不會根本是不同族群？

當然，我不是專業，請姑妄聽之。但若他們最初有著不同的認同與起源，是何時開始講相似語言的？又或者，如果他們是從同一處登陸的同一群人，是怎麼發展出不同文化，變成兩個族群的？

8　改寫自楊南郡譯註，《臺灣原住民族系統所屬之研究》。

9　宋龍生，〈第一章導言〉，《臺灣原住民史：卑南族史篇》。

這是無解的謎。無論如何，石生與竹生都成為臺東的強盛族群。最初知本人是最大勢力，他們在高地的據點能俯瞰整個臺東平原，古稱「卡砦卡蘭」，在那個時代，南王人也不得不低頭——

但「竹林戰役」改變了平原的勢力均衡。

✤ ✤ ✤

在不知何時的遙遠時代，南王曾一度向卡砦卡蘭的知本納貢。

為何納貢？知本人說是平原上的部落都臣服他們，但南王人說他們是兄弟，而哥哥要求弟弟納貢，他們配合罷了。無論如何，曾經納貢是事實。但有一次，南王的納貢部隊並沒有把貢品送到卡砦卡蘭——

原因說來荒唐。送貢品的青年中，居然有人把貢品全部吃掉了。

對知本人來說，這是南王人的藉口。他們早就有意停止進貢了吧！因此決定出兵教訓南王。雖然南王方的說法並非如此，那些貢品真的是被部落青年吃掉了，他們也想補救，是知本不接受道歉，只能應戰。不同的說法，是誰隱瞞了真相嗎？還是兩種說法都沒錯，只是雙方的溝通落差擴大到一發不可收拾？真相已被斷送在傳說彼岸，今人無從得知，只能並列給您參考。總之，這場戰役以知本戰敗收尾。

據說南王部落早就做好準備。他們設下陷阱，將掉進陷阱的知本人趕盡殺絕；領隊雖被南王人生擒，但這位領隊堅持南王部落欠知本部落貢品，於是南王人割下領隊的肉，說「你不是要貢品嗎？這就是了」——

發動戰爭的人，就要對戰敗有所覺悟。因此面對殘酷的報復，知本大概沒有抗議的立場。不過，南王也有別的選擇，他們最後的做法，多少讓人覺得事情真如知本所說，他們不想納貢了，就找個藉口……至少，這對「兄弟之邦」很可能隱匿著表面看不出的嫌隙。

南王停止納貢，畢竟這是戰勝者的權利。曾經叱吒風雲的卡砦卡蘭因此受挫，逐漸失去對臺東平原的掌控力。有趣的是，在某些傳承中，這成為部分知本人離開家園的遠因，那些人往南而行，經過數十公里的海岸，穿越晴天跟雨天，最後建起強大的國度——

那國度確實存在，不是幻想。但關於它的故事，請容我留到之後的夜晚。

卑南之王

南王部落的輝煌，就像不斷滾動的巨輪，總算穿進正史，砸下墨跡。意思是，這不再是遠古時代的神話傳說，而是短短近幾百年間的事，有文字為證；現在我們說「卑南」，日本時代紀錄為「普悠瑪族」，但「普悠瑪」其實是南王部落的音譯，換言之，在某個時代，他們強悍到足以作為全族的代稱。

漢人也很清楚卑南族的強悍吧！因此有所謂「卑南王」傳說。日本時代，連橫在《臺灣通史》

稱臺灣有眾多原住民族，「而統一之者為卑南王。王死之後，各社分立，以至今日」。[10]這表示當時存在一種觀點——

臺灣曾有大一統時代，而統領全島的人是卑南王。

真有這樣的王國？有的話，臺東豈不是全臺首府？

可惜，這大概只是傳說。族群間的貿易興盛是一回事，統治另當別論，因為代價太高昂了。試想，要是這很簡單，清帝國怎會領有臺灣西部兩百年，卻始終放著後山不管？臺灣高山阻隔，地形破碎，別說人類，就連動物都因地理分隔而保持獨特性，很難想像前現代有哪個領袖能跨越地理障礙，統轄全島。[11]

但這表示沒有卑南王嗎？

或許該這麼說，統轄全島的卑南王不存在，但以臺東平原為中心，在東部有莫大影響力的卑南王，很可能真有其事；畢竟傳說也需要基礎，卑南王之名要流傳，首先得有卑南族強盛的事實。有說法稱卑南王統治後山七十二社，七十二很可能是虛數，然而據學者考察，卑南族聲勢壯大時，其影響力往北可達長濱、玉里，往南則接近現在臺東、屏東交界；統領這麼廣大的區域，完全不負「七十二社」的印象。[12]

與此同時，「卑南王」這身分也流淌了過多想像。

他是誰？做了什麼事？哪個領導者配得上卑南王之名？這一切宛如幻影，捉摸不清。而且不只卑南族流傳相關傳說，漢人和日本人也從他們的角度說起「卑南王」，那是同一人物嗎？恐怕不是。就連卑南族說的「卑南王」，都可能是不同人。

即使如此，「卑南王」的身分也不完全是雲裡霧中。根據二十世紀初的報紙，曾有人看到南王部落公學校東側的房屋懸掛赤布幟，問其由來，原來是乙未戰爭時，南王部落曾協助日軍登陸，甚至卑南王的後裔帶兵攻擊清軍。[13]這說法太簡化，或許也有錯謬，這些暫且不論，重點是，那戶掛赤布幟的人家就是卑南王後裔，這表示至少在現代剛來臨的時刻，「卑南王」確實是指某個人，或某個家系……當時人有這樣的認知。

如果是某人，那是誰？目前最有力的假說是「比那賴」。在眾多與卑南王有關的民間傳說中，他最可能是原型。

10 連橫的史觀值得一提。他認為臺灣就是古時候的琉球，因此隋國攻打琉球，打的就是臺灣；到了唐國時代，馬來群島有洪水，促使馬來人移民到臺灣，而臺灣由於遭隋國打敗，無力抵抗。馬來人實際上是侵略者，也就是原住民的祖先。這樣的觀點，當然與當代研究有很大落差，但不失為一份時代紀錄。

11 最有名的例子或許是烏頭翁、白頭翁，其中烏頭翁是臺灣特有種，而白頭翁除了臺灣，也分布在中國、香港、沖繩等地。原本兩種鳥分據臺灣東、西部，保留各自的特徵，不相往來，但橫貫東、西部的公路開拓完成後，兩種鳥就開始「族群交融」，造成純種的烏頭翁越來越稀少。這或許是交通便捷促成特有種滅絕的案例，是現在進行式。

12 宋龍生，〈第四章卑南族歷史的近古時期〉，《臺灣原住民史：卑南族史篇》。

13 〈東海岸旅行（續稿）〉，《漢文臺灣日日新報》，明治四十年三月十四日。

其實早在比那賴以前，卑南族就相當強盛，也是地方的實質統治者。既然如此，是什麼讓他特別到擁有「卑南王」稱號？民間有個說法，認為卑南王是受清廷冊封的身分，因此以比那賴為始，卑南統治者代代都是卑南王。

✤
✤
✤

真的嗎？

所謂冊封，表示卑南王國以政治實體成為清國的藩屬國，跟當時的朝鮮、暹羅、緬甸等國家一樣。然而翻閱史料，沒有這樣的紀錄。空穴不來風，既然風吹起了，就一定有掀起的落花，能讓我們看出蛛絲馬跡；因此讓我們倒轉時間，回到傳說中卑南王被冊封的時代，由乾隆統治清國的十八世紀——

說起來，您知道「十全武功」嗎？

那是乾隆最得意的功績，堪稱他曾活在世上的證明、歷史定位。而「十全武功」中的「平定臺灣」，就是先前提及好幾次的林爽文事件。既然能讓乾隆吹噓，您肯定能想像那場戰亂對這座島有多大影響。要說清國什麼時候對臺灣最興致盎然，林爽文事件前後，肯定在排行榜前幾名。

如三貂海灣之夜所說，為圍堵林爽文「餘孽」，清廷跟三貂的吳沙合作；至於島嶼之南，他們當然也需要協助者，而原住民正是首選。有些人可能以為林爽文事件是清廷跟漢人間的事，但實際上，雙方陣營都離不開原住民的脈絡。

譬如林爽文曾打好算盤，要是戰事受挫，就逃進原住民領地，因此早與深山原住民打好關係。他旗下還有馬卡道族的軍師「金娘」，這位奇女子精通馬卡道族、漢族的法術，被封「一品夫人」，也親身指揮作戰；如果不是真有威望，林爽文沒必要拉攏她。

有趣的是，乾隆急著降伏林爽文，還希望前線不要浪費時間跟原住民聯手。他認為，要是原住民收留林爽文，就帶兵殺進去，除此之外都是浪費時間，讓最前線的福康安承受不少壓力；即使如此，福康安還是走穩健路線，說服原住民對付林爽文，並祭出高額懸賞。[14]事實證明，他是對的，乾隆是站著說話不腰疼。原本林爽文見戰況不利，想逃進山裡，卻被原住民驅離，最後在苗栗被抓。少了林爽文這心腹大患，福康安才能專心對付他的同盟莊大田，最後莊大田在島嶼南方的車城落入清軍之手。[15]

那時與清軍聯手，參與圍堵的部落、族群之多，或許令人咋舌。撇開已歸順的平埔族不談，清廷特地邀請不受清帝國統治[16]的原住民領袖到中國，論功行賞；他們與皇室成員、文武百官、

---

14 何孟侯，〈清代林爽文事件中的臺灣原住民〉，《故宮學術季刊》，二十六：四（二〇〇九），頁一一一－一四五。

15 據說莊大田是在車城尖山的大哥洞被抓到。還記得金包里之夜提到的「尖山大哥洞，獅子頭小姐墓」嗎？鄭女墓的傳說會出現林爽文版本，可能就是基於這個歷史事件。

16 「生番非我臣僕，性情不同，語言不通。」見〈御製福康安奏報生擒莊大田紀事語〉，數位典藏與數位學習國家型科技計畫：https://catalog.digitalarchives.tw/item/00/32/6d/e7.html。

藩屬國使者同列宴席，從這角度看，待遇或許比漢人跟平埔族的有功者更好——[17]

重點來了。

在清廷贈與的禮品中，有所謂「羊皮蟒袍」。

雖然不確定是怎樣的圖紋，但沒看過的人肯定比看過的人多，以訛傳訛間，「蟒袍」竟被謠傳為「龍袍」；這可不得了，因為「龍袍」只有君王才能穿，這不就表示受贈的卑南領袖是「卑南王」嗎？這就成了「受清廷冊封」此一想像的材料。[18]

那麼，這位代表卑南族出席的領袖就是「比那賴」嗎？

其實史料沒有他的名字，官方文獻是「加六賽」——比那賴的父親。這是怎麼回事？根據民間說法，那時加六賽年事已高，便派在水底寮做生意的比那賴代他出席；[19]如果這是人人都知道的事，那從中國歸來，帶回賞賜品的比那賴，確實會被看作「冊封為王」的那號人物吧！

不過這麼一來，或許讓人有點失望。

我是說，代表出席就被當成「卑南王」，聽來只是運氣好。「卑南王」統領後山七十二社，聽來就是赫赫有名的傳奇英雄，這是運氣好就能當上的嗎？當然，比那賴有功績，他與漢人作生意，進一步促成物質與技術的交流，但比起「冊封為王」，難免少了點戲劇性。

在此，我想提供一位學者的意見。他認為比那賴代父出席，不只是因其年邁；更重要的是，比那賴在圍堵林爽文的包圍網中確實有貢獻，這讓我們得以一窺前山通往後山的窄門。[20]

✤
✤
✤

打開地圖，比那賴做生意的「水底寮」在哪？在如今枋寮車站的北方，自高空俯瞰，是個三角形市鎮。

雖然現在的水底寮不是大城鎮，但幾百年前，此地頗為重要。往山的方向去，有條古道穿越中央山脈，經過約五十公里路，就能抵達臺東。據說，沿途還有矮黑人遺址。總之，如果不想繞過中央山脈或走海路，水底寮就是古代南部東西交流的要道；由於清國禁止開墾者入後山，比那賴在水底寮做生意，就是將後山資源引進平地，跟西臺灣的開墾者、原住民做生意的意思。

與其他卑南人不同，林爽文事件時，比那賴就在西臺灣最前線，親眼見證。

雖然學者也說只是「大膽假設」，沒有文獻證據，但想像一下，比那賴為了做生意，很可能會多種語言，也有機會跟官府打交道；當福康安來臺，試圖與原住民結盟時，要是沒有水底寮的比那賴，遠在後山的加六賽會對西臺灣的變化感興趣嗎？卑南族之所以加入圍剿，會不會就是比

17　何孟侯，〈清代林爽文事件中的臺灣原住民〉。
18　宋龍生，〈第四章卑南族歷史的近古時期〉，《臺灣原住民史：卑南族史篇》。
19　宋龍生，〈第四章卑南族歷史的近古時期〉，《臺灣原住民史：卑南族史篇》。
20　林志興，〈重探「卑南王」在花東歷史中的角色：從乾隆皇帝與「卑南王」的邂逅談起〉，收錄於林志興、巴代編，《卑南學資料彙編第一輯：回凝與前瞻—卑南族回顧的研究與展望》（新北：耶魯，二〇一六）。

那賴多方聯繫，並根據自己身在第一線的經驗下判斷促成呢……？

我認為是有說服力的假設。倘若如此，他代父出席就是名正言順，因為沒人比他更瞭解那一系列的政治互動。

✤ ✤ ✤

那件已找不到的蟒袍，或許造就了「卑南王」的民間想像，但如前所說，傳說終究需要根據，當南王部落的控制力減弱，就相當於「卑南王」殞落。卑南族有盟主制度，雖有知本、卑南兩大勢力，基本上還是有個共主；但後來利嘉部落興起，發生內戰，造成部落間的緊張關係，盟主制便開始衰退，部落各自為政——

連橫說的「王死之後」，想必不是卑南王比那賴本人的死，而是傳說的死，亦即盟主制度的消滅吧。

作為雜談，我想補充前面提到南王部落協助日軍上岸的說法——這有一定的真實性。清國割臺，許多地方人士不願受日本統治，起身抵抗，三貂海灣之夜提到的臺灣民主國，就是在這種背景下發生。與此同時，清軍也沒完全撤離，其中一支軍隊退到東部，但很遺憾，他們已跟流氓強盜差不多。由於逃兵不斷，糧草短缺，他們便掠奪當地的原住民部落。民族大義？恐怕沒有吧，他們只是假借「軍隊」名義，以狡猾的方式在這座島活下去罷了。

這麼一來，東部諸部落自然忿忿不平。

正巧，這時日本已與瑯嶠十八社的領袖潘文杰合作。潘文杰受日方所託，悄悄到臺東與南王部落、馬蘭部落的領導人密談，想知道他們有沒有意願跟日本合作。

原住民當然沒理由拒絕。

聽聞清軍打算襲擊雷公火部落——有說法稱此地名源於「塔達塔大」這種妖怪，就像數量眾多的鬼火，分分合合——那天，卑南、阿美聯軍埋伏在雷公火外，等清軍出現，就殺他們個措手不及；日本文獻中，當時率領聯軍的，正是卑南王的後裔陳達達。[21]

至此，不過短短一百多年。

當年的福康安、乾隆、最初的「卑南王」，或許都沒能預見百年後這一幕：卑南王與清軍終究兵戎相見了。讓人感到悲涼與諷刺的是，明明是臺灣最後的清軍，其姿態卻如此不堪。只能說，帝國的隕落有其徵兆，衰敗不是缺乏船堅砲利，而是精神內部的頹喪匱乏。

21 出自白川夜舟，〈臺東舊紀〉，《臺灣經濟雜誌》，二十一（一九〇〇），頁五。附帶一提，「白川夜舟」並非作者本名，因為這是句諺語，用來描述一個人睡昏頭，或不懂裝懂，無論何者都是我等夜話之友，這裡自然要引用他的說法。至於此說是否準確，還請讀者姑妄聽之。也有說法指出率領雷公火之役的是另一位女傑，末代卑南王姑仔老，這裡我將其列舉，供讀者參考。

第十五夜

加津林

——毒眼巴里傳說

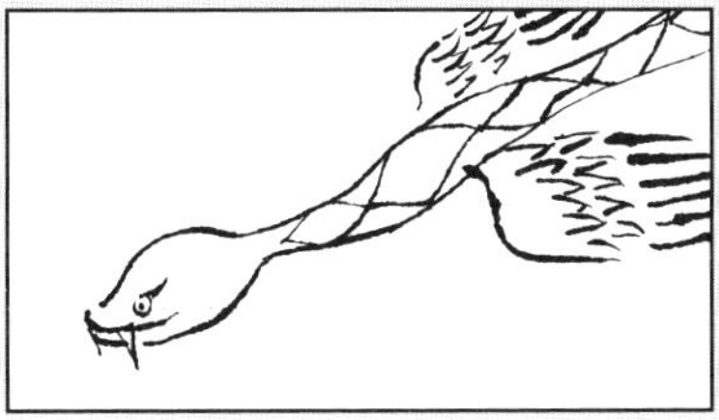

加津林
查拉密
卡利馬拉馬勞
大竹溪
獨眼巴里
禁忌之林

大谷
加津林
矮黑人
黑蛇

這是很久很久以前的故事——多久以前已不可考，說不定有上千年；在那個有魔法的年代，排灣族出了一位異類，這人兩眼有神奇的力量，被他直視的人就像被閃電穿透，很快就會死。

這種力量被稱為「巴里」。

或許如此，「巴里」也成為他的名字。某些版本中，他有自己的名字，但這裡仍姑且稱他為「巴里」吧；畢竟在最為人熟知的敘事裡，他的命運與巴里之力相連，要是沒那種力量，結局肯定截然不同。

毒眼巴里與魔眼的考察

巴里是何時發現自己有那種力量的？

這點不得而知。唯一清楚的，是那力量被詛咒了。請您想像一下，光看到身邊的人，就足以殺死他們，怎麼可能培養親愛之情？事實上，所有人都對巴里敬而遠之，他不得不遮起眼睛，免得誤傷他人，並離群索居，將自己藏在連自己內心都無法觸碰的所在。

但，這力量對部落有益。

「巴里」能殺死敵對部落的人，消滅威脅部落的怪物，因此就算畏懼，部落也沒驅離巴里，而是讓他住在有點遠的地方，派人送食物給他。接受部落供養時，巴里必須遮住眼睛，以免殺害送食物的人。毫無疑問，對部落來說，巴里也是「怪物」，只是可以溝通罷了。要說完全不忌憚，是不可能的。巴里與部落的供養關係，就是建立在這麼危險的平衡上，去送飯的人，恐怕也是懷著可能殞命的恐怖感前去。

但就算是這樣的怪物——最後也難逃一死。

還是被殺死的。

到底是怎樣的勇士能殺死巴里？光接近他，不就是落入死神的掌心嗎？

原來那些跟巴里故鄉敵對的部落，也忌憚其魔力，因此他們心生一計，冒充成幫巴里送飯的人。當巴里聽到有人喚他吃飯，就會自行遮住雙眼，封閉死亡的凝視，敵對部落的人趁他還沒發現異狀，手起刀落，就這樣結束他的性命。

從巴里與其部落的角度看，擁有魔眼之人是被卑鄙手段殺害了。但從敵對部落的角度，更像是英勇的智取吧！就像日本的八岐大蛇傳說，勇士素盞嗚尊用酒把大蛇灌醉，趁其不備再將其殺害，這多少反映了理所當然的事實：用餐是人最脆弱的時刻，聰明的殺人者，都會盯準這瞬間。

✤ ✤ ✤

眼睛或視線具有魔力，這類信仰相當古老，幾乎遍及全球。最知名的或許是蛇髮女妖，其視線能將人化為石像。希臘神話中，英雄珀爾修斯透過鏡盾反射蛇髮女妖的目光，才將其殺死。

西班牙有「邪視」（Mal de Ojo）之說，認為人們的嫉妒等負面情緒，能透過視線投射詛咒，威脅健康與生命。隨著西班牙艦隊征服殖民地，這種民俗蔓延到各地，至今盛行。土耳其的「邪眼」也赫赫有名，或許您也看過那種藍、白相間，以玻璃製成的同心圓，那是對「邪眼」的仿造，不過不是拿來詛咒，而是配戴在身上，用以抵抗邪眼——以眼還眼。或許在遠古時代，人們就意識到瞪視並非中性無害的，不良少年對路人嗆聲「看啥潲」，說不定正基於那種原始的敏感。

不只民間傳說，當代創作也有許多魔法視線。

譬如娥蘇拉．勒瑰恩（Ursula Le Guin）的《天賦之子》（*Gift*），有一種能燃燒原野、致人於死地的視線，覺醒這種能力的人，同樣需要將眼睛矇住，以免誤傷。超級英雄漫畫《X戰警》（*X-Men*），也有眼中能射出激光的獨眼龍，他無法自己控制視線，需要特殊眼鏡來調節。

看到這些相似的元素，我不禁想，用視線施咒的方便性，是不是跟我們無法控制視線一體兩面？畢竟視線的盡頭就像世界盡頭，我們能看到最遠的地方，就是主觀世界的極限；用視線下咒，就是能對主觀所及的任何人下咒。

正是如此可怕的力量，才不得不受限於視線的缺陷——難以控制吧。我們能控制視線嗎？恐怕最有意志力的人都做不到。即使百分之九十九的時間控制住，剩下那百分之一不受控的時間，也算是大量殺人。強大的力量必然帶來毀滅，魔眼的故事，就是失控的力量如何自制，或以外力克制的故事。

✤ ✤ ✤

不過在不同版本中，「巴里」不見得是殺人視線。據人類學家調查，「巴里」是「像電的樣子」之意[1]——這只是一種說法，或許有不同的說法；不過「像電」這種描述，可理解成某種「放出的力量」，因此除視線外，還有手指或弓箭的版本。

這些寄附巴里之力的東西都有指向性。無論是看向某人、指向某人、或以弓箭射向某人，即使載體不同，性質都是一樣的：在視線範圍內，放出某種能瞬間生效的殺人之力。跟那種慢慢致人於死的詛咒不同，巴里的力量是即效的——簡直像槍械。

說來慚愧，雖然我早知道巴里傳說，卻沒意識到也流傳在東臺灣，明明仔細想想就知道理所當然。事實上，東排灣不只流傳巴里傳說，還有種種變體；接下來要跟您介紹的，是加津林部落的巴里傳說。

加津林與斯卡羅

加津林是東部最古老的排灣族部落之一，位於大武山腳下——循濱海道路進去，會發現是相當小的聚落。

零零散散的房舍，分布在僅此一條的產業道路旁，剛開始還頗為稀疏，要到部落聚會所與長

1 馬淵東一，〈パイウン族に於ける邪視の例その他〉，《南方土俗》，二：一（一九二五），頁一。

老教會附近，才開始密集。這條路窄到很考驗會車技術，顯然也不是車來車往的幹道，孩子們直接在馬路中間玩耍，就算車子來了也不在意。

聚落裡似乎沒有雜貨店，也沒有餐館，只有鄰近濱海公路處有間牛肉麵店。我翻閱新聞，發現由於基礎建設不足，加津林部落一直是飲用山泉水，直到二〇二二年才有自來水……那不是前幾年而已嗎？像我這樣的「都市俗」，實在是意想不到；就算知道偏鄉與城市有資源落差，想像力的貧乏，也讓我誤算落差的規模。

但，若說要同情偏鄉，那大可不必。畢竟生命的價值不是由資源多寡決定。擅自同情他人，或許只是本位主義的傲慢。依我淺見，只需知道有這樣的事，不致做出荒誕的判斷或評價即可。

更靠近山裡的地方，有戶人家門前擺置鐵籠，裡面關了黑色山豬。我是第一次看到籠裡有山豬，大為驚奇，甚至有些興奮；但同行的臺東人——除了妻子，還有太麻里的奇幻小說家T——[2]都說我少見多怪，這有什麼稀奇？嗯，看來我還是不要再這樣一驚一乍的，不然在她們面前都抬不起頭來。

跟加津林有關的巴里傳說，茲列於下：

加津林部落裡，有個眼睛有「巴里」的人，在大得吉部落下方的大竹溪旁防備知本社（斯卡羅）或其他北方敵人，凡被那隻眼睛看到的全都會死，據說連水裡的魚、山上的野獸都能殺死。當家人把食物拿過去時，會在遠處叫喊，那人就以黃銅鍋遮蓋自己的臉，知本社的人知道這件事，就模仿其家人的聲音接近，砍下他的頭，並拿掉黃銅鍋，這時因為他的眼睛仍張開，綻放光輝，被看到的人們都死了。[3]

乍看來沒什麼特別。除了強調巴里之力不會在死後消散，其他都跟西部最流行的版本差不多——然而，這裡就值得討論。

如前所說，加津林是很古老的部落，至少數百年前就從屏東出發，穿越中央山脈，在東部落腳，跟故鄉沒什麼往來。明明如此，巴里傳說卻如此相似，這是否表示早期版本就跟現在熟知的版本很接近了呢？當然，這只是最粗淺的聯想，要發展成論述，還得經過大量考察吧。

雖然加津林只是個小村落，但傳說裡提到的大竹溪，在加津林北方約五公里處，或許這長長的海岸線都曾是加津林的領域。「巴里」的警戒，既暗示了領地範圍，又直指加津林的敵對勢力：知本人。有趣的是，原文在知本後下了這樣的備註——「斯卡羅」。

✣　✣　✣

2　T參與這趟考察行程，也算臨時成行。那次大年初二回娘家，我打算趁機考察，妻子說機會難得，要不要邀請同在臺東的T？我接受妻子的提案，問T的意見，她爽快答應，隔天就踏上旅程。

3　出自馬淵東一，〈パイウン族に於ける邪視の例その他〉。這傳說並非流傳於加津林，而是加津林的分社甘那壁部落，位於現在的加津林北方。

您或許也聽過「斯卡羅」吧！瑯嶠十八社的統治者，在「現代」來臨前，他們是實際統治恆春半島的部落聯盟。

南澳之夜提過的「羅妹號」事件，就發生在斯卡羅領地內。最初美國打算為船員復仇，駐廈門領事李仙得是帶著艦隊來的，然而軍事行動沒有想像中順利；美軍遭原住民伏擊，探險家必麒麟以翻譯身分跟隨軍隊，親眼見到一位中校在他眼前被射殺。那位中校被射中心臟，只來得及說「請找位醫生來」就死了。[4]

雖然戰事不利，美國仍執意解決此事，便施壓清帝國，以期保證將來船員的安全；原本清帝國說恆春半島在統治範圍外，再三推託，但美國態度漸趨強硬後，當時擔任總兵的劉明燈才想方設法，安排李仙得與真正有資格談判此事的人在「出火」[5]見面——

誰有資格？答案是斯卡羅人，瑯嶠十八社的盟主，卓杞篤。

這些閒話，不過是想請您揣摩揣摩，在那個時代，斯卡羅人究竟有怎樣的地位。身為恆春半島的領導者，他們能代表其他部落與美國外交官簽署備忘錄，並承諾只要白人船隻舉紅旗為號，當地部落就不會攻擊。這說明他們在十九世紀的地方影響力。

但奇怪了，斯卡羅明明在恆春半島，為何加津林用「斯卡羅」稱呼卑南族的知本人？答案很簡單。還記得前夜說過的嗎？在竹林戰役後，有部分知本人前往南方，建立強大的國度——

對，那就是瑯嶠十八社。離開故鄉的知本人最後成為一方霸主，統領島嶼最南端的半島。

✤ ✤ ✤

知本人南遷的理由，最為人熟知的就是「磨刀事件」。

竹林戰爭後，知本逐漸失勢，被南王取代。某天，知本人卡利馬勞到南王部落拜訪親戚，這位親戚在入贅南王部落前跟他很要好，不料知本式微後，這位親戚竟看不起他，要他幫南王部落磨刀——怎麼可以叫客人磨刀呢？

卡利馬勞認為這是種羞辱，憤而將刀砸向石頭，使其扭曲變形，再丟到南王部落的人面前說：「這是你們要的刀！」[6]

或許是心灰意冷吧！卡利馬勞跟幾位知本人覺得留在故居已無意義，便攜家帶眷南遷。從距離看，知本到恆春半島只有短短一百公里左右，但這趟路有多漫長，恐怕已無人知曉。

我是說，只想遠離南王勢力的卡利馬勞等人，最初或許沒有到恆春這樣的具體目標，只是慢慢尋覓定居之地，哪裡都好；那樣的話，旅程長達數年或十數年都不奇怪。最終他們抵達恆春半島，用高強的巫術威懾排灣部落，成為當地的統治者，成為「斯卡羅」——

4　必麒麟，〈泣血海岸線〉，《歷險福爾摩沙：回憶在滿大人、海賊與「獵頭番」間的激盪歲月》。
5　這個「出火」應非現在的出火特別景觀區。
6　宋龍生，〈第三章卑南族歷史的中古時期〉，《臺灣原住民史：卑南族史篇》。

斯卡羅，其詞義有種種說法。有人說是「來自『卡羅』的人」，也有人認為是「乘轎者」，顯示其身分尊貴。

日本時代，斯卡羅人仍保有從知本遷到恆春的記憶。其實不只他們，許多東排灣部落仍流傳那段歷史；有趣的是，加津林也出現在這段記憶中。如果用電玩術語來比喻，大概就是「中BOSS」——加津林人是阻止知本人南遷的重要阻力。

✤ ✤ ✤

以下是知本部落流傳的故事。[7]

在「磨刀事件」後，卡利馬勞帶著部分知本人南遷。南王部落聽聞此事，竟命令排灣部落妨礙他們。為何南王部落可以命令排灣族？顯然當時他們已有「卑南王」的實力。於是加津林人出現攔路，為了脫身，卡利馬勞露了一手強大的法術，他先驅退海水，使大海出現通道，供他們到海外的一塊礁石上避難，再施法讓海水湧回。這番不可思議的異像嚇壞加津林人，終使他們退去。為紀念那次奇蹟，礁石因此有了自己的名字——卡利馬拉馬勞——典故正是來自施展巫術的卡利馬勞。

身為後來以巫術撼動恆春半島的男子，這傳說算是奠定了他的形象。不過，雖然用了「妨礙」這種說法，實際場面說不定更劍拔弩張。

根據斯卡羅人的版本，被加津林襲擊後，這一行人退到礁石上，用法術抵禦對方射來的箭。用弓箭？這不只是「妨礙」，是會死人的戰役了！太麻里部落說卡利馬勞等人跟加津林人交戰，敗北後逃到礁石上，顯然也有殺傷。

至於加津林自己的說法，則是他們與「仇敵」交戰，但對方逃到了海中礁石，並用法術降下大雨，迫使他們撤退。

——仇敵。

好強烈的用語。

但確實是仇敵，不是嗎？

在神話時代，知本人可是用詭計殺了擁有「巴里」之眼的加津林戰士，怎麼可能不是仇敵！從這角度看，加津林部落攔截卡利馬勞，或許不是南王部落的指使，至少不完全是。就算沒那道命令，有著累世宿怨的知本人經過他們地盤，也沒理由放行。我不禁幻想那些戰士站在鐵灰色的海灘上，拿出弓箭，高聲宣告「讓我們了卻多年的恩仇」——這才是應當發生的事。

話說回來，那個名為「卡利馬拉馬勞」的礁石在哪？

還記得擁有「巴里」之力的戰士鎮守在哪嗎？在北方大得吉部落的下方。大得吉是從更北方的查拉密部落分出，而那塊在浪濤間若隱若現的礁石，就在大得吉跟查拉密間的外海，據海岸線

7　楊南郡譯註，〈第七章卑南族〉，《臺灣原住民族系統所屬之研究》。

大約七十公尺處。8

有翅膀的黑蛇

「這裡濤聲好大啊！」

在查拉密部落的木工坊前，有附設的露天咖啡，我在面海的吧檯座位俯瞰大海，喃喃自語。這是距海大約兩百多公尺處的山腰，浪濤聲卻像是從天空落下，在山裡迴盪，鼓動耳膜。

露天咖啡在有「臺灣最美車站」之譽的多良車站上方。那天遊客很多，眾人擠在舊月臺邊拍照，等待列車經過的瞬間。將視線放遠，從吧檯座位看去，海面上隱隱有塊平臺般的礁石。海水時不時淹過它，就像偷偷浮上水面的神祕生物。

那就是「卡利馬拉馬勞」。看大小應該無法供多少人站立。

根據目測，它離海岸線有段距離。如果當年真能將海水驅到這麼遠，就算不及摩西分紅海這麼誇張，法術也夠強大了。

「是嗎？」T不以為然地說，「我倒是習慣了。這對我來說很平常。」

她不是在說法術，而是回應我剛剛「濤聲好大」的評論。我看向妻子，她雖沒說什麼，但我想她的意見差不多。

雖然只是個人意見，不過，有時東部人和西部人的感性不同。還記得有段時間，坊間吹起去東部賞月的風潮，人們欣賞明月自太平洋升起的景色，有「月光海」之美名；但妻子聽說這件事，只說：「那有什麼好看的？不是很常見？」

所謂「百姓貴族」，大概就是這麼回事。出身北海道的漫畫家荒川弘說：「沒有水，怎麼不喝牛奶？」生活經驗的落差，自然會鍛造出不同的價值體系。對東部人來說，海的顏色、味道、聲音都太熟悉，西部人不論說什麼都是大驚小怪。

但關於「濤聲很大」這事——或許還真給我這個西部人矇對。

木工坊有間由舊教室改成的文化故事館，裡面介紹查拉密部落的歷史，有塊展板提到「查拉密」的由來：

> calavi 是海浪拍打岩石所發出的聲音。
>
> 昔日部落山下有一條山脈，一直延伸到沙灘，露出大岩石，海浪不斷拍打著岩石，產生 calavi、calavi 的巨大聲音，是 calavi 部落名字的由來。

8　劉還月認為這塊礁石在加津林與南方的大鳥部落間，被排灣族稱為「孕婦石」；還有說法是礁石已沉入海中，現在找不到了。不過據日本時代的《臺灣原住民族系統所屬之研究》記載，礁石位於某駐在所海外，參考地圖，跟這裡所寫的礁石能對上，便還是固執己見地這麼寫了。前述說法見劉還月，《琅嶠十八社與斯卡羅族》（屏東：墾丁國家公園管理處，二〇一五）。

海浪發出的聲響，查拉……查拉……

好美的擬音詞。

雖說如此，那塊巨大岩石已經消失了。一九八〇年代，政府為了拓寬海岸公路，便用炸藥將那延伸至公路與海灘的岩石從時空中割除。說到底，東部人的感性沒錯，所謂「濤聲很大」只是我的個人感觸，或說幻覺；至少數十年、數百年前足以形成「查拉密」之名的壯闊濤聲，現已不能聽聞。

✤ ✤ ✤

神話時代，查拉密不在現址，而是更深山的大竹溪南岸；[9]如果查拉密這名字當真來自濤聲，當年的濤聲肯定相當驚人。有意思的是，教室展板畫了一條長翅膀的百步蛇，牠在海中翻騰，岸上的排灣人拿弓箭對準牠，像在對付妖怪。

其實木工坊門口也有長翅膀的百步蛇紋飾。這種特殊形象，我在其他地方都沒見過，便問工坊店員有沒有什麼典故。店員正在泡咖啡，他是位曬得黝黑的長者，聽了這問題露出微笑：「很少人問這個呢。」

據他所說，那是流傳在查拉密部落的古老傳說。

很久很久以前，部落上方有個堰塞湖，裡面住了長翅膀的黑蛇。這條黑蛇由於調皮——另一種說法，是牠愛上頭目的女兒——無論是哪種原因，都產生了強大的情感動能，竟讓牠衝破堰塞湖，造成氾濫，淹沒田地。後來部落的勇士將牠抓起來，丟進海裡，成為「黑潮」，而其翅膀拍動水面發出的聲音，就是「查拉密」。

店員拿起幾張明信片。

「今天比較暗，看不出來。這些是我在天氣好的時候拍的。你們看，黑潮每天都不一樣。」

如他所說，每張照片的大海都有不同的藍，而所謂「黑潮」——那深色的地帶——也在不同照片中呈現相異的深邃感。事實上，即使天氣不好，從木工坊看向大海，還是能清楚看見顏色變化，只是沒這麼湛藍。

但我們有些疑惑。

那深色的區域——長翅膀的黑蛇——從半山腰看，就像沒有盡頭的黑影。當年居民將其想像為魔怪，可說相當合理。但那實在太近了，看來只離岸邊短短幾公里，黑潮有這麼近？

老實說，這問題沒有解答。

T上網查，黑潮海洋文教基金會說黑潮平均離岸二十到五十公里，如果這是事實，那傳說中的「黑蛇」就不是黑潮；但不是黑潮的話，是什麼造成了如此醒目的顏色變化？

9　這是參考教室內的展板。查拉密在一九〇〇年、一九三五年遷徙，現在我能找到的日本時代古地圖中，都沒記載最早的部落位置。

很遺憾，如果是研究海洋的專家，或許能輕鬆回答這個問題。但當天只有兩名小說家跟一名獸醫，要是我們宣稱能回答，未免太自以為是，因此我把疑問放在這，留待其他人解答。[10]

大谷部落的貴族

查拉密部落原本在大竹溪旁。這條溪流到了山腳，即是有「巴里」之眼的加津林戰士鎮守之處。不過循著這條溪往上走，還能找到更多不同的巴里傳說；請打開 Google 地圖，大竹溪北方有座深山，還留著「大谷社」這地名，改用衛星照片看，是一片密林，沒半點部落痕跡。

已成森林的廢村，對我這種推理小說迷來說可是充滿魅力。據說是因交通不便，集體遷村，一口氣往南渡過好幾條溪，到了日本時代種植奎寧、咖啡等作物的農地，改名「森永部落」——因為那塊地本屬於森永星奈園株式會社，即使日本時代結束，已成為記憶的地名也沒有隨之消逝。

大谷和加津林相同，都是非常古老的東排灣部落，據說它們有共同祖先，可說是兄弟之村。不過，這裡流傳的「巴里」傳說相當不同，大谷部落持有「巴里」的人不受畏懼，甚至是位貴族，要是沒有他，部落或許無法安泰。

> 大谷部落卡查爾邦家的第三代祖先「都迷阿」，其箭矢帶有「巴里」之力。他有個部下殺

了太麻里附近村落的人，當時控制此地的南王部落相當生氣，要求他帶加害者到南王部落。於是都迷阿帶著女兒跟殺人的部下到南王部落，用首飾作為殺人的賠償。南王部落收下後，首飾卻壞了，他們說才不收這種東西，還給都迷阿，但不知為何，首飾馬上又恢復原貌。都迷阿拿出銀手鐲，南王部落又說那不是真銀，將其退回。接著南王部落命令他迅速砍竹子，造小屋，若不能很快完成，就要將都迷阿等人殺死，都迷阿很快做好了，便被允許回家。然而，他發現南王部落的人躲在門口，就在他將女兒留下，跟手下二人行動時，南王部落的人趁隙殺了其手下，取下他頭顱。此時，都迷阿射出有「巴里」之力的箭，第一箭殺了兩人，第二箭殺了三人，第三箭殺了四人，第四箭殺了五人。南王部落的女人連忙過來，說「請千萬原諒我們」，並讓他帶女兒回去。因為有這樣的事，雖然鄰近部落都害怕南王部落的強大而要納貢，只有大谷部落不用。[11]

10　雖然如此，我還是有所推想。我曾懷疑是東部海底地形陡降所致，因為海水深度不同，從岸上看的顏色也不同，而臺灣東部海溝極深，理論上應該會有不同顏色。但海洋有什麼顏色，或許有更多複雜因素，我不敢說自己的推想有多接近正解。但說來有趣，如果黑蛇的真面目是陡峭的海底地形，那或許真能說黑蛇有魔力——因為有戰爭價值。中國沿岸的大陸棚，水深大約只有兩百公尺，潛艇入海很容易被偵測。要是中國掌握臺灣，潛艇就可以從陡降的東部入海，探測難度瞬間提高，甚至不可能偵測；在美中對抗的局勢中，這是中國處心積慮想要得到臺灣的原因之一。換言之，光擁有這個地形，臺灣就不可能置身事外。

11　馬淵東一，〈パイウン族に於ける邪視の例その他〉。引用的這段我有稍加改寫，去掉比較不重要的人名、村落名，以聚焦在故事本身。

這故事是土坂部落流傳的，在大竹溪畔的另一座山頭，與大谷部落沒隔多遠。加津林[12]也知道都迷阿在南王部落裡以「巴里」殺人，但原因稍有不同；他們說都迷阿是被隔壁部落的人欺騙，不小心做出對南王部落失禮之事，因此親自前往賠禮，不料遭受刁難。這些瑣碎之事，我們先不管，重點是加津林的版本中，都迷阿才射出第一支箭，就殺了四、五十人，威力遠勝機關槍！他沒射第二支箭，而是高喊：「剛剛那支箭的『巴里』是最弱的，要是還想抵擋，我就拿出最強的『巴里』囉！」

聽了這話，南王部落只好道歉投降。

隔著大竹溪，南方的姑仔崙部落也對大谷部落的事略有所聞，但他們不知都迷阿在南王部落的戰鬥，只知道他手指有巴里之力，凡指到的事物都會死，為了不傷人，平時會用黃銅纏繞手指——或許是做了指套吧。

又有一說，在都迷阿死後，大谷部落出現有巴里之力的箭，發射那支箭，就算沒命中，對方也會死。

這些故事的差異，不曉得是否暗示部落間的遠近親疏。姑仔崙部落也流傳最普通的巴里故事，那位有巴里之眼的人用黃銅鍋[13]罩頭，遮住視線，都迷阿以黃銅指套限制殺傷魔法之說，彷彿是向普通版本靠攏；至少在我看來，他們似乎不清楚都迷阿的具體事蹟，連巴里之箭也變成他死後出現。

有意思的是，巴里之箭沒有「視線」那種不可控的缺陷。

這也是當然的。射箭有瞄準、搭弓、放弦等步驟，這讓意識被集中在特定目標上，大幅降低誤傷的情況；可以說，都迷阿是「巴里」傳說的異數，他不但沒有離群索居，還是大谷部落不必納貢的大英雄！而我不禁想，都迷阿沒有巴里之眼，卻擁有巴里之箭，會不會是因為傳說有某種解釋性——解釋大谷部落為何無需向南王部落納貢？

我是說，如果都迷阿的力量，是無法控制的巴里之眼，那作為談判者登場的他，會將南王部落變成屠殺現場吧。

或許有人認為只要能立威，有何不好？但這大錯特錯。人與人間的相處不是這麼粗暴的。值得尊敬的人格，還需要禮儀與義理；因此都迷阿帶人去道歉、配合對方接近挑釁的種種要求，從頭到尾克盡禮節。

在用盡一切符合禮數的手段後，最後登場的才是「巴里之力」這種大量殺人魔法——這是為

12　馬淵東一，〈パイウン族に於ける邪視の例その他〉。雖然受訪者是加津林的分社甘那壁部落的人，但作者馬淵東一說加津林也知道。

13　關於黃銅鍋，我想做個補充。我曾找到一篇新聞，前幾年台坂部落的傳統領袖在整理祖先墓園時，發現祖父頭部覆蓋銅鍋。他想，怎麼會這樣？最初還感到奇怪，但隨即想起祭司說過，由於過去金屬稀缺，只有貴族才持有，因此會將銅鍋作為陪葬品，象徵財富與榮耀。雖然只是一個部落的說法，但若只有貴族能擁有銅器，那拿黃銅鍋遮著視線、擁有「巴里」的人，會不會其實擁有貴族身分……？當然，這也只是胡思亂想。

了站穩正當性。既然如此，都迷阿的力量就不能在過程中失控，因此「魔箭」是最適合這個故事的魔法武器。

這麼想，「巴里」附著於什麼，或許是受敘事需求影響，而非魔法的本質。

作為純粹又無法抵禦的暴力，「巴里」勢必涉及族群關係。在加津林，巴里之眼指出了敵人是誰。在大谷，巴里則演示了不必納貢的強悍。納貢與否涉及政治，不是單純的暴力能解決，因此都迷阿就像擁核者，必須將能以意志控制的致命武器當談判工具，才能不向卑南王屈服。事實上，北方太麻里溪流域的介達部落也出現擁有巴里之眼與巴里之指的貴族，他們的存在，解釋為何附近這麼多部落對其臣服納貢。

強悍的力量具有政治性，這是必然的。既然如此，為何「巴里」會被殺死……？

我是說，就像知本人殺死加津林戰士，明明擁有「巴里」之力對加津林人有好處，為何要流傳「持有『巴里』者被殺死」的傳說？為何在傳說中折毀能捍衛自己的武器？

這或許是帶有警世性質的寓言。

就算強大，也並非無敵。而最可能殺死強者的，就是那些看似軟弱，卻假冒成「自己人」的人。

大竹溪的矮黑人

離開加津林時，T突然指著南邊說：「看！那邊的高壓電塔。」

她指的方向，確實有徐徐隆起，宛如顬頂動物的小山。高壓電塔像釘子，深深刺進它的身軀。就在我問「那電塔怎麼了嗎」前，T已開始說起提到它的理由。

「據說那邊原本是矮黑人的聚落，是禁忌之地，當初蓋高壓電塔時還引起反彈。」

我心中一驚，這裡也有矮黑人？

確實有。據日本文獻，加津林人認為在祖先遷徙至當地前，附近就已有矮人族；他們住在加津林溪南岸的臺地，大概在出海口一帶。[14]

由於殺矮人是禁忌，加津林人沒跟矮人族起衝突。但不知為何，後來矮人自行離開那裡，前往北方，不知所蹤。[15]

而且矮人會法術，他們只要一邊唸咒語，一邊剖開葫蘆類的果實，想要的東西就會從裡面滾出來。

14　楊南郡譯註，〈第六章排灣族〉，《臺灣原住民族系統所屬之研究》。

15　鹿野忠雄在甘那壁部落聽到的說法不同，這個版本是他們來的時候沒有矮人，矮人是後來從南方來的。但傳說本就混雜，請原諒我不特別釐清細節。

也太便利了吧！我不禁想。雖然葫蘆被當容器使用的歷史相當悠久，也不排除是沒有這類文化的人，第一次見到葫蘆裡裝了什麼東西，因詫異形成的傳說。

其實不只加津林，這附近處處留有矮人記憶。除了傳說，還有實際留存的遺跡，像剛剛提到的加津林溪口就發現了陶器、石器等生活用具，大竹溪流域也是——尤其是大竹溪流域。

這裡登場的，是小馬洞之夜提到的鹿野忠雄。這位博物學家被譽為「忘了歸來的博物學家」，因為戰爭時，他在南洋失蹤，認識他的人不認為他死了，相信他還在做研究，只是忘了回家。鹿野忠雄在土坂部落等地採集矮人傳說，且有相當清晰的細節，譬如矮人身材矮小，但力量很大，能舉起大石，住在低矮的石屋，這種石屋有部分在地下，他們集團性強，可以住在同一間屋子，雖然通常不會超過二十人。老實說，二十人也夠多了。不過半地下石屋的構造，多少讓我想到蘭嶼的雅美族。

土坂部落東北的台坂部落，鹿野忠雄根據其傳說，深入調查附近的禁忌之森——那是排灣族人感到敬畏，平常不會接近的地方。在那裡，他發現了矮人遺址。

雖然證據不多，只是石板屋殘留的牆垣，但無疑是誰曾居住於此的證明。

在排灣族傳說中，他們多半與矮人關係良好，台坂部落也是。該部落的領袖家族，收藏了傳說時代矮人贈送給該家族的土器，鹿野忠雄親眼見過，證實該器皿確實跟排灣族風格不同。提到這些，是想表示不只傳說，這些矮人的存在，是有物質證據的。

✤ ✤ ✤

那麼，這些矮人和小馬洞之夜提到的長濱人有關嗎？

老實說，太難證明了。

但有件事值得一提。鹿野忠雄曾在排灣族中發現用山豬剛毛製成的「腳箍」，而菲律賓的尼陀利格人中，也有一支使用這種造型的「腳箍」；他認為，這或許是尼陀利格人曾與臺灣文化交流的證據——

或許您還記得，最新研究裡，長濱人的骨骼型態和尼陀利格人最為接近。

早在一九三二年，鹿野忠雄就已懷疑臺灣有尼陀利格人的蹤跡，只是沒有夠強的考古證據；在〈居住在臺灣島的小人傳說〉，他說不能因為考古證據不足，就否定這種可能，也可能是尼陀利格人的文物不易保存，加上與周邊族群貿易，讓自身文物埋沒在其他文物間；而最直接的證明方式，就是在臺灣挖掘出尼陀利格人的頭骨，只要有頭骨，就表示尼陀利格人確實存在——[16]

現在看來，那就是小馬洞的骸骨。鹿野忠雄的預言成真了。

16 鹿野忠雄，〈臺湾島に於ける小人居住の傳説〉，出版地不詳：出版者不詳，一九三二（原發表於《人類學雜誌》四十七：三）。

✤ ✤ ✤

但矮人們為何消失？這是難解的謎。

就像加津林人不知矮人為何離開，大多數排灣部落都不清楚原因，彷彿不知不覺間，他們就消失了。這很神奇。我是說，如果是被別的族群迫害、滅絕，倒還好想像，但排灣族傳說的矮人會法術，住過的地方會成為禁忌之森，且雙方友好，沒有殺傷事件，為何矮人非得離開？還不只一個部落的矮人，是好幾個與排灣族相鄰的矮人都消失了。

當然，矮人會遷徙。西部排灣族也有矮人傳說，他們說矮人是從東部過去的。姑仔崙部落位於一條橫貫東西的古道上，那條古道有好幾處矮人遺址，雖是石板屋，用的石板卻跟排灣族不同；[17]古道西邊的出入口是水底寮——還記得嗎？卑南王比那賴就在水底寮做生意，他翻越中央山脈的道路，很可能與矮人西遷的路徑重疊。

西部排灣族與矮人關係同樣良好。古道上的力里部落，流傳著矮人教他們的歌謠，到日本時代還有人會唱。

西南山頭的士文部落也知道矮人的歌謠，並說矮人曾在歌謠裡提到他們的頭目家系之名——[18]如果不是往來密切，會傳唱彼此的歌嗎？因此我更加不懂，矮人到底有什麼理由離開這些關係友好的排灣族，默默消失？

我不禁妄想，是不是有什麼事，只有矮人知道，或預測到了？就像能預感地震的動物，他們察覺某種只有他們知道的徵兆，決定避災，就徹底從這座島消失……這當然是胡思亂想。

但面對無解的謎團，有時我們會情不自禁提出天馬行空的答案，就算離奇怪異，也比沒有答案更好。從這個角度想，雖然王家祥在《魔神仔》中將矮黑人描繪成接近外星人的高次元物種，最後他們集體移住到另一次元，簡直像倪匡的科幻小說；但「矮人消失之謎」——確實值得這種程度的狂想。

17　楊南郡，〈踏查半世紀——台灣矮黑人的傳說與調查〉，《興大中文學報》，二十七（二〇一〇年十二月），頁一－十五。

18　臺灣總督府臨時臺灣舊慣調查會原著，中央研究院民族學研究所編譯，〈第四節傳說〉，《番族慣習調查報告書第五卷・排灣族・第一冊》（臺北：中央研究院民族學研究所，二〇〇三）。

第十六夜

八瑤灣

——偉大的和解

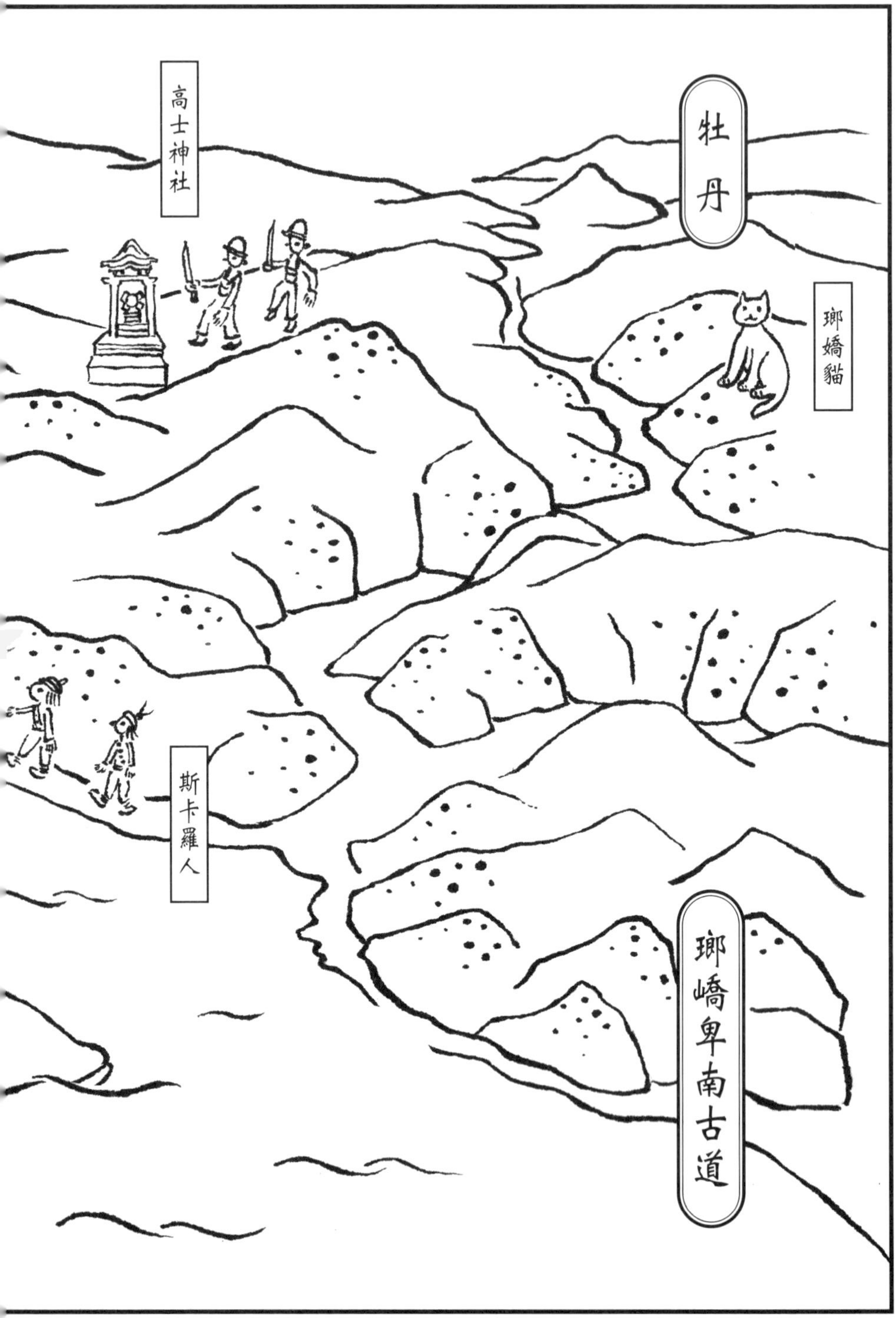
牡丹
高士神社
瑯嶠貓
斯卡羅人
瑯嶠卑南古道

八瑤灣
滿州
八瑤灣

「猴子是不吃香蕉的。」說這話的，是牡丹部落的男子。他指著路旁滿是熱帶風情的高聳植物叢。「但牠們吃林投心。你們看，地上都是新鮮的林投葉，表示牠不久前來過；牠們不吃葉子，所以把這些咬掉，只吃最核心的部位……來，看這片葉子，被咬斷的地方有纖維對不對？既然有纖維，就可以拿來編織，所以在種麻以前，這邊就是用林投來編織的。」

我們過去看，確實如他所說，有幾條細絲從碎葉的邊緣冒出。

說來可能難以置信，但我是第一次在想像中將這樣原始的型態，與後來製作出的籃子、籠子等編織物連結。畢竟有這樣的知識，不見得就有相應的直覺；現代人對纖維的想像多半從工廠開始，而工廠本就是將人與自然分離的構造。

藍中帶綠的豔麗海洋，平靜到像是對世界毫無興趣。不遠處，有條被往來旅人踩平的土黃道路，沒有柏油，道路中間的野草不知承受了多少踐踏，卻仍強韌地長在那。附近植被充滿南洋感，低矮灌木的葉子肥厚油亮，枝節粗壯，那彎曲的模樣，宛如張開的肋骨，展示某種怪異的強悍生命力。

這裡，被稱為「臺灣最後的原始海岸」[1]，也是過去「瑯嶠卑南道」的一部分；從加津林騎機車往南，大約半小時便能抵達北端入口。由於被規劃為保護區，要通過檢查站，得先辦理入山，並有導覽員陪同——也就是前面提到的排灣男子。這一路上，導覽員給了我們許多建議，譬如行進速度的掌控，登高時兩秒走一階就好，我試了大吃一驚，之前從未走山路走得如此自在。

同行的有妻子與好友R。原本還有評論家C，但他膝蓋受傷，在最後關頭拿得起，放得下，就沒進古道了。

這是對的。

導覽員說這段路千萬不能勉強。由於車輛不能進入，要是中途出了什麼事，無法自行移動，救援將極為困難。為警告我們注意飲水，千萬別中暑，他還舉了幾起悲劇收場的淒慘事件，這裡我就不轉述了。

✤　✤　✤

從北端進古道，首先會經過「觀音鼻」。那是濱海的懸崖，過去退潮時能通過，現在已辦不到。要穿過此處，得攀上幾十層樓高的懸崖；據說從高處俯瞰，有時能發現鯨魚跟海龜的蹤跡。

為何這趟「夜話」之旅要走這段路？

因為在神話時代，即將在恆春半島成為「斯卡羅」的知本人，也曾走過這段石頭海岸；而保有原始樣貌的海岸，是精神上最接近那趟旅程的道路。[2]當然，這不過是個人的幻想，然而為幻

1　為何這段自然景觀會保留下來呢？聽導覽員說，這裡原本要開通公路，分成臺東段和屏東段，臺東段都已經開通完了，屏東縣長巡視後卻反悔，覺得應該保留，便規劃為保護區，這讓臺東很不滿。此說法跟《維基百科》的整理不完全相同，姑且記下。

2　嚴格說來，知本人前往恆春的路線，有好幾種不同說法，經過海岸只是其中一種說法。

想努力，不正是這趟旅行的重點嗎？為此，我們甚至在難以保持平衡的石頭岸邁步前進，走到兩腳疼痛，滿頭大汗。要不是考察了這些夜話，我不知道海灘走起來比山路費力這麼多。

話說回來，現在我們看到的景色，跟當年知本人看到的相同嗎？

很可能不是。[3]

「雖然現在是石頭海岸，但幾十年前，這裡還是沙灘。」牡丹部落的男子說。「海岸的面貌會循環、會變化，不是亙古不變的。大海帶走一切，又帶來新的事物，有些石頭甚至是從其他國家來……[4]看，這顆石頭的花紋，這裡不產這種石頭，很可能是從花蓮沖過來的。」

他拿起一顆有白色細斑的灰色石頭。

花蓮的石頭被海水沖到幾十公里外——說來簡單，要花多少年才能實現啊！不，「年」這樣的單位太瑣碎了，人類計算時間的尺度，從自然的眼光看，大概渺小到令人莞爾。

不過，即使是乍看渺小之事，也有其意義吧。

對自然來說，或許就連幾十公里也很渺小。但在臺東發現來自花蓮的石頭，這毫無意義嗎？意識到世界正用難以察覺的方式運動，看似無關的事物，全都彼此相連，而且沉默深處潛藏著可解之語——

海的語言不只聲響，還有時間、順序組織而成的動態整體。

歲月，或說歷史也是如此。所謂意義就是凝神去看才會閃耀的事物。從宏觀尺度嘲笑萬物毫無意義，與其說超然，不如說只是感受力貧乏吧。

懷著這樣的感慨，我們終於來到了最後一夜。

來到最後的故事。

我們跟隨卡利馬勞等人的腳步穿越海岸，跟著他們來到恆春半島。那時他們是怎麼以少數人之姿成為半島的統治者，如今已難以知曉。有人說是因為巫術，但光憑巫術就能成為統治者嗎？總覺得還有些事已被遺忘，塵封在時間深處。

我不是懷疑巫術的威能。現在半島東南名為「滿州」的地方，過去寫作「蚊蟀」，那是排灣語的「臭氣」之意。為何有臭氣？有種說法，是抵達恆春半島的知本人與當地排灣族大戰，結果排灣族戰敗，死了很多人——「蚊蟀」即是屍臭。

為何人數較少的知本人能戰勝排灣人？巫術就是一種解釋。

關於斯卡羅人的巫術，還有種種說法。譬如他們用巫術殺死大蛇，讓敵對部落大旱不雨；或許還有種種未被紀錄下來的奇妙力量吧！無論如何，他們創造了新的時代。

3　另一個所見不同的證據是，如果對照古地圖，會發現日本時代的海岸線比較遠。根據〈舊香蘭遺址：東海岸的璀璨金屬器文明〉，該遺址非常接近現在海岸線，或許是因為「東砂西運」，營造業長期在太麻里溪採砂石，造成海岸線退縮。若是如此，神話時代的濱海古道，現在或許有一部分已經被海淹沒了吧！見陳歆怡，〈舊香蘭遺址：東海岸的璀璨金屬器文明〉，《經典雜誌》，二一八（二〇一六），https://www.rhythmsmonthly.com/?p=30951。

4　他說的是火山浮石。一顆手掌大小的浮石，就跟保麗龍一樣輕。

但這最後的故事，並非他們創造的時代，而是時代的終結——

或是說，終結是如何開始的。

✤ ✤ ✤

走出古道，南方是閃耀到刺眼的牡丹灣，C開車到那附近接我們。我們在古道的這段期間，他獨自開車在附近山區閒逛。上車後，他說：「我發現一間獨立書店，你們一定有興趣。」

「這裡有獨立書店？」

「嗯。不過在那之前，我們先吃飯吧。」

很正確的判斷。畢竟剛走出古道的我們又累又餓，別說看書，恐怕連思考的力氣也沒有。

深山裡有間半露天餐館，有屋頂，僅一個方向有牆，其他三個方向十分通透，擋不住徐徐春風，C帶我們到那裡用餐。店裡有隻瘦小的貓，不斷喵喵叫討食物，但附近牌子寫得清清楚楚：不要餵貓。我們充分發揮養貓人士的自制力，對各種撒嬌討好聽而不聞。

不過這隻貓很有意思。牠尾巴很短，大約是普通貓的三分之一，不知道是意外夾斷，還是天生這麼短。我不禁想到，清國文人曾說原住民住的「瑯嶠山」有一種貓，特徵是尾巴甚短，精通捕鼠，稱為「瑯嶠貓」。[5]我們所在的牡丹部落，正是瑯嶠十八社之一，這隻瘦小的貓，就是所謂的「瑯嶠貓」嗎？

餐廳牆上貼了張海報，寫著紀念「牡丹社事件」多少週年，因此舉辦相關活動云云——細節我已忘了，而且活動是好幾年前的事，只是在那之後就沒撤下吧。

說到牡丹社事件，或許您耳熟能詳，畢竟是歷史課本也提到的事；那是臺灣的「現代」來臨前，有如預兆般的驚天之雷！如果臺灣曾有傳說時代，牡丹社事件相當於宣告了傳說時代的終結，某種龐大的裝置被啟動，像骨牌般震動了東海岸。

但第十六夜的主題並非終結，而是終結的前兆。

在牡丹灣南方，有個名叫「八瑤灣」的海灣，那裡有一整片荒涼沙漠，就連隆起的山也都是沙；直到山勢較高處，才像是換毛的野生動物，由耐旱植物構成毛皮上的些許斑紋。我第一次到那邊，是深秋時節，那時海相險惡，乍看來和緩的海灣，灰藍色的海水卻滾滾湧來，像朝著龐大的重力場匯集。這不尋常的勢頭，甚至給人天地逆轉的錯覺。

古道南端的告示牌說，「落山風季節時，狂濤的海浪卻又讓人心生敬畏」——確實如此。一百多年前，一八七一年的十一月初，那片海域應該同樣令人生畏吧！當時有艘被浪濤撕裂的三桅馬艦船正無助地飄搖，然後撞上礁石，落難船員不得不棄船求生。

他們多半是琉球王國的人，服飾裝扮與日本不同。由於連登陸都有困難，死了好幾人，好不容易上岸，已渾身沾滿海水，彼此扶持，當然也沒帶多少東西下船。這艘船來自南琉球的宮古島，

5 （清）朱仕玠，《小琉球漫誌》，中國哲學書電子化計劃：https://ctext.org/wiki.pl?if=gb&res=434349。

到北琉球的那霸繳交年貢，沒想到遇上風暴，船隊四分五裂，漂流十幾天後，才在這個海灣觸礁。

這就是本夜的主題。暗雲中閃著驚雷的「八瑤灣事件」。

八瑤灣的船難

這起事件，早在之前幾個夜晚已有預告。

容我跟您簡單提要，這就是造成明治政府派樺山資紀到南方澳調查，並發動戰爭的開端；而其引發的連鎖反應，讓清帝國開山撫番，進而造成大港口事件、加禮宛事件。總之，說是影響臺灣近代史的關鍵事件也不為過。

但，就算是這樣的事件，最初那些遇難者，肯定也只是想回家，根本不曉得自己會成為影響歷史的關鍵吧。

講個題外話。說到「沖繩」，您也知道那是日本領地吧？而且這種認知理所當然，甚至有「自古以來即是如此」的錯覺。[6]但事實上，在八瑤灣事件發生的一八七一年，琉球還不屬於日本——

當時它雖被日本的薩摩藩控制，卻也是中國的冊封國，在一定程度上保持獨立。[7]

說到「年貢」，部分讀者可能以為是向中國進貢，但這裡的年貢其實是納稅，年貢船不是前往中國，而是到首里繳人頭稅——南方澳之夜曾提到人頭稅對與那國島的傷害，而琉球王國課徵高額的人頭稅，是薩摩藩征服琉球、進而控制琉球的結果。瞭解這些，就不難明白為何八瑤灣事件後，此事首先會在薩摩藩傳開，並驚動西鄉隆盛等人。

回到那場船難。當時活著登陸的船員，共有六十六人，在糧食不足的情況下，要在荒島求生極其困難。而且他們不知道自己漂流到哪，只擔心是到臺灣，因為他們知道那座島有獵人頭的族群，若是遇上，生還的機率會更低。為了活下去，他們不得不設法朝有人煙的地方前進，接著不知運氣是好是壞——

他們遇到兩名漢人。

✤ ✤ ✤

「往西走會遇到獵頭族，你們不要往西，跟我們走，南方有村落可以收留你們。」

兩名漢人是這麼說的。

為何他們能溝通？或許是用漢字，就像漂流到大港口的北海道船長。也可能船員會說漢語，畢竟在海上闖蕩，會多種語言也不奇怪。

6　對這段歷史，可參考朱宥任，《沖繩自古以來，不是日本神聖不可分割的一部分：琉球王國的前世今生》（臺北：時報文化，二〇二二）。

7　雖說如此，琉球王國曾一度被薩摩藩攻下，可說是以納貢的形式，換取自身獨立。

遇上能溝通的人當然很好，但有件事頗為奇怪，這兩名漢人最初像懷著善意，但他們一邊說要帶大家去安全的地方，一邊把大家身上多餘的東西搶走，堆在某個地方，或許是想等之後來拿。這就讓船員起了疑心：難道，他們遇上了強盜？

這種情況下，也許直接離開或反抗對方更好。但不知為何，明明船員有六十六人，竟沒人抗拒，乖乖讓他們拿走東西——這聽來不可思議，但綜觀歷史，也不罕見，許多人都高估了人類面對危險的應變能力。通常危機發生，人們會喪失判斷力，這時只要有誰屈從，其他人也會跟著照辦。

走到日落時分，兩名漢人說離安全的聚落還有些距離，就要船員們在山洞過夜。但船員一看，那山洞也太小了，怎麼可能容納六十六人？這讓船員的疑心更重，不願進去，畢竟洞穴看似安全，誰知是不是甕中捉鱉，讓他們逃不出來？

「要是不配合，我們就不管你們，自己走了喔！」兩名漢人這麼說。這種語帶威脅的態度，更讓船員覺得兩人有鬼，於是拒絕他們，分道揚鑣。

其實單就方向來說，兩名漢人說的沒錯。

您或許還記得大港口的北海道船長，是搭季節商旅的船隻到恆春半島，表示十九世紀初，就已有商船往返大港口跟恆春，顯見這裡有漢人聚落；要往漢人聚落，確實要往南。雖不確定兩名漢人原本的規劃，但宮古島船員要避開他們害怕的獵頭族，那確實是正規路線。

但這有個難解之謎：在這前不著村、後不著店的地方，兩名漢人到底是來幹嘛的？

說不定是走「瑯嶠卑南道」做生意的。

「瑯嶠卑南道」其實有好幾條路線，其中一條從恆春東門出發，經山上的射麻里部落，再從港口往北，沿著八瑤灣、牡丹灣，一路往臺東。不過，他們真的是生意人嗎？看文獻描述，像是兩手空空……又或者是旅人？無論如何，他們應該不住附近，畢竟就連引領落難者到安全的地方，目的地都不是當天到得了的，這種情況只會發生在「某段行程的途中」。

且不論他們是誰，既然強奪船員身上的物品，被當可疑人士也莫可奈何。船員們與漢人分別後，決定往西。

這也是合理的決定。

站在他們的角度想，如果那兩名漢人當真不懷好意，南邊很可能是陷阱。既然如此，他們說有獵頭族的地方，或許才安全；就這樣，船員走進山區，某種意義上，他們的命運是被那兩名漢人決定的，要是沒遇上那兩名漢人，他們會往哪個方向，還很難說。

沒多久，他們到了一個山間村落。

大約有十五、六間房子，有些居民耳長垂肩——恐怕是描述穿耳的習俗，但是否真的垂至肩膀，還是轉述時加以誇大，就不得而知。總之，船員向這個村落的人求援，村落的人也確實給了他們兩鍋熱食，並給予照料——

這裡是瑯嶠十八社的「高士佛」部落。在接下來的這起悲劇裡，他們被視為「加害方」。

高士佛神社之謎

高士佛，排灣語「Kuskus」的音譯——或許臺語使用者能明白為何這麼翻，但華語跟排灣語的發音，已有不小差距。這部落位於深山，從八瑤灣騎機車上山，大約半小時左右就能抵達。越過一座山頭，則是日本時代遺留的「高士神社」。

神社位於高地平坦處。穿過階梯與鳥居，即可抵達。旁邊有兩層樓的瞭望臺，登樓遠望，能越過重重的山勢見到八瑤灣。

我不禁幻想，當年的高士佛人，是不是能從部落的位置見到落難船？老實說很難判斷，因為高士佛部落遷村過，現在的位置，並非一八七一年的舊部落所在。

說起來，這座神社的神龕，或許是現今臺灣最「標準」的。

雖然有點像臺灣常見的廟中廟，神龕被置於由透明板子隔離的亭內，大概是怕毀損。不過木製神龕立於水泥基座上，像縮小的樓閣，屋頂造型相當繁複，過度的裝飾被加諸在相對單薄的建築體上，甚至鑲上金箔。龕門有面鏡子般的圓形金屬片，基座前擺著「賽錢箱」。對這座遠離都市的郊山來說，這神社實在太正式、經典了，甚至有種誤闖異世界的驚奇感。

我是說，那種對日本文化的復刻，在臺灣確實常見，像浴衣季之類的活動，在一條街道上模仿日式祭典，鼓勵參加者換成浴衣——大部分是現場租的。這類活動多半是短期觀光取向，質感不佳，講明白點，人們很容易就能看出那是「假貨」。

但這個高士佛神社的神龕，看起來卻是「真貨」，還是大城市裡都難以見到的。對我這樣的旅人來說，心情難免複雜。因為「高士佛」部落是對日戰爭的主角，跟日本軍隊間有幾場慘烈的戰鬥；明明如此，為何這個部落竟有如此「標準」的神社？

✤　✤　✤

「我們要去狩獵，你們不要離開。」

回到八瑤灣事件。根據日方紀錄，到了第二天，拿著獵槍的高士佛人進入收容船員的房子，如此宣告。或許是他們帶著槍，船員們反而感到不安，表示打算離開。

但高士佛人拒絕了。

為何不能按照自己的意願離開？難道我們被囚禁了嗎？船員心裡大概升起這種不安吧！由於語言不通，船員們當著高士佛人的面以自己的語言交談，當下便約好兩人一組，分散逃走。高士佛人發現他們跑走，要阻止他們，已經遲了。要攔住同時往不同方向竄逃的六十六人，實在太過困難，船員就這樣逃離了高士佛部落。

他們在溪邊會合，稍作休息，但幾名高士佛人發現他們行蹤，追了過來，不得不繼續逃跑。他們肯定是相當驚懼吧！沒多久，他們逃到另一個聚落，聚落有個漢人老者，不知是怎麼認出他們的，竟開口問：「你們是琉球人嗎？哪裡來的？那霸還是首里？」

他是用哪種語言問的，我不得而知。既然能馬上認出琉球人來自哪，也不能排除他會琉球語的可能。見到老者，船員們或許鬆了口氣，總算有能好好溝通的人了！如果故事停在這，就是皆大歡喜的結局，迷失者得到幫助，設法找到回家的路——

然而事情沒有這樣發展。

沒多久，高士佛人追了過來，而且人數越來越多，甚至多達幾十人。

接下來發生的事，日方紀錄並未詳細說明何以至此。

我們只知聚集於該處的高士佛人，直接走進老者住所，一次揪一、兩個船員到外面去，還將他們身上的衣物剝除。如此幾次後，屋內的人搞不清外面發生了什麼事，為何要依次抓一、兩人出去？這時有人探頭看，發現剛剛被抓出去的人都被斬首，這下他們大吃一驚，船員們驚慌逃竄，只有幾人留下，而高士佛人追過去，將到處逃跑的船員全部殺光——

這實在是難解的謎。

或許有人認為，有什麼難解的？不就高士佛人殘暴無道嗎？可若高士佛人原本就有惡意，為何不在部落下手，還留他們過夜？想殺人的機會多得是，在睡夢中還沒有警覺，殺起來更簡單。

但要是沒惡意，為何事情會演變成大量屠殺？

在《牡丹社事件靈魂的去向》[8]中，收錄了原住民版本的記憶。老實說，這版本的事件細節與順序，跟日方紀錄相當吻合，幾乎到了不自然的程度。雖是沒根據的猜測，但我想是日本殖民後，或多或少將自己的版本灌輸給他們。即使如此，原住民還是對這起事件提出符合其文化的解釋——如果從他們的角度看，事情還算可以理解。

關鍵在於，高士佛人不知道這群外國人的背景。為何要強留船員？因為數十個人突然進入部落，導致糧食不足，高士佛人要去打獵才能招待。既然已提供船員飲水，表示已接納他們，把他們當朋友。「我們沒有邀請你們，你們就空著手而來。這個村中沒有那麼多酒與肉，所以，我們現在要外出去山上打獵，希望你們老實待在村裡，直到我們回來為止。」[9]這樣的要求，在這個時代或許會被當成霸道，但也不是不能理解，如果船員們就此離開，上山打獵不就沒意義了？

考慮到語言不通，無論是高士佛人打獵，或強留船員，肯定都是在比手畫腳中大致明白的。請想像一下那個場景，即使高士佛人的態度只是「別急著走，我們還要招待你們」，對船員來說，也可能理解為「囚禁」吧！對前往打獵的高士佛人來說，都要客人留下了，當然無法明白他們為何要逃。

對。不只是離開，重點是「逃亡」般的舉動，讓他們從「客人」變成「可疑人物」；為什麼要逃？難道他們其實是某個勢力派來的偵查兵？當然，這是不幸的誤會，但雙方語言不通，根本

8　平野久美子著，黃耀進譯，《牡丹社事件靈魂的去向：臺灣與日本雙方為和解做出的努力》（臺北：游擊文化，二〇二一）。

9　平野久美子著，黃耀進譯，《牡丹社事件靈魂的去向：臺灣與日本雙方為和解做出的努力》。

沒有澄清的機會。

這就是為何在老翁家門前，事情會演變成屠殺。原本將人一個個抓出來，是要逼問其背後的勢力，但無法溝通，恐懼與憤怒彼此刺激，就擦槍走火了。這麼想，就知道為何船員逃走後，高士佛人要追上去將他們殺害；要是這些人不懷好意，絕不能讓他們回去。

或許這個時代的我們會有疑問。

不過是可疑而已，有必要殺害嗎？但是——請您想像一下，如果這些人真的是外敵的斥侯，他們可能帶來敵人，威脅整個部落，真的能冒險讓他們回去嗎？

那不是什麼和平的時代。「羅妹號」事件之所以發生，有說法是殺人的部落曾遭白人攻擊，差點滅村，殺害整艘船的人，其實有復仇成分。甚至當地流傳了「不畜雞」的傳說，因為村裡養的雞鳴叫，讓外國人察覺村子所在，結果滅村。在那之後，人們就不畜雞。

如果那片山區曾有部落毀於外國人進攻，這段歷史就會成為殺機，被其他記得這件事的部落繼承。事實上，為追殺他們，高士佛的盟友牡丹部落也參與搜山，並將琉球人的頭顱割下帶回，舉行祭儀——這透露的並非嗜殺，而是共同的危機感。

這是事情真相嗎？

老實說，誰也不知道，畢竟是一百多年前的事，現在流傳的，不過是一種解釋。其實根據既有的線索，也不容易完全為高士佛人開脫；既然那位老者住在原漢交界處，很可能會說原住民語。如果高士佛人夠冷靜，大可透過那位老者溝通。只能說，在腎上腺素的刺激下，任何一方都失去了應有的冷靜，而且歷史往往就是由這種失去冷靜的燥熱所構築。

之後的一切如您所知，為宣洩「征韓」壓力，明治政府出兵臺灣。那時，曾與李仙得談判的斯卡羅人卓杞篤[10]已無力控制所有部落，雖然瑯嶠十八社的領袖不想戰爭，但高士佛、牡丹兩部落還是與日本決戰，並以後者的勝利作結。西鄉都督回收船員骸骨，立了「大日本琉球藩民五十四名墓」，但那時琉球還是個獨立王國，不是日本的「藩」，為何西鄉都督如此宣稱？

或許琉球雖自詡為獨立國家，但在薩摩藩人心中，早就是囊中之物，這時也不必分什麼你的我的，大家都是日本人。但更有可能的是，如果琉球不是日本的一部分，那攻打臺灣就師出無名，畢竟落難的是琉球船隻，與日本無關。

琉球王國恐怕不願承認碑文的宣稱吧？為何一件船難，就讓我們變成你的？雪上加霜的是，清國政府承認日本出兵是「保民義舉」，原本琉球王國還打算在中國跟日本間求生存，這下他們被中國拋棄，唯一能保護自己的，只剩武力——而他們沒有足夠的力量保護自己。

這樣說雖然有點極端，但是事實：琉球是因臺灣而成為日本的一部分。

✤ ✤ ✤

10 有說法指出那時卓杞篤已去世，但也有他還活著的紀錄，何者為是，何者為非，現已難以判斷。

這段歷史，就是我對高士神社現況感到驚訝的原因。

高士佛部落是最早與日本帝國軍隊作戰的原住民族。現在的石門古戰場，是他們跟牡丹部落力抗日軍之處；據說由於死傷慘重，即使經過百年之久，部落的人仍對古戰場有所忌諱，避免經過該地，以免招惹死靈。既然死靈本身已化作記憶流傳至今，高士佛人對日本人應該是「痛恨」的吧？那為何保留神社？更不用說「高士祠」早已毀壞，目前這間神社，是二〇一五年重建的，對高士部落的人來說，日本神社難道不是恥辱的象徵嗎？

其實這疑問的答案，只要稍加調查就不難明白。

附近的解說牌稱「過去高士部落居民如結婚、入伍等重要的活動，均在此一區域內舉行」，表示無論對日本人存在何種情緒，日本式的生活，毫無疑問已滲透進高士佛人的生活空間，成為其文化的一部分。

這是應該「剝除」的嗎？

如果只因日本是以其強暴獲取統治原住民的權力，就該將其影響力徹底去除，那原住民不是也該去除所有漢人的影響力嗎？雖然這種比較不見得適當，但長遠地看，日本人對原住民做的事，漢人與之相比也不遑多讓吧？

這倒不是應該輕鬆放過殖民者的意思，而是，當生活方式已成為文化的一部分，「剝除」的成本是非常高昂的；不只是有沒有替代品的問題，而是「記憶」本身就無可取代。

對為何重建一事，《維基百科》如此記載：

戰後原址曾荒廢多時，只剩石垣基座。耆老陳清福表示，二戰時的台籍日本兵族人出征前在神社前與家人互別並約定「如果我回不來了，以後就來神社相見」，因此村民希望重建神社實現親人的遺願。

由於沒有備註出處，我不確定根據為何，不過，那是可想像的情境。如果真有那份在戰火中燃燒的許諾，神社就有必要留存，因為要是沒有具體的形象，孤魂就無處可歸。事實上，就算有經典的神龕造型，祭拜的也已不是日本的天照大神，而是排灣族祖靈，及二戰中犧牲的同族士兵。即使重建神社確有日本方援助，但儀式已融入排灣族傳統祭儀，甚至得到長老教會協助——這頗符合長老教會在我心中的形象。

無論如何，這是已在地化，至今仍活著的神社，跟外人所想像的那種觀光神社截然不同，也沒有觀光化的必要。

二〇一七年，曾有政治人物批評重建神社一事，引起部落反彈；該政治人物辯稱，說他瞭解「當地人建神社或許可促進地方產業發展且吸引日本人觀光」，但仍應重視轉型正義云云——知道重建神社是緣於數十年前的許諾後，「觀光」什麼的，簡直太瞧不起人。而且這位政治人物提轉型正義，恐怕只是拿來包裝民族主義的藉口，而非當真關心正義；話說回來，雖然要批評這位政治人物很容易，但像這樣將直接「神社」視同「觀光產業」的人，在臺灣恐怕也不少吧！

即使文化是一種生命的積累，在他者的眼中，也不過是消費性的娛樂；問題是，如果這種思想成為一種膝反射反應，那我們的「文化」要如何積累？

和解的艱難

來到C發現的那間獨立書店，我大吃一驚。

原本我以為是都市那種小清新風格的書店，誰知道硬派到驚人；陳列書籍的空間是半開放式的，書架不是靠牆，牆本身就是書架，從地板到屋頂徹底利用，甚至還有從屋頂降下的書櫃，用來分隔空間。總之一眼望去都是書，有些書橫著擺放，堆起來已經比人還高。

書況不算好。或許是半開放空間，無法阻隔風與濕氣。但這沒什麼。這表示經營者很清楚書是用來傳遞知識，而不是收藏的。有些書甚至不是正式出版品，是影印紙裝訂成冊。

如果要寫一個二手書店的故事，我幻想中的場景就會是如此，想不到在這樣的山裡見到。

店裡有條黑白相間的狗，懶洋洋地趴在地上，偶爾甩動尾巴。

C呼喚我：「看，這本你應該有興趣。」

我依言過去，果然如C所說，看到書名就心花怒放。那就是剛剛提到的影印本，由英國人類學家露西．邁爾（Lucy Mair）所寫，馬淵東一和喜多村正翻成日文──《妖術：紛争・疑惑・呪詛の世界》。

雖然日文能力有限，但稍微翻閱一下，本書的旨趣是「在缺乏明確技術應對日常危機的社會中，妖術不但不荒謬，甚至必不可少」——非常有意思。在此坦白一件事，其實不管這本書主旨為何，光看它是馬淵東一翻譯的，我就已充滿好感。對，毫無道理，但我也沒必要隱瞞內心的雀躍。

馬淵東一是誰？其實現在才介紹他，已經太遲，因為他早已默默登場；還記得金包里之夜，有則採自阿美族部落，很像天犬公的故事嗎？那就是馬淵東一的紀錄。前夜流傳於東排灣的「毒眼巴里」傳說，也大半來自他的調查。他是研究臺灣最重要的人類學家之一。

據說馬淵東一不修邊幅，最初我看到他的舊照片，忍不住驚嘆，「天啊，這人簡直就是橫溝正史筆下的金田一耕助！」[11]他在臺灣山區調查的高峰期，正青春年少，才二十歲出頭，出差考察的日子多達四百多天，每次從山上歸來，都帶回不少跳蚤，讓教授避而遠之。對此，馬淵卻說出「沒事，那不是跳蚤，是螞蝗」這種聽來還是無法讓人放心的話。

還有別的紀錄。有次一位阿美族青年在山上遇見馬淵東一，後者剛結束在布農族部落的田野，不知怎麼回事，看來狼狽不堪，還好幾天沒洗澡，渾身發出驚人的惡臭。據說那樣子實在太過狼狽，讓阿美族青年忍不住帶他回家，供他休息梳洗。

現在，臺東池上某個公墓區，有塊墓碑寫著「馬耳東風」，就是馬淵東一的墓。

11　如果不是日本推理小說讀者，或許不明白何出此言。總之，金田一耕助也是以不修邊幅聞名的偵探。

您或許也感到奇怪吧？最初我也不解，為何墓碑寫的是「馬耳東風」，不是本名？後來才知道，原來相關人士擔心日本人的墓會被破壞，[12]就決定不寫本名，而是從名字選出「馬」、「東」兩字，拼湊成「馬耳東風」來掩人耳目。其實照常見的用法，「馬耳東風」不算正面成語，但對學者來說，大概是好的墓誌銘吧。

為何馬淵東一會葬在臺灣？據說是他的遺願。

把馬淵東一帶回家的阿美族青年，後來成了馬淵東一的至交好友；馬淵曾向他透露，希望死後能葬在臺灣，而且最好是能看到野杜鵑的地方——他在田野時曾意外見到此花，深深著迷。

其實按照臺灣法規，外國人要葬在臺灣有所困難，那位阿美族友人明知如此，卻還是承諾，願意在自己的墓地旁留一塊地給他。一九八八年，馬淵東一逝世於東京自宅，他的部分骨灰被帶到臺灣，埋在他研究一輩子的土地。

明明學術累積都在日本，戰後大部分時間也在日本度過，臺灣不過就是研究對象，為何還想葬在這遙遠異國的小島？老實說我無從想像，真要說的話，也只有陳腐至極的結論：愛。

他愛著臺灣，所以才想葬在這。

說到日本人，有些人覺得他們就是殖民者，但這種程度的想像稍嫌扁平，日本人也有種種面貌。因「愛」而長眠臺灣的人類學家，這應該是件美談，但不得不寫著「馬耳東風」的墓碑，難道不是這件美談的陰暗面嗎？或許有讀者不解，真有這麼偏激的人，看到日本人墳墓就想破壞？但那個時代的當事人這麼想，很可能有判斷的依據。[13]

馬淵東一的故事算是離題，請您見諒，但我無論如何也希望您留下些許印象——世上有這樣的事。

✣
✣
✣

現在讓我們回到瑯嶠，旁觀一場跟「八瑤灣事件」有關的世紀性和解。這件事發生在二〇〇五年，雖然我認為意義重大，但當時幾乎沒興起什麼波瀾，對許多人來說，或許看過報紙上的新聞就算了，不會留下什麼印象。

事情是這樣的。在某次學術研討會上，排灣族後裔對沖繩大學的客座學者道歉——為了百年多前的八瑤灣慘案。我無從想像那位客座學者的心情，或許就像遙遠悠久的事，突然變成現實吧。無論如何，這善意的舉動成為契機，促成隔年排灣族搭飛機到那霸，與八瑤灣事件的遺族和解。

為何我認為此事非常重要，甚至珍貴呢？

因為和解其實非常困難。

承認自己的錯是很羞恥的。對占優勢的人來說更是如此。尤其這種發生在許久以前的事，當

12 趙川明等著，《日出臺東：縱谷文化景觀》（臺東：臺東生活美學館，二〇一一）。

13 實際上，別說二十世紀末，直到二十一世紀都還有這類事件，讀者可參考《維基百科》的「八田與一銅像破壞事件」，其中各界反應相當令人玩味，那是二〇一七年的事。

代人可能覺得，又不是我犯錯，為什麼是我道歉？也不是不能理解，要人為自己沒做過的事道歉，或許是有點強人所難。不過——

高士佛部落跟牡丹部落的後人做到了。

像我這樣的局外人，當然無從揣測背後情緒，但或許只有將祖先的驕傲當成自己驕傲的人，才能將祖先的錯當成自己的錯來承擔吧！只打算繼承祖先的榮耀，卻對祖先的罪惡避之唯恐不及，不過是不值一提的小人物。

而且，承擔祖先的罪，或許艱鉅到難以想像。

因為罪孽絕不是能輕易洗淨的。即使決定負責，也不見得能得到被害者遺族的諒解。因此，認錯就等於做好餘生都接受指責的準備。這不是任何人都能做到的。

✤　✤　✤

不過這件美好的往事，卻在將近十年後蒙塵。

起因是，有位八瑤灣事件的遺族到臺灣旅遊，發現牡丹社事件紀念公園的說明牌，在解釋事件始末時，居然有「六十六名配有武器的成年男子進入部落」的描述，彷彿是船員帶著武器闖進部落，因此活該被殺——當然沒直接這麼說，但特別指出「拿著武器」，也算是暗示了。

但真的有攜帶武器嗎？

歷史文獻未記載武器。不如說，日本時代的記者到部落採訪，甚至明確得到「他們沒有攜帶武器」的證詞。且不管文獻，那艘船是進貢船，船員們又遇難了，連糧食都有問題，這種情況下，真的會帶武器嗎？要是真有武器，最初遇上兩名漢人時，還會乖乖讓他們奪走身上的東西嗎？

這樣荒誕的描寫，看在遺族心中，自然是覺得二〇〇五年的和解白費了。總之，遺族從二〇一二年開始抗議，但到了二〇一六年依然未改，這事還上了沖繩的地方報紙，等於整個沖繩都知道了；這不禁讓人扼腕，為何園區的解說牌會犯這種錯？

在《牡丹社事件靈魂的去向》裡，作者平野久美子也為此事奔走，希望平撫遺族的憤怒，並瞭解為何解說牌會犯這樣的錯。據書中所言，後來園區的解說牌更正了，但奇妙的是，這次更正讓在地研究者與口語傳承者都鬆了口氣——真奇怪，如果連當地記憶的傳承者都覺得船員沒拿武器，為何說明牌會這麼寫？

雖然沒強調，但作者跟遺族說明時，隱約提到了某種可能：

我也向野原先生說明了臺灣的社會背景因素，包括戰勝日本後卻在國共內戰中戰敗的國民黨遷往臺灣展開長期統治，因此採取反日的歷史論述；最近二十年左右，由無論意識形態或對日態度皆相異的兩個政黨相互競爭、交替政權；歷史認知上的差異影響到所有的認知。因此，在臺灣的政治環境下會因為由哪一方主導政權，對事件的解釋便出現微妙的變化。

意思是，將琉球船員「修飾」成攜帶武器的惡人，是民族主義徘徊不去的幽靈所為。

所謂民族主義，其實是無關是非善惡，只關係到「邊界」薄厚的意識形態。這種意識型態具有強大的防衛性與攻擊性，當其肥厚到一定程度，就會出現足以扭曲事實的力場，因為要是不扭曲事實，民族主義的正當性就會出現破綻。

牡丹社事件的起因，是臺灣原住民殺害了數十名琉球船員。但對以「反日」建構「中華」的論述者來說，怎麼能讓日本人占理？明明日本帝國不過是利用這次事件牟利，中華民國的解說牌，卻也無視民間傳承者的意志，寫下缺乏文獻根據、僅滿足民族主義情緒的文字，反過來暗示船員不該帶武器，將之當成真相公諸於世。

如此對待悲劇的態度，實在太不莊嚴了。而且利用悲劇滿足政治目的，這副模樣竟跟當年的明治政府不謀而合，實在諷刺。

當然，要是沒邊界，民族就無法存在。我們身為族群的一員，而非「世界公民」，幾乎不可能免除民族主義。但就像劑量不同，藥物也可能變成毒物，過強的民族情緒會扭曲現實，甚至將自身的過失推到對方身上，這種如同地獄輪迴般的事，幾乎無時無刻發生在地球的每個角落。

正因如此——

願意認錯的「和解」，才顯得驚人、壯麗、不可思議。

駛向暗夜之霧

這趟東海岸的旅程，即將結束。

在最後提起「和解」這樣沉重的話題，對這本以浪漫傳說與祕史為主軸的書來說，或許荒唐可笑。不過，經過這麼多夜晚，相信您也已明白，真要深究傳說的根底，幾乎不可能不觸碰族群最敏感的邊界……

換言之，「和解」問題早已潛藏其中。可以不和解，但不必裝作不知道。這裡提起「和解」，倒也不是想誇誇其談，像什麼應該要和解，該怎麼和解之類的。說那些太不知趣，或是說，接近愚蠢。追根究底，和解關係到原諒，而原諒與否是很私人的事，根本沒有外人說三道四的空間，可是——

如果「和解」真有可能，我們眼前彷彿有著遏止的迷霧。

因為一件事不被提出，或當成不存在，就沒有「和解」的可能與空間。譬如和平島的慰靈碑，為何不敢說出實際發生的事？為何被迫遷徙的龜山島民，在官方碑文中卻是戴恩戴德？為何在花蓮開餐廳的噶瑪蘭人，明明在歷史上遭迫害，卻不抗議，而是將「吳沙開蘭」匆匆帶過？為何這麼重要的「加禮宛事件」，在許多官方紀錄中都含糊其辭？

為何深愛臺灣的人類學家被葬在這座島，卻連名字都必須隱匿？

加禮宛事件後，撒奇萊雅族的首領向清兵投降，結果被當眾凌遲，夫人被夾在剖開的茄苳樹之間，讓人踩踏至死，既殘虐又羞辱。其後，撒奇萊雅族潛藏於阿美族間，幾近無聲，到了二十一世紀才恢復族名，並將當時的首領夫婦封為火神與火神夫人，舉辦火神祭，紀念當年將近滅族的慘事；這祭典有其嚴肅面向，其中有個環節，是模仿清兵以火箭射進竹林，將村落燃盡。讓我驚訝的是，記得在某處看到，之所以舉辦這個祭典，是為了不忘「和平」。

怎麼會是不忘「和平」？

不是說和平不重要，而是差點被滅族了，為何不憤怒？按常理，撒奇萊雅人應有憤怒的權利，但如此理所當然的事為何必須表達得這麼委婉？

我會說這是迷霧，是因為太難解了，彷彿天地顛倒，該發生的事被不該發生的事取代；該怎麼說明呢？這種難以言喻，讓人坐立難安，焦躁畏懼，卻摸不清其真面目，不明白到底是什麼在壓迫與威脅的情況——

不，請等一下。

這種不可思議的威脅，不就是妖怪嗎？

雖然只是我個人的想像，但臺灣史上最大、最強橫的妖怪，或許正大搖大擺地盤據在島上吧！只是那太過尋常，就像我們已熟悉的氣味，而且人人參與其中，才難以察覺。我們要怎麼把早就習以為常的「日常」當成妖怪？

然而日常並非妖怪的本體，妖怪只是「附身」在日常之中。

如果我是京極夏彥筆下的中禪寺秋彥，這時或許已宣告「附身妖怪」的真面目了。但我不是中禪寺，既不知道附身妖怪的名號，也不會為其命名；因為命名是危險的，隨便聽信他人命名，或許會阻礙我們看穿妖怪的真面目。

如果是與我一同旅行至此的您，大概已能看到如山般擋在前方的妖怪輪廓；不，或許您比我更具慧眼，能看見我無法看見的事物。哎呀呀，真想不到，在這趟夜話之旅的尾聲，居然出現擋在鐵路前方的怪物！

但我想請求，請您暫時別說出怪物的名諱。

至少在仔細觀察、有所確信前，別這麼做。

因為輕率地呼喊，或許會弄錯妖怪的真名；要是喊錯，甚至可能召喚出更不可思議的危險妖怪！面對霧中妖怪，幻想列車在此臨時停車，再度發車的時間，猶未可知。這是我為您留下的最後謎團，希望有一天，這輛列車能繼續前進，前往陽光燦爛的下一站。

跋
日照東海岸

如〈序〉所說的，《東海岸十六夜》致敬的浮世繪《東海道五十三對》，除了全部五十三個驛站之外，還有起點與終點——江戶與京都。

本書的〈序〉與〈跋〉，就相當於江戶與京都吧？因此我也思考著這段旅程的江戶與京都在哪，〈序〉跟〈跋〉要怎麼寫，才能對應到致敬的「五十三對」；不過左思右想，比起始終之地，我更喜歡鳥山石燕在《今昔畫圖續百鬼》的處理。

那是一系列妖怪畫冊，不過第一張〈逢魔時〉並非妖怪，而是「時間」——黃昏降臨之刻。最後一張〈日の出〉同樣是「時間」，日出東方。透過時間的「始」與「終」，鳥山石燕創造出百鬼夜行的幻境，那些幽靈、妖精、魔怪魚貫而出，但曙光射進，一切真相大白，方才所見宛如朝露之夢。

若我們仔細閱讀鳥山石燕在〈逢魔時〉、〈日の出〉旁所寫的註解，恐怕會覺得無聊之至。什麼百魅出沒就像是王莽時代，是兩漢間的恐怖黃昏；而太陽出來就像人們說的「妖不勝德」，君子的時代終將來臨云云。總之，是這個時代會感到迂腐的說法。但重點是——

這麼重要的妖怪繪卷，作者對「夜」與「妖怪」的看法，竟如此泛政治。

身為這個時代的妖怪研究者，我不認同妖怪就是邪佞。真正的邪佞，是會把自己偽裝成善人的。至於人們看不起的妖怪，不過是不負責任的傢伙想撇清關係的垃圾桶，只圖自己方便，就把壞事都往那裡塞，到最後，居然連真正有危險的妖怪都看不到。

所以有件事，鳥山石燕說得對；那就是夜裡發生的一切幻想，全都脫離不了現實之影……也就是政治。

事到如今，相信我也不必多加解釋了吧。

最初我在〈序〉章裡誇誇其談，講得像要帶您進入迷離夢境，然而這一趟下來，相信您也清楚，旅途中不只幻景，多得是刺眼的現實；但請容我澄清，序章說的並非謊言，因為刺眼的現實，也是被主流驅逐，跟妖怪差不多的存在。既然這些「夜話」追求整張拼圖的完善，怎可能只有讀來感到舒暢之事物？

光與黑暗相鄰。

走進夜裡，要是沒更加意識到光，就會墮入深淵，萬劫不復，因此我們不能僅沉迷於夢境，甚至非有光不可，否則無法辨識那些晦澀幽暗之物。然而光帶來的不只視野，還有更深的陰影，若這些「夜話」的陰影時不時讓您驚醒，請理解，這是為了安全考量。

同時，所謂「日照」並非清澈通透、毫無遮蔽之事。

就像明明白白放在太陽下檢視，也會隨角度不同而看到不同景色。江戶川亂步的《D坂殺人事件》，明明是同一個犯人，為何在目擊者眼中穿著不同顏色衣服？或許是記錯，但也可能不同角度看到的事物確實不同；這些夜話中偶爾透照進來的光，也可說是如此。

我的意思是，這全不是事實。至少不是天衣無縫、完美無缺的真相。因為在時間洗刷下，企及真相的可能性會越來越低，「真相是時間的女兒」這句諺語，對重視物證的考古學來說或許沒錯，但對神話、傳說，恐怕愛莫能助。與您度過的這十六夜，我們不是像偵探般到處拆穿真相，而是透過容納無限可能的幻夢，澄清一件基本的事實——

看待事情的觀點，其實不只一種，正義與倫理亦然。

而且我可能說錯。像我這種不斷翻書，到處搜羅典故的人，說到底也不過是複述某些人早就知道的事，還不見得是對的；許多事很可能有不同說法、不同解釋，如果有些人跳出來指責我的引述，說傳說才不是這樣，事情才不是這樣發生的，甚至挑剔我的用語不夠政治正確……只要他們確實是故事的擁有者，而非傲慢的詮釋者，請您相信：他們有正當性。

但在無數的謎團前，也望您理解，驟下結論乃是大忌。這些「夜話」只是展示窗外風景，說到底，不過是提供一個版本罷了。我將這個版本獻給您，並非解釋真實，而是邀您尋找更多版本。

而在彼此映照的無數版本中，深處或許藏著真實的光輝，這才是真正的「日の出」——不是太陽底下顯而易見的事物，而是從多個角度觀察的面貌。以上是我的告解，或自我辯護，若您還是不滿，那我也只能向您獻上《仲夏夜之夢》（*A Midsummer Night's Dream*）裡，妖精帕克（Puck）

的話：

如果我們這些幻影得罪了您，
只需想想這點，一切都將得以彌補：
您不過是在此小睡，
這些幻景便出現了。
如此脆弱無用的主題，
不過是區區夢境，
各位觀眾，請勿斥責。
若您能原諒，我們會改正。

為旅途不適的旅客致上最大歉意。但若您喜歡這輛臥鋪列車，滿足於這十六個夜晚的風景與遠方歌謠，那是我最大的榮幸——衷心期待能在另一個夜晚與您相見，晚安。